MANUAL DE RELAÇÕES DE TRABALHO

OBRA ILUSTRADA EM VISUAL LAW
E COM MODELOS

SELMA CARLOTO • WANDERLEI LAGOAS
COORDENADORES

MANUAL DE RELAÇÕES DE TRABALHO

OBRA ILUSTRADA EM VISUAL LAW
E COM MODELOS

LTr®

LTr Editora Ltda

Rua Jaguaribe, 571
CEP 01224-003
São Paulo, SP — Brasil
Fone (11) 2167-1101
www.ltr.com.br
Junho, 2022

Produção Gráfica e Editoração Eletrônica: PIETRA DIAGRAMAÇÃO
Projeto de capa: DANILO REBELLO
Impressão: LOG & PRINT Gráfica e Logística S.A.

Versão impressa — LTr 6365.0 — ISBN - 978-65-5883-148-8
Versão digital — LTr 9852.4 — ISBN - 978-65-5883-149-5

Dados Internacionais de Catalogação na Publicação (CIP)
(Câmara Brasileira do Livro, SP, Brasil)

Manual de relações de trabalho: obra ilustrada em visual law com modelos/Selma Carloto, Wanderlei Lagoas, coordenadores. - São Paulo: LTr, 2022.

Vários autores.
Bibliografia.
ISBN 978-65-5883-148-8

1. Contrato de trabalho 2. Direito do trabalho 3. Direito do trabalho - Brasil 4. Jornada de trabalho 5. Proteção de dados - Leis e legislação 6. Relações de trabalho - Brasil 7. Segurança do trabalho 8. Trabalhadores - Saúde I. Carloto, Selma. II. Lagoas, Wanderlei.

22-106374 CDU-34:331

Índice para catálogo sistemático:

1. Relações de trabalho: Direito do trabalho 34:331
Cibele Maria Dias - Bibliotecária - CRB-8/9427

Sobre os coordenadores

Selma Carloto

Autora das obras Compliance trabalhista, Lei Geral de Proteção de Dados – enfoque nas relações de trabalho, Manual prático de adequação à Lei Geral de Proteção de Dados e coordenadora/autora da obra LGPD comentada – enfoque nas relações de trabalho. Pesquisadora da USP, departamento de Direito Civil, de Lei Geral de Proteção de Dados. Exin Data Protection Officer certificada. Professora convidada da Fundação Getúlio Vargas da FGV Direito Rio e dos MBAs de Gestão de Pessoas, Gestão Empresarial e Gestão Comercial da área de Direito. Professora premiada como destaque da área de Direito pela rede FGV Management, e pelo IDE, nos anos 2011, 2012, 2013 e 2014 consecutivamente, dos cursos de pós-graduação. Prêmio de destaque no MBA de Direito do Trabalho da FGV Management Rio de 2016. Condecorada pela FGV Direito Rio com o prêmio de desempenho como docente nos cursos de pós-graduação da FGV em 2011, 2013 e 2015. Membro do Instituto Nacional de Proteção de Dados. Doutoranda em Engenharia da Informação na Universidade Federal do ABC em Inteligência Artificial. Doutorado em Direito do Trabalho na Universidade Federal de Buenos Aires (UBA). Mestre pela Universidade de São Paulo (USP). Especialista pela FADISP. Autora dos livros publicados na Argentina, Editorial Quorum, Manual de Derecho Laboral e Interesses metaindividuais e ações coletivas.

Wanderlei Lagoas

Bacharel em Direito pelo Centro Universitário da Cidade do Rio de Janeiro, com MBA em Gestão Empresarial. Membro da Comissão Trabalhista do Conselho Regional de Contabilidade RJ. Professor Convidado na pós-graduação no curso de Perícia Trabalhista da Universidade Federal do Rio de Janeiro – UFRJ; Professor de pós-graduação no curso de Direito do Trabalho do IPOG Goiânia, da Unileya Brasília, da Faculdade São Judas Tadeu – RJ. Palestrante do SESCON – RJ, Fecomércio – RJ, CRC-SP.

Sobre os autores

Adriana Calvo

Doutora, Mestre e Especialista em Direito do Trabalho (Direito das Relações Sociais) pela PUC/SP. Especialização em Direito Americano – "Legal Assistantship" pela UCI/ California. Bacharel em Direito pela Faculdade de Direito do Largo de São Francisco – USP. Professora Convidada do curso de pós-graduação em Direito do Trabalho Empresarial da FGV Direito RJ; Professora Convidada do curso de pós-graduação de Direito do Trabalho da PUC/PR; Professora Convidada do curso de pós-graduação em Direito do Trabalho da ESA/SP; Professora de Direito do Trabalho para Concursos Públicos – Magistratura do Trabalho Programa de Educação Continuada em Recursos Humanos pela FGV; Programa de Educação Continuada em Previdência Complementar pela Gvlaw. Experiência de 22 anos como advogada trabalhista em grandes bancas de advocacia de São Paulo.

Fernanda Massote Leitão Alvarenga

Advogada e sócia do escritório Araújo Massote & Moss. Colunista do portal Megajurídico. Conselheira da AMAT e Membro da Comissão de Direitos Sociais e Trabalhistas da OAB/MG. Pós-graduanda em Direito e Compliance Trabalhista pelo IEPREV. MBA em Direito do Trabalho pela Fundação Getúlio Vargas. Pós-graduação em Novo Direito do Trabalho pela Pontifícia Universidade Católica do Rio Grande do Sul. Graduada em Direito pela Pontifícia Universidade Católica de Minas Gerais.

Filipe Daniel Martins de Oliveira

Advogado especialista em Relações do Trabalho e Direito Empresarial. Forte atuação na esfera consultiva e contenciosa nos diversos segmentos jurídicos. Especialista em Direito do Trabalho pela Faculdade de Direito de São Bernardo do Campo. Especialização em Contratos e Direito Empresarial pela Faculdade Legale. Graduado pela Faculdade de Direito de São Bernardo do Campo.

Gustavo Rodrigues Valles

Advogado e consultor jurídico do Sindicato dos Empregados no Comércio da Baixada Santista. Diretor do escritório Ávila Ribeiro e Fujii, Sociedade de Advogados. Especialista em Direito e Processo do Trabalho pela Escola Paulista de Direito. Graduado em Direito pela Faculdade de Direito da Universidade Presbiteriana Mackenzie.

Ivani Contini Bramante

Desembargadora Federal do Trabalho. Professora da Faculdade de Direito de São Bernardo do Campo. Doutora pela PUC/SP. Especialista em Relações Coletivas Comparada pela OIT/Torino/Itália. Membro da Academia Brasileira de Direito da Seguridade Social – ABDSS. Membro do Instituto de Pesquisa e Estudos de Direito da Seguridade Social – IPEDIS. Professora convidada do Instituto Jus Gentium Conimbrigae Núcleo de Direitos Humanos da Universidade de Coimbra. Pesquisadora do Núcleo Alem do Trabalho da USP/SP. Membro do Instituto Nacional de Proteção de Dados.

Juliane Pascoeto Cavalini

Graduada em Direito e Pós-graduada em Direito do Trabalho e Direito Processual Civil. Especializada em Privacidade e Proteção de Dados Pessoais, com foco na implementação da LGPD em empresas e organizações. Membro da Comissão de Privacidade e Proteção de Dados da OAB-Santos.

Marcos de Oliveira Cavalcante

Desembargador Federal do Trabalho da 1ª Região, aposentado, quando presidia a 6ª Turma e integrava a Seção Especializada em Dissídios Coletivos. Atuou no Órgão Especial como membro eleito por dois mandatos, e ainda na Seção Especializada em Dissídios Individuais. Foi Vice-diretor da EJUD1 – Escola Judicial do TRT1. Eleito para o Biênio 2021/2022 como Diretor da Ejutra – Escola Associativa da Ajutra – Associação de Juízes do Trabalho. Mestre em Ciências Jurídico-Filosóficas pela Faculdade de Direito da Universidade de Coimbra – Portugal, com diploma reconhecido e chancelado pela UERJ – Universidade do Estado do Rio de Janeiro. Pós-graduado em Administração Judiciária (FGV – Rio). Graduado em Teologia e Direito (UERJ – 1990). Concluiu na Escola Superior de Guerra (ESG), o Curso de Altos Estudos de Política e Estratégia e o Curso Superior de Defesa. Professor convidado universitário nos cursos de pós-graduação da FGV e PUC/Rio. Membro fundador da Academia Latino-Americana de Direito Social. Conferencista em congressos, seminários e jornadas jurídicas. Advogado e consultor jurídico.

Patrícia Therezinha Toledo

Juíza Titular do Trabalho do TRT da 2ª Região – SP. Doutora pela UCMadrid e Mestre pela Universidade São Paulo (USP). Professora convidada da FGV. Professora da ESA, ATAME, AATSP, ASP, dentre outros.

Pietra Daneluzzi Quinelato

Coordenadora da área de Direito Digital do Mansur Murad Advogados. Mestre em Direito e Desenvolvimento na USP. Especialista em Direito Digital e Proteção de Dados pela EBRADI e ESA/SP. LLM em Direito e Prática Empresarial no CEU Law School. Membro das comissões de Direito Digital, Direito da Moda e Privacidade e Proteção de Dados da OAB/SP. Professora nas Faculdades Integradas Campos Salles e do Grupo Ibra. Colunista do portal Magis.

Raphael Lima Lemes Cornélio

Mestre e Doutorando em Direito do Trabalho pela PUC/SP. Bacharel em Direito pela Faculdade de Direito do Sul de Minas. Professor Assistente de Direito do Trabalho no curso de graduação da PUC/SP. Advogado no escritório Romar Massoni & Lobo Advogados.

Túlio de Oliveira Massoni

Mestre e Doutor em Direito do Trabalho pela USP. Bacharel em Direito pela PUC/SP. Professor de Direito do Trabalho da UNIFESP – Universidade Federal de São Paulo e professor convidado nos cursos de pós-graduação da PUC-COGEAE, do Mackenzie, da FGV-RJ. Membro do Conselho Superior de Relações de Trabalho da FIESP. Sócio do escritório Romar Massoni & Lobo Advogados.

Sumário

INTRODUÇÃO

Breves considerações sobre o *legal design*

Pietra Daneluzzi Quinelato

Há mais de duas décadas vivemos em um contexto de transformação digital, relacionada aos efeitos sociais e econômicos da digitalização e interconectividade[1], gerando uma revolução na forma de prestar serviços e oferecer produtos, assim como na forma de relacionamento entre indivíduos, empresas e prestadores de serviços. Nesse contexto, nós nos inserimos como advogados.

Nossos clientes esperam serviços personalizados, soluções rápidas e eficazes para suas demandas, incluindo e-mails mais curtos, documentos claros e compreensíveis e menos formalidades. Em um cenário em que aumenta a cada dia a quantidade de startups em nosso país[2], alguns clientes, por exemplo, sequer querem ser atendidos por um profissional de terno e gravata: o importante é ser compreendido e auxiliado por alguém que "fale a sua língua" e "entenda a sua dor". Portanto, clientes preferem uma linguagem acessível e soluções para seus problemas, o que já foi inclusive citado pelo Conselho Nacional de Justiça[3].

O legal design surge em tal panorama questionando o status quo do Direito. Vemos, inclusive, profissionais se especializando no tema e prestando serviços específicos. Mas o que é o legal design? O seu conceito não é unívoco na doutrina, sequer a sua origem. Todavia, no

---

(1) ORGANIZAÇÃO PARA A COOPERAÇÃO E O DESENVOLVIMENTO ECONÔMICO – OCDE. Vector of digital transformation. *OCDE Digital Economy Papers*. Paris: OECD Publishing, 2019. p. 7. Disponível em: <https://www.oecd-ilibrary.org/science-and-technology/vectors-of-digital-transformation_5ade2bba-en>. Acesso em: 20 abr. 2020.

(2) Estudo feito em julho de 2020 demonstra que existem mais de 13 mil *startups* no Brasil em mais de 600 cidades nas cinco regiões. MATIAS, Eduardo; PICCINETTI, Leonardo. Sharing good practices on innovation: understanding selected European startups ecosystems to foster innovative entrepreneurship in Brazil. Jul. 2020. Dialogues: European Union – Brazil. Governo Federal, Ministério da Ciência, Tecnologia e Inovação, Ministério da Economia, Ministério das Relações Exteriores, Delegação da União Europeia para o Brasil.

(3) BRASIL. Conselho Nacional de Justiça. *Resolução n. 347/2021*. Dispõe sobre a Política de Governança das Contratações Públicas no Poder Judiciário. Disponível em: <https://atos.cnj.jus.br/files/original170811202010155f8881fb44760.pdf>. Acesso em: 30 ago. 2021.

ano de 1994, psicólogos publicaram um artigo questionando a clareza e compreensibilidade em documentos jurídicos(4).

Apesar de não estar completamente definido, a sua crescente popularização pode ser atribuída à professora Margaret Hagan ao criar o Legal Design Lab na Universidade de Stanford (Stanford Law School e Instituto de Design de Stanford). Segundo a professora:

> *Legal design* é uma forma de avaliar e criar serviços jurídicos, com foco em quão utilizáveis, úteis e envolventes são esses serviços. É uma abordagem com três conjuntos principais de recursos – processo, mentalidade e mecânica – para os profissionais jurídicos usarem. Esses três recursos podem nos ajudar a conceber, construir e testar melhores maneiras de fazer as coisas na lei, que irão envolver e capacitar leigos e profissionais do direito(5).

Portanto, *legal design* nos força a sair de uma zona de conforto para criar serviços jurídicos visando a melhores soluções a partir de três principais conjuntos de recursos:

---

(4) Erik Fontenele Nybo cita Julie R. Howe e Michael S. Wogalter e o texto "The understandability of legal documents: are they adequate?", apresentado em encontro anual Proceeding of the Human Factors and Ergonomics Society. NYBO, Erik F. *Legal design*: A aplicação de recursos de *design* na elaboração de documentos jurídicos. *In*: CALAZA, Tales; FALEIROS Jr., José (coords.). *Legal design*: teoria e prática. Indaiatuba, SP: Ed. Foco, 2021.

(5) No original: "Legal design is a way of assessing and creating legal services, with a focus on how usable, useful, and engaging these services are. It is an approach with three main sets of resources — process, mindsets, and mechanics — for legal professionals to use. These three resources can help us conceive, build, and test better ways of doing things in law, that will engage and empower both lay people and legal professionals". HAGAN, Margaret. *What is legal design?* Disponível em: <https://www.lawbydesign.co/legal-design/#what-is>. Acesso em: 30 ago. 2021.

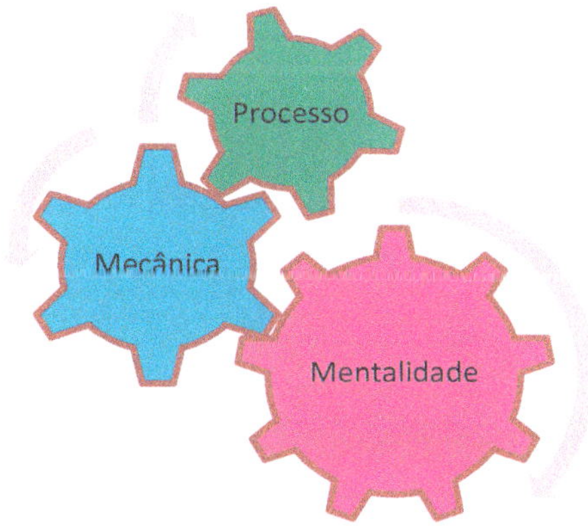

Dentro da sua moldura e diante de tais recursos, existem diversas formas de conceber o *legal design* que se sobrepõem e podem ocorrer simultaneamente: *design* da informação, também conhecido como *visual law*, *design* do produto, do serviço, da organização e do sistema, representados na pirâmide proposta por Hagan:

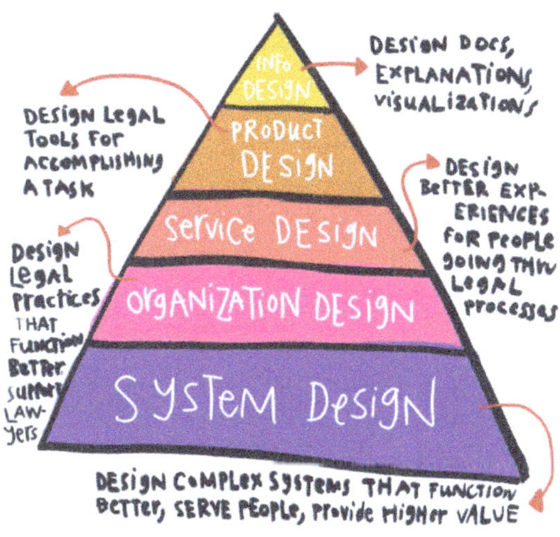

Fonte: https://www.lawbydesign.co/legal-design/.

Atualmente, na mídia, tem-se destacado o *visual law* por chamar a atenção quanto à "revolução" causada na forma de apresentar e redigir contratos, petições e até mesmo decisões judiciais por meio da exploração de elementos visuais, como gráficos, tabelas, desenhos, fluxogramas, *bullet points*, gamificação, QR Codes, cores e estética etc. Assim, o *visual law* organiza informações e documentos jurídicos com técnicas de *design* gráfico e elementos visuais, por meio da tecnologia(6). Ao longo dessa obra, você irá observar que exploramos essa técnica em alguns momentos.

Por outro lado, não podemos esquecer que o *legal design* vai muito além do *visual law* e pode ser encontrado de formas distintas expostas na pirâmide de Hagan, que podem ser explicadas da seguinte forma(7):

***Design* de produto**	***Design* de serviço**	***Design* da organização**	***Design* de sistema**
Desenvolve ferramentas para ajudar o usuário a realizar tarefas.	Constrói uma série de experiências para seu usuário.	Preza pela forma de trabalho para obtenção de melhores resultados.	Coordena grande escala de produtos, serviços, estruturação, comunicação e interação dentro de uma equipe.

Posto isso, nosso objetivo com esse brevíssimo artigo é apenas traçar breves considerações sobre o *legal design*, que se mostra cada vez mais presente no dia a dia da advocacia, bem como sobre a sua importância para o profissional jurídico do século XXI que pretende atender seu cliente lhe proporcionando uma boa experiência. Isso porque o Direito deve caminhar juntamente com os avanços e demandas sociais e "deve ser estruturado em torno das perspectivas e dos desafios do presente com olhares voltados para o futuro, mas sem perder a essência que colhe das tradições"(8).

Portanto, acreditamos na importância de nós, profissionais do Direito, olharmos para novos horizontes. Ao mesmo tempo, não devemos

---

(6) KHAYAT, Gabriel; QUINELATO, Pietra D. A importância do *legal design* para *startups*. *In*: CALAZA, Tales; FALEIROS Jr., José (coords.). *Legal Design*: teoria e prática. Indaiatuba, SP: Ed. Foco, 2021.

(7) HAGAN, Margaret. *What is legal design*? Disponível em: <https://www.lawbydesign.co/legal-design/#what-is>. Acesso em: 30 nov. 2020.

(8) FALEIROS, José de Moura. O profissional do Direito no século XXI. In: CALAZA, Tales; FALEIROS Jr., José (coords.). *Legal design*: teoria e prática. Indaiatuba, SP: Ed. Foco, 2021.

perder de vista quem será o receptor da nossa mensagem e qual a sua expectativa, o que vai influenciar em nossa forma de comunicação e prestação de serviços entre um cliente de *startup*, um desembargador ou um empresário tradicional. Na sociedade digital em que estamos inseridos, o *legal design* passa a ser desejável e, em algumas circunstâncias, obrigatório.

1

JORNADA DE TRABALHO

Selma Carloto

Fonte: do autor, 2021

Introdução

No Brasil, todo trabalhador contratado com carteira assinada, ou seja, numa relação de emprego, tem a jornada de trabalho estipulada no contrato de trabalho. A lei exige que fique clara, por escrito, a duração do trabalho que esse profissional terá de cumprir diariamente.

A Constituição Federal de 1988, em seu art. 7º, inciso XIII, inclui, entre os direitos dos trabalhadores, a "duração do trabalho normal não superior a oito horas diárias e quarenta e quatro semanais, facultada a compensação de horários e a redução da jornada, mediante acordo ou convenção coletiva de trabalho". O inciso XIV ainda prevê a "jornada de seis horas para o trabalho realizado em turnos ininterruptos de revezamento, salvo negociação coletiva".

Na Consolidação das Leis do Trabalho (CLT), o tema é tratado na Seção II, arts. 58 a 65.

Algumas categorias cumprem jornada diferenciada por terem regulamentação própria. É o caso de bancários (seis horas diárias ou 30 horas semanais), jornalistas (cinco horas diárias ou 30 horas semanais), médicos (quatro horas diárias), aeronautas (devido às peculiaridades da atividade, a jornada pode chegar a 20 horas), radiologistas (24 horas semanais) e advogados (quatro horas diárias ou 20 horas semanais), entre outros.

Um pouco de história:
O controle de trabalho pode ser considerado uma das principais conquistas dos trabalhadores na história mundial e do Brasil. Com a Revolução Industrial e a introdução das máquinas a vapor, iniciada no século XVIII, o trabalho ganhou uma nova conotação. Inicialmente, sem regulamentação, vigorava o regulamento da fábrica e o trabalho alcançava 18 horas diárias. A primeira reinvindicação, por meio dos primeiros sindicatos, foi exatamente a restrição da duração do trabalho. Em 1934, a Constituição Federal passou a prever que a duração máxima de trabalho deveria ser oito horas diárias, entre outros direitos. A primeira Convenção da OIT tratou da duração de trabalho, estabelecendo que o limite seria de oito horas diárias, ou 48 horas semanais. Em 1935, a Convenção n. 40 recomendou uma jornada de 40 horas semanais.(9)

1.1. Jornada

A Constituição Federal traz o limite de 8 horas diárias e 44 semanais.

(9) Disponível em: https://www.tst.jus.br/jornada-de-trabalho. Acesso em: 7 set. 2021.

Constituição Federal de 1988, art. 7º, inciso XIII – "duração do trabalho normal não superior a oito horas diárias e quarenta e quatro semanais, facultada a compensação de horários e a redução da jornada, mediante acordo ou convenção coletiva de trabalho".[10]

Art. 58 da CLT: "A duração normal do trabalho, para os empregados em qualquer atividade privada, não excederá de 8 (oito) horas diárias, desde que não seja fixado expressamente outro limite".[11]

1.1.1. Limites

O limite de jornada legal é de 8 horas diárias e 44 horas semanais (CF, art. 7º, inciso XIII).

A jornada diurna é aquela trabalhada pelo trabalhador urbano e pela doméstica das 5 às 22 horas.

1.1.2. Hora noturna

Das 22h às 5h – hora reduzida e adicional no mínimo de 20% (poderá ser majorado por negociação coletiva).

Hora noturna do trabalho rural:

Pecuária – das 20h às 4h da manhã/sem hora reduzida/adicional de 25%.

Gado – Pecuária – Agricultura. (Foto: Pixabay)

---

(10) BRASIL. *Constituição Federal de 1988.* Disponível em: <http://www.planalto.gov.br/ccivil_03/constituicao/constituicao.htm>. Acesso em: 5 set. 2021.

(11) BRASIL. *Consolidação das Leis do Trabalho.* Disponível em: <http://www.planalto.gov.br/ccivil_03/decreto-lei/del5452.htm>. Acesso em: 5 set. 2021.

Agricultura – das 21h às 5h da manhã / sem hora reduzida / adicional de 25%.

Agricultura é um meio facilitador de alavancar a economia de um país. (Foto: Pixabay)

Atenção: se o empregado trabalhou todo período à noite **e trabalhar após às 5h, o período prorrogado será computado como noturno e com hora reduzida.**

Súmula n. 60 TST, inciso II:

> **SÚMULA N. 60 – ADICIONAL NOTURNO. INTEGRAÇÃO NO SALÁRIO E PRORROGAÇÃO EM HORÁRIO DIURNO**
>
> I – O adicional noturno, pago com habitualidade, integra o salário do empregado para todos os efeitos.
>
> II – Cumprida integralmente a jornada no período noturno e prorrogada esta, devido é também o adicional quanto às horas prorrogadas. Exegese do art. 73, § 5º, da CLT.
>
> *Res. 129/2005, DJ 20, 22 e 25.04.2005.*

4 COISAS QUE VOCÊ PRECISA SABER SOBRE JORNADA. Assista o vídeo do TST: https://www.youtube.com/watch?v=3aIZRz-malN4&feature=youtu.be.[12]

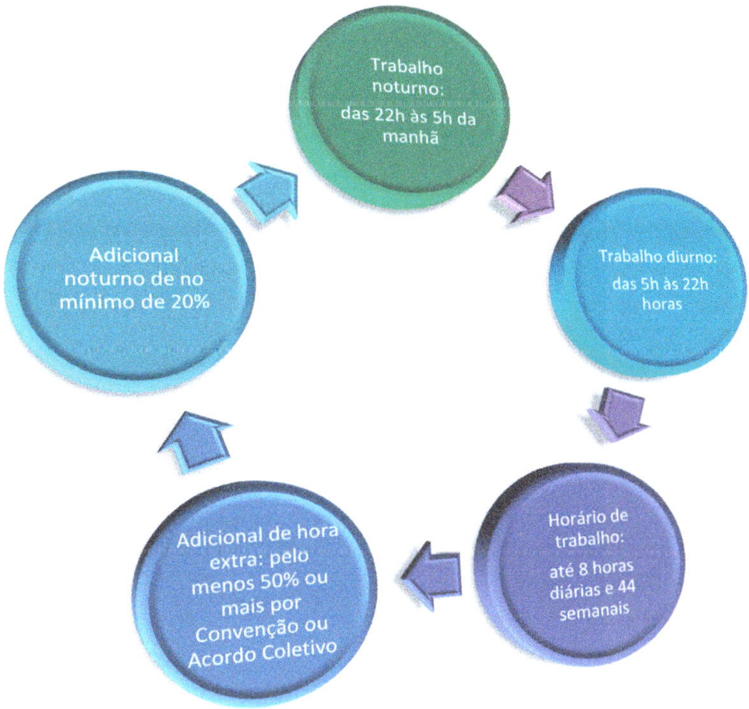

Fonte: do autor, 2021.

1.2. Horas extras

A CLT permite até duas horas a mais de trabalho, por dia, mediante acordo individual, convenção ou acordo coletivo.

As horas extras deverão ser pagas com adicional de pelo menos 50% do valor da hora normal ou compensadas.

---

(12) Fonte: Tribunal Superior do Trabalho.

Adicional de pelo menos 50%

Desconsiderar tempo residual inferior a 5 minutos de registro. Total diário de 10 minutos

Art. 58 da CLT, § 1º: "Não serão descontadas nem computadas como jornada extraordinária as variações de horário no registro de ponto não excedentes de cinco minutos, observado o limite máximo de dez minutos diários. (Parágrafo incluído pela Lei n. 10.243, de 19.6.2001)".[13]

Súmulas do TST:

"Súmula n. 291 do TST

HORAS EXTRAS. HABITUALIDADE. SUPRESSÃO. INDENIZAÇÃO (nova redação em decorrência do julgamento do processo TST-IUJERR 10700-45.2007.5.22.0101).

A supressão total ou parcial, pelo empregador, de serviço suplementar prestado com habitualidade, durante pelo menos 1 (um) ano, assegura ao empregado o direito à indenização correspondente ao valor de 1(um) mês das horas suprimidas, total ou parcialmente, para cada ano ou fração igual ou superior a seis meses de prestação de serviço acima da jornada normal. O cálculo observará a média das horas suplementares nos últimos 12 (doze) meses anteriores à mudança, multiplicada pelo valor da hora extra do dia da supressão."[14]

"Súmula n. 376 do TST

HORAS EXTRAS. LIMITAÇÃO. ART. 59 DA CLT. REFLEXOS (conversão das Orientações Jurisprudenciais ns. 89 e 117 da SBDI-1).

I – A limitação legal da jornada suplementar a duas horas diárias não exime o empregador de pagar todas as horas trabalhadas. (ex-OJ n. 117 da SBDI-1 – inserida em 20.11.1997)

II – O valor das horas extras habitualmente prestadas integra o cálculo dos haveres trabalhistas, independentemente da limitação prevista no *caput* do art. 59 da CLT. (ex-OJ n. 89 da SBDI-1 – inserida em 28.04.1997)"[15]

---

(13) BRASIL. *Consolidação das Leis do Trabalho*. Disponível em: <http://www.planalto.gov.br/ccivil_03/decreto-lei/del5452.htm>. Acesso em: 5 set. 2021.

(14) Tribunal Superior do Trabalho. Disponível em: <https://www.tst.jus.br/sumulas>. Acesso em: 5 set. 2021.

(15) *Idem*.

ORIENTAÇÕES JURISPRUDENCIAIS DA SBDI-1 DO TST

"**332. MOTORISTA. HORAS EXTRAS. ATIVIDADE EXTERNA. CONTROLE DE JORNADA POR TACÓGRAFO. RESOLUÇÃO N. 816/86 DO CONTRAN.** O tacógrafo, por si só, sem a existência de outros elementos, não serve para controlar a jornada de trabalho de empregado que exerce atividade externa."(16)

1.3. Tempo de deslocamento e à disposição

1.3.1. Horas de deslocamento

O art. 58 da CLT, com o advento da reforma trabalhista, passou a preconizar que o tempo gasto pelo trabalhador para o trabalho e para o seu retorno, caminhando, ou por qualquer meio de transporte, inclusive o fornecido pelo empregador, não será computado na jornada de trabalho, não sendo tempo à disposição do empregador.

Art. 58, § 2º, da CLT: "O tempo despendido pelo empregado desde a sua residência até a efetiva ocupação do posto de trabalho e para o seu retorno, caminhando ou por qualquer meio de transporte, inclusive o fornecido pelo empregador, não será computado na jornada de trabalho, por não ser tempo à disposição do empregador. (Redação dada pela Lei n. 13.467, de 2017)"

---

(16) Tribunal Superior do Trabalho. Disponível em: <https://www.tst.jus.br/sumulas>. Acesso em: 5 set. 2021.

Não integra mais o tempo de serviço o deslocamento do empregado de sua casa ao trabalho.

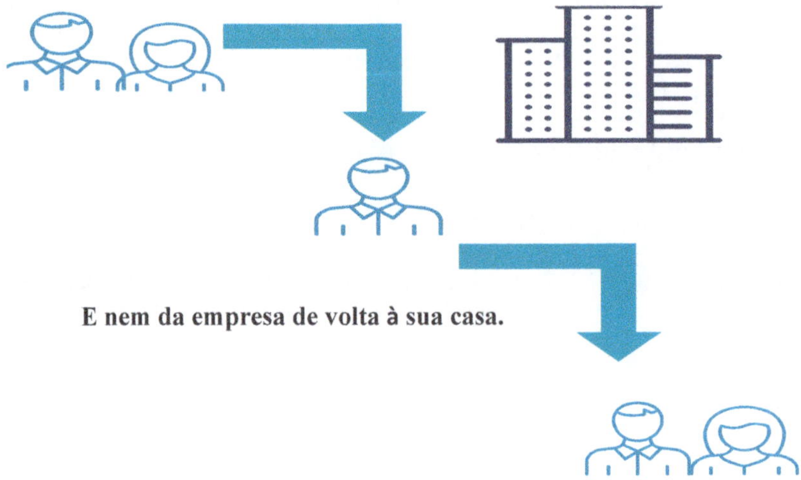

Fonte: do autor, 2021.

1.3.2. Horas *in itinere*

Antes da vigência da reforma trabalhista, o período gasto pelo trabalhador no trajeto entre a casa e o trabalho, e vice-versa, quando o empregador fornecia transporte aos seus empregados para o trabalho e para os locais de difícil acesso, como para áreas de mineração e construções, e não servidos por transporte público disponível era considerado tempo à disposição do empregador, devendo ser este período remunerado pelo empregador. Agora, o período não mais integra a jornada de trabalho.

Súmula n. 90 do TST → Contrária à reforma trabalhista

"HORAS "*IN ITINERE*". TEMPO DE SERVIÇO (incorporadas as Súmulas ns. 324 e 325 e as Orientações Jurisprudenciais ns. 50 e 236 da SBDI-1) – Res. 129/2005, DJ 20, 22 e 25.04.2005.

I – O tempo despendido pelo empregado, em condução fornecida pelo empregador, até o local de trabalho de difícil acesso, ou não servido por transporte público regular, e para o seu retorno é computável na jornada de trabalho. (ex-Súmula n. 90 – RA 80/1978, DJ 10.11.1978)

II – A incompatibilidade entre os horários de início e término da jornada do empregado e os do transporte público regular é circunstância que também gera o direito às horas *"in itinere"*. (ex-OJ n. 50 da SBDI-1 – inserida em 01.02.1995)

III – A mera insuficiência de transporte público não enseja o pagamento de horas *"in itinere"*. (ex-Súmula n. 324 – Res. 16/1993, DJ 21.12.1993)

IV – Se houver transporte público regular em parte do trajeto percorrido em condução da empresa, as horas *"in itinere"* remuneradas limitam-se ao trecho não alcançado pelo transporte público. (ex-Súmula n. 325 – Res. 17/1993, DJ 21.12.1993)

V – Considerando que as horas *"in itinere"* são computáveis na jornada de trabalho, o tempo que extrapola a jornada legal é considerado como extraordinário e sobre ele deve incidir o adicional respectivo. (ex-OJ n. 236 da SBDI-1 – inserida em 20.06.2001)."[17]

Empregados que já recebiam horas *in itinere*: Condição mais benéfica.

ATENÇÃO: Em regra, o Tribunal Superior do Trabalho admite a aplicação da lei nova, como a da reforma trabalhista, Lei n. 13.467/2017, preservando-se o direito adquirido de empregado e empregador, como podemos vislumbrar. Assim, para aqueles que já recebiam horas *in itinere* antes da reforma trabalhista permanece o direito.

Súmula n. 191 do TST:

"Súmula n. 191

ADICIONAL DE PERICULOSIDADE. INCIDÊNCIA. BASE DE CÁLCULO (cancelada a parte final da antiga redação e inseridos os itens II e III) – Res. 214/2016, DEJT divulgado em 30.11.2016 e 01 e 02.12.2016.

I – O adicional de periculosidade incide apenas sobre o salário básico e não sobre este acrescido de outros adicionais.

II – O adicional de periculosidade do empregado eletricitário, contratado sob a égide da Lei n. 7.369/1985, deve ser calculado sobre a totalidade das parcelas de natureza salarial. Não é válida norma coletiva mediante a qual se determina a incidência do referido adicional sobre o salário básico.

III – A alteração da base de cálculo do adicional de periculosidade do eletricitário promovida pela Lei n. 12.740/2012 atinge somente contrato de trabalho firmado a partir de sua vigência, de modo que, nesse caso,

(17) Tribunal Superior do Trabalho. Disponível em: <https://www.tst.jus.br/sumulas>. Acesso em: 5 set. 2021.

o cálculo será realizado exclusivamente sobre o salário básico, conforme determina o § 1º do art. 193 da CLT."[18]

Súmula n. 441 do TST

"AVISO PRÉVIO. PROPORCIONALIDADE – Res. 185/2012, DEJT divulgado em 25, 26 e 27.09.2012.

O direito ao aviso prévio proporcional ao tempo de serviço somente é assegurado nas rescisões de contrato de trabalho ocorridas a partir da publicação da Lei n. 12.506, em 13 de outubro de 2011."[19]

1.3.3. Tempo à disposição

Algumas atividades, antes da reforma trabalhista, Lei n. 13.467/2017, eram incluídas na jornada de trabalho e pagas como horas extras, com o entendimento de que o empregado estava à disposição do patrão.

A reforma trabalhista incluiu um rol de excludentes:

Legislação:

"Art. 4º, § 2º Por não se considerar tempo à disposição do empregador, não será computado como período extraordinário o que exceder a jornada normal, ainda que ultrapasse o limite de cinco minutos previsto no § 1º do art. 58 desta Consolidação, quando o empregado, por escolha própria, buscar proteção pessoal, em caso de insegurança nas vias públicas ou más condições climáticas, bem como adentrar ou permanecer nas dependências da empresa para exercer atividades particulares, entre outras: (Incluído pela Lei n. 13.467, de 2017) (Vigência)

I – práticas religiosas; (Incluído pela Lei n. 13.467, de 2017) (Vigência)

II – descanso; (Incluído pela Lei n. 13.467, de 2017) (Vigência)

III – lazer; (Incluído pela Lei n. 13.467, de 2017) (Vigência)

IV – estudo; (Incluído pela Lei n. 13.467, de 2017) (Vigência)

V – alimentação; (Incluído pela Lei n. 13.467, de 2017) (Vigência)

VI – atividades de relacionamento social; (Incluído pela Lei n. 13.467, de 2017) (Vigência)

VII – higiene pessoal; (Incluído pela Lei n. 13.467, de 2017) (Vigência)

---

(18) Tribunal Superior do Trabalho. Disponível em: <https://www.tst.jus.br/sumulas>. Acesso em: 5 set. 2021.

(19) Tribunal Superior do Trabalho. Disponível em: https://www.tst.jus.br/sumulas. Acesso em: 5 set. 2021.

VIII – troca de roupa ou uniforme, quando não houver obrigatoriedade de realizar a troca na empresa."[20]

De acordo com o texto atual, não será computado como hora extra aquele período que exceder a jornada normal quando o empregado, "por escolha própria" para buscar proteção pessoal, em caso de insegurança nas vias públicas, ou em virtude de más condições climáticas, bem como adentrar ou permanecer nas dependências da empresa para exercer atividades particulares:

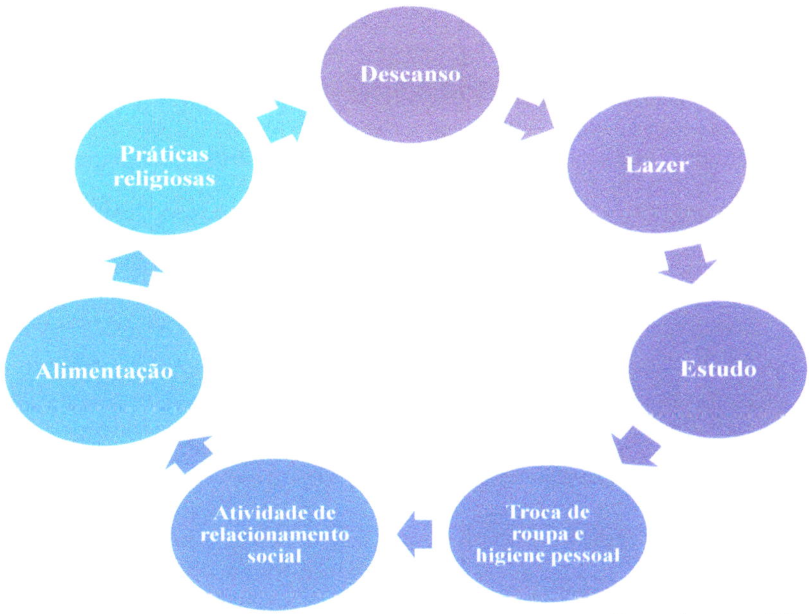

Fonte: do autor, 2021.

1.4. Do quadro de horário

Com a Lei da Liberdade Econômica, os estabelecimentos com mais de **20 trabalhadores** deverão proceder ao registro de jornada. Antes eram 10 empregados.

(20) BRASIL. *Consolidação das Leis do Trabalho*. Disponível em: <http://www.planalto.gov.br/ccivil_03/decreto-lei/del5452.htm>. Acesso em: 5 set. 2021.

DICA:  Não obstante não seja obrigatório fazer o controle de jornada com menos de 20 trabalhadores, a sugestão é que este seja realizado para uma maior segurança da empresa, ou esta ficará apenas à mercê de prova testemunhal. O ônus da prova abaixo de 20 empregados é do próprio trabalhador, mas nada como a prevenção.

Nos termos da CLT:

"Art. 74. O horário de trabalho será anotado em registro de empregados. (Redação dada pela Lei n. 13.874, de 2019)

§ 1º (Revogado). (Redação dada pela Lei n. 13.874, de 2019)

§ 2º Para os estabelecimentos com mais de **20 (vinte) trabalhadores** será obrigatória a anotação da hora de entrada e de saída, em registro manual, mecânico ou eletrônico, conforme instruções expedidas pela Secretaria Especial de Previdência e Trabalho do Ministério da Economia, permitida a pré-assinalação do período de repouso. (Redação dada pela Lei n. 13.874, de 2019)

§ 3º Se o trabalho for executado fora do estabelecimento, o horário dos empregados constará do registro manual, mecânico ou eletrônico em seu poder, sem prejuízo do que dispõe o *caput* deste artigo. (Redação dada pela Lei n. 13.874, de 2019)"[21]

De acordo com a jurisprudência do TST, por meio da Súmula n. 338, a prova a respeito da jornada deverá ser feita pelo empregador.

A não apresentação injustificada dos controles de frequência gera presunção relativa de veracidade da jornada de trabalho alegada pelo empregado quando a empresa tiver mais de 20 trabalhadores.

"**Súmula n. 338 do TST**

JORNADA DE TRABALHO. REGISTRO. ÔNUS DA PROVA (incorporadas as Orientações Jurisprudenciais ns. 234 e 306 da SBDI-1) – Res. 129/2005, DJ 20, 22 e 25.04.2005.

I – É ônus do empregador que conta com mais de 10 (dez) empregados o registro da jornada de trabalho na forma do art. 74, § 2º, da CLT. A não-apresentação injustificada dos controles de frequência gera presunção **relativa** de veracidade da jornada de trabalho, a qual pode ser elidida por prova em contrário.

(21) BRASIL. *Consolidação das Leis do Trabalho*. Disponível em: <http://www.planalto.gov.br/ccivil_03/decreto-lei/del5452.htm>. Acesso em: 5 set. 2021.

Agora são 20 empregados	Lei da Liberdade Econômica

II – **A presunção de veracidade da jornada de trabalho, ainda que prevista em instrumento normativo, pode ser elidida por prova em contrário.**

III – Os cartões de ponto que demonstram horários de entrada e saída uniformes são inválidos como meio de prova, invertendo-se o ônus da prova, relativo às horas extras, que passa a ser do empregador, prevalecendo a jornada da inicial se dele não se desincumbir."[22]

1.5. Ponto por exceção

A Lei da Liberdade econômica também positivou o ponto por exceção, antes válido apenas por meio de negociação coletiva, segundo entendimento do Tribunal Superior do Trabalho e agora também por acordo individual: art. 74, § 4º, da CLT: "Fica **permitida a utilização de registro de ponto por exceção à jornada regular de trabalho**, mediante **acordo individual escrito, convenção coletiva ou acordo coletivo de trabalho**. (Incluído pela Lei n. 13.874, de 2019)"[23]

No ponto por exceção, o empregado apenas marca a exceção.

1.6. Jornada parcial

A jornada parcial, com a reforma trabalhista, Lei n. 13.467/2017, foi elevada de 25 horas para 30 horas semanais, ou 26 horas com direito de até 6 horas extras.

Fonte da imagem: http://www.vidaeaprendizado.com.br/artigo.php?id=47.

(22) Tribunal Superior do Trabalho. Disponível em: https://www.tst.jus.br/sumulas. Acesso em: 5 set. 2021.

(23) BRASIL. *Consolidação das Leis do Trabalho*. Disponível em: http://www.planalto.gov.br/ccivil_03/decreto-lei/del5452.htm. Acesso em: 5 set. 2021.

Legislação:

"Art. 58-A. Considera-se trabalho em regime de tempo parcial aquele cuja duração **não exceda a trinta horas semanais, sem a possibilidade de horas suplementares semanais, ou,** ainda, aquele cuja **duração não exceda a vinte e seis horas semanais, com a possibilidade de acréscimo de até seis horas suplementares semanais.** (Redação dada pela Lei n. 13.467, de 2017) (Vigência)

§ 1º O salário a ser pago aos empregados sob o regime de tempo parcial será **proporcional à sua jornada, em relação aos empregados que cumprem, nas mesmas funções, tempo integral.** (Incluído pela Medida Provisória n. 2.164-41, de 2001)

§ 2º Para os **atuais empregados, a adoção do regime de tempo parcial será feita mediante opção manifestada perante a empresa,** na forma prevista em instrumento decorrente de negociação coletiva. (Incluído pela Medida Provisória n. 2.164-41, de 2001)

§ 3º As **horas suplementares** à duração do trabalho semanal normal serão pagas com o **acréscimo de 50% (cinquenta por cento) sobre o salário-hora** normal. (Incluído pela Lei n. 13.467, de 2017) (Vigência)

§ 4º Na hipótese de o contrato de trabalho em regime de tempo parcial ser estabelecido em número inferior a vinte e seis horas semanais, as horas suplementares a este quantitativo serão consideradas horas extras para fins do pagamento estipulado no § 3º, estando também limitadas a seis horas suplementares semanais. (Incluído pela Lei n. 13.467, de 2017) (Vigência)

§ 5º As horas suplementares da jornada de trabalho normal **poderão ser compensadas diretamente até a semana imediatamente posterior à da sua execução, devendo ser feita a sua quitação na folha de pagamento do mês subsequente,** caso não sejam compensadas. (Incluído pela Lei n. 13.467, de 2017) (Vigência)

§ 6º É **facultado ao empregado contratado sob regime de tempo parcial converter um terço do período de férias a que tiver direito em abono** pecuniário. (Incluído pela Lei n. 13.467, de 2017) (Vigência)

§ 7º As férias do regime de tempo parcial são regidas pelo disposto no art. 130 desta Consolidação. (Incluído pela Lei n. 13.467, de 2017) (Vigência)"[(24)]

(24) BRASIL. *Consolidação das Leis do Trabalho.* Disponível em: http://www.planalto.gov.br/ccivil_03/decreto-lei/del5452.htm. Acesso em: 5 set. 2021.

Jornada parcial:

Até 26 horas semanais → direito a 6 horas extras

De 27 a 30 horas semanais → sem direito a horas extras

Salário - proporcional à jornada, em relação aos empregados que cumprem, nas mesmas funções, tempo integral.

Atuais empregados, a adoção do regime de tempo parcial será feita mediante opção manifestada perante a empresa.

Horas suplementares à duração do trabalho semanal normal serão pagas com o acréscimo de 50% (cinquenta por cento).

Compensação até a semana imediatamente posterior à da sua execução - quitação na folha de pagamento do mês subsequente.

Férias de 30 dias com a reforma trabalhista - recebimento equivalente ao salário de jornada parcial.

1.7. Intervalos:

1.7.1. Intervalo intrajornada

Regra geral: mínimo 1 hora e máximo duas horas.

Intervalo intrajornada consiste no período destinado ao repouso e à alimentação. Este período não será computado na jornada de trabalho.

Nos termos do art. 71 da CLT, quem trabalha acima de seis horas diárias fará jus a um intervalo mínimo de uma hora. Se a jornada for inferior a seis horas, o intervalo será de no mínimo 15 minutos.

Legislação:

Art. 71 da CLT: "**Em qualquer trabalho contínuo, cuja duração exceda de 6 (seis)** horas, é **obrigatória** a concessão de um intervalo para repouso ou alimentação, o qual será, **no mínimo, de 1 (uma) hora e, salvo acordo escrito ou contrato coletivo em contrário, não poderá exceder de 2 (duas) horas.**

§ 1º **Não excedendo de 6 (seis) horas o trabalho, será, entretanto, obrigatório um intervalo de 15 (quinze) minutos quando a duração ultrapassar 4 (quatro) horas.**

§ 2º **Os intervalos de descanso não serão computados na duração do trabalho.**

§ 3º O limite mínimo de uma hora para repouso ou refeição poderá ser reduzido por ato do Ministro do Trabalho, Indústria e Comércio, quando ouvido o Serviço de Alimentação de Previdência Social, se verificar que o estabelecimento atende integralmente às exigências concernentes à organização dos refeitórios, e quando os respectivos empregados não estiverem sob regime de trabalho prorrogado a horas suplementares.

§ 4º A não concessão ou a concessão parcial do intervalo intrajornada mínimo, para repouso e alimentação, a empregados urbanos e rurais, implica o pagamento, de natureza indenizatória, apenas do período suprimido, com acréscimo de 50% (cinquenta por cento) sobre o valor da remuneração da hora normal de trabalho. (Redação dada pela Lei n. 13.467, de 2017) (Vigência)

§ 5º O intervalo expresso no *caput* poderá ser reduzido e/ou fracionado, e aquele estabelecido no § 1º poderá ser fracionado, quando compreendidos entre o término da primeira hora trabalhada e o início da última hora trabalhada, desde que previsto em convenção ou acordo coletivo de trabalho, ante a natureza do serviço e em virtude das condições especiais de trabalho a que são submetidos estritamente os motoristas, cobradores, fiscalização de campo e afins nos serviços de operação de veículos rodoviários, empregados no setor de transporte coletivo de passageiros, mantida a remuneração e concedidos intervalos para descanso menores ao final de cada viagem. (Redação dada pela Lei n. 13.103, de 2015) (Vigência)"[25]

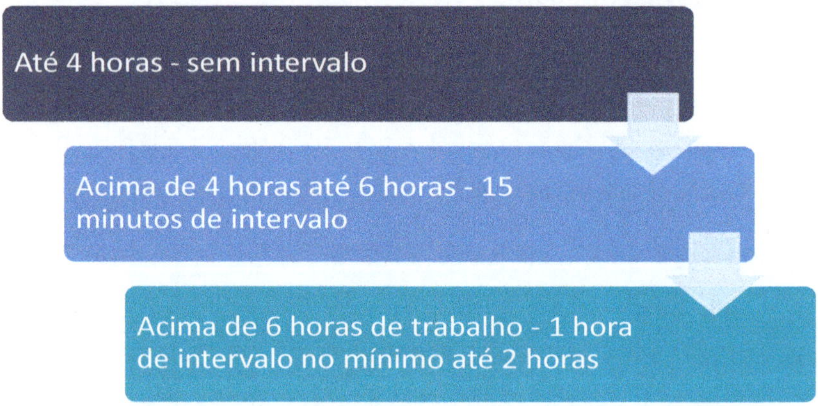

(25) BRASIL. *Consolidação das Leis do Trabalho*. Disponível em: http://www.planalto.gov.br/ccivil_03/decreto-lei/del5452.htm. Acesso em: 5 set. 2021.

Descumprimento do intervalo:

Quando descumprido o intervalo de descanso, o empregador fica obrigado a remunerar o período correspondente como se fosse de horas extras, com o acréscimo de no mínimo 50% sobre o valor da remuneração da hora normal de trabalho.

Natureza: com a reforma trabalhista, a natureza passou a ser indenizatória. Antes era salarial.

1.7.2. Legislação – desrespeito de intervalo de almoço a partir de 11 de novembro

"Art. 71. CLT NOVO.

....

§ 4º A não concessão ou a concessão parcial do intervalo intrajornada mínimo, para repouso e alimentação, a empregados urbanos e rurais, implica o pagamento, **de natureza indenizatória**, **apenas do período suprimido,** com acréscimo de 50% (cinquenta por cento) sobre o valor da remuneração da hora normal de trabalho. ...."[26]

O intervalo de uma hora poderá ser reduzido em algumas situações:
Situações especiais relacionadas ao fornecimento de refeições em espaço adequado para 30 minutos, mediante autorização do Ministério Público do Trabalho.
Reforma trabalhista, Lei n. 13.467/2017, passou a admitir a redução para 30 minutos, desde que haja previsão em convenção ou acordo coletivo de trabalho.

1.7.3. Possibilidade de redução para no mínimo 30 minutos por meio de negociação coletiva

Art. 611-A da CLT: "A convenção coletiva e o acordo coletivo de trabalho têm prevalência sobre a lei quando, entre outros, dispuserem sobre:

I – pacto quanto à jornada de trabalho, observados os limites constitucionais;

II – banco de horas anual;

---

(26) BRASIL. *Consolidação das Leis do Trabalho*. Disponível em: <http://www.planalto.gov.br/ccivil_03/decreto-lei/del5452.htm>. Acesso em: 5 set. 2021.

III – intervalo intrajornada, respeitado o limite mínimo de trinta minutos para jornadas superiores a seis horas; (contrário à Súmula n. 437, inciso II.)[(27)]

Art. 611-B. Constituem **objeto ilícito** de convenção coletiva ou de acordo coletivo de trabalho, exclusivamente, a supressão ou a redução dos seguintes direitos:

XVII – normas de saúde, higiene e segurança do trabalho previstas em lei ou em normas regulamentadoras do Ministério do Trabalho;

Parágrafo único. Regras sobre duração do trabalho e intervalos não são consideradas como normas de saúde, higiene e segurança do trabalho para os fins do disposto neste artigo."[(28)]

Intervalos não previstos em lei e concedidos pelo empregador serão computados na jornada como tempo à disposição.

Exemplo: A empresa não tem um acordo de intervalo intrajornada superior a 2 horas e o empregado volta após 3 horas do almoço com concordância da empresa. Esta terceira hora será computada como de trabalho.

"Súmula n. 118 do TST

JORNADA DE TRABALHO. HORAS EXTRAS (mantida) – Res. 121/2003, DJ 19, 20 e 21.11.2003.

Os intervalos concedidos pelo empregador na jornada de trabalho, não previstos em lei, representam tempo à disposição da empresa, remunerados como serviço extraordinário, se acrescidos ao final da jornada."[(29)]

1.7.4. Intervalos interjornada

O **intervalo interjornada** ocorre entre uma jornada e outra de trabalho, nos termos do art. 66 da CLT. Significa que entre duas jornadas o descanso mínimo deverá ser de onze horas.

---

(27) BRASIL. *Consolidação das Leis do Trabalho.* Disponível em: <http://www.planalto.gov.br/ccivil_03/decreto-lei/del5452.htm>. Acesso em: 5 set. 2021.

(28) *Idem.*

(29) Tribunal Superior do Trabalho. Disponível em: <https://www.tst.jus.br/sumulas>. Acesso em: 5 set. 2021.

Regra geral: 11 horas

Art. 66 da CLT: "Entre 2 (duas) jornadas de trabalho haverá um período mínimo de 11 (onze) horas consecutivas para descanso."[30]

Observação: este intervalo tem natureza distinta do descanso semanal remunerado e dos feriados.

Uma vez por semana, o trabalhador deverá descansar 35 horas: 24 de DSR + 11 de intervalo interjornada.

Intervalo interjornada: 11 horas no mínimo.

Descumprimento: pagamento do tempo suprimido.

"**Súmula n. 110 do TST**

JORNADA DE TRABALHO. INTERVALO (mantida) – Res. 121/2003, DJ 19, 20 e 21.11.2003.

No regime de revezamento, as horas trabalhadas em seguida ao repouso semanal de 24 horas, com prejuízo do intervalo mínimo de 11 horas consecutivas para descanso entre jornadas, devem ser remuneradas como extraordinárias, inclusive com o respectivo adicional."[31]

Algumas categorias têm **intervalos interjornadas especiais**:

Telefonistas com horários variáveis: 17 horas. Art. 229 da CLT.
Operador cinematográfico: 12 horas. Art. 235 da CLT.
Cabineiro e ferroviário: 14 horas. Art. 245 da CLT.
Jornalistas: 10 horas. Art. 308 da CLT.

1.8. Isenção do capítulo de controle de jornada

Segundo o art. 62 da CLT, estão <u>isentos</u> do controle de jornada de trabalho os empregados que:

1. exercem atividades externas (por exemplo: os vendedores);

---

(30) BRASIL. *Consolidação das Leis do Trabalho*. Disponível em: <http://www.planalto.gov.br/ccivil_03/decreto-lei/del5452.htm>. Acesso em: 5 set. 2021.

(31) Tribunal Superior do Trabalho. Disponível em: https://www.tst.jus.br/sumulas. Acesso em: 5 set. 2021.

2. os exercentes de cargos de gestão (por exemplo: os gerentes);

3. os empregados em regime de teletrabalho. (Incluído pela reforma trabalhista)

Legislação:

"Art. 62. Não são abrangidos pelo regime previsto neste capítulo: (Redação dada pela Lei n. 8.966, de 27.12.1994)

I – os empregados que exercem atividade externa incompatível com a fixação de horário de trabalho, devendo tal condição ser anotada na Carteira de Trabalho e Previdência Social e no registro de empregados; (Incluído pela Lei n. 8.966, de 27.12.1994)

II – os gerentes, assim considerados os exercentes de cargos de gestão, aos quais se equiparam, para efeito do disposto neste artigo, os diretores e chefes de departamento ou filial. (Incluído pela Lei n. 8.966, de 27.12.1994)

III – os empregados em regime de teletrabalho. (Incluído pela Lei n. 13.467, de 2017) (Vigência)

Parágrafo único. O regime previsto neste capítulo será aplicável aos empregados mencionados no inciso II deste artigo, quando o salário do cargo de confiança, compreendendo a gratificação de função, se houver, for inferior ao valor do respectivo salário efetivo acrescido de 40% (quarenta por cento). (Incluído pela Lei n. 8.966, de 27.12.1994)"(32) **Esta condição deverá ser anotada na carteira de trabalho e no registro de empregados.**

1.8.1. Trabalho externo

Esta modalidade de trabalho abrange atividades que são **incompatíveis com a fixação de horário** de trabalho.

A prestação de serviço não deverá exigir a presença na empresa, como no caso de vendedores, entregadores e motoristas de caminhão.

Um pouco de jurisprudência:

Representante comprova que empresa controlava jornada por meio do celular corporativo.

O controle da jornada autoriza o pagamento de horas extras.

---

(32) BRASIL. Consolidação das Leis do Trabalho. Disponível em: <http://www.planalto.gov.br/ccivil_03/decreto-lei/del5452.htm>. Acesso em: 5 set. 2021.

Homem manipulando telefone celular.[33]

"03/12/20 – A Segunda Turma do Tribunal Superior do Trabalho (TST) reconheceu o direito de um representante de produtos da Optotal Hoya S.A., de São Paulo (SP), ao pagamento de horas extras. Apesar de se tratar de trabalho externo, a empresa controlava indiretamente sua jornada por meio do celular fornecido.

Rotina

O empregado disse, na reclamação trabalhista, que cumpria jornada de 7h às 20h, de segunda a sexta-feira, com meia hora de intervalo. Sua rotina era visitar lojas de clientes para demonstração de produtos (lentes oftalmológicas) e participar de treinamentos e reuniões com oftalmologistas. Segundo o empregado, o trabalho era controlado pelo celular, pois utilizava o aparelho para dar baixa nas visitas realizadas diretamente no sistema da empresa.

Em sua defesa, a Optotal afirmou que o representante cumpria trabalho externo e que não havia efetivo controle de seus horários.

---

(33) Tribunal Superior do Trabalho. *Representante comprova que empresa controlava jornada por meio do celular corporativo.* Disponível em: <https://www.tst.jus.br/web/guest/-/representante-comprova-que-empresa-controlava-jornada-por-meio-do-celular-corporativo>. Acesso em: 7 set. 2021.

Segundo a empresa, não havia como comprovar a jornada alegada pelo empregado.

Controle de jornada

O art. 62 da CLT disciplina "situações excepcionais" em que o tipo de atividade desempenhada é incompatível com a fixação de horário de trabalho. Assim, o artigo exclui esses trabalhadores do regime de jornada de trabalho limitado a oito horas diárias e 44 horas semanais por serem trabalhadores externos, sem que tenham sua jornada monitorada.

Celular corporativo

Segundo o Tribunal Regional do Trabalho da 2ª Região (SP), que julgou improcedente o pedido de horas extras, o representante executava sua jornada externa sem qualquer ingerência ou fiscalização da empresa sobre sua agenda de trabalho. "Ele dirigia de sua casa para o local do primeiro atendimento ao cliente e, após a última visita, retornava para sua residência", registrou. Para o TRT, o uso do celular corporativo, por si só, não autoriza a conclusão de que, por meio dele, o empregado tinha seus horários controlados. Assim, considerou que ele se enquadrava na exceção do art. 62 da CLT e não teria direito a horas extras.

Dinâmica do trabalho

Todavia, de acordo com a relatora do recurso de revista do representante, ministra Maria Helena Mallmann, ao contrário da tese de defesa, não é necessário o controle efetivo de horário pelo empregador para afastar o enquadramento na exceção prevista na CLT. Para tanto, basta a possibilidade de fazê-lo, ainda que indiretamente.

A ministra observou que a inserção de *smartphones* na dinâmica da organização do trabalho é um avanço indiscutível, "que decorre do desenvolvimento global na última década, com reflexos tanto na qualidade da execução quanto no controle das tarefas do empregado". Nesse contexto, e de acordo com o quadro descrito pelo TRT, a ministra concluiu que o fornecimento do celular pela empresa é compatível com o controle da jornada, ainda que indireto. A decisão foi unânime. (RR/CF). Processo: RR-392-53.2014.5.02.0038."

1.8.2. Cargo de gestão

Art. 62, II, da CLT: "Os exercentes de cargo de gestão, se equiparam aos diretores e chefes de departamento ou filial, desde que percebam gratificação de função superior a 40% do salário de seu subordinado imediato".

"**SUM-287. JORNADA DE TRABALHO. GERENTE BANCÁRIO.**

A jornada de trabalho do empregado de banco gerente de agência é regida pelo art. 224, § 2º, da CLT. Quanto ao gerente-geral de agência bancária, presume-se o exercício de encargo de gestão, aplicando-se-lhe o art. 62 da CLT.(34)"

Um pouco de jurisprudência:

Bancário que ocupava cargo de confiança subordinado a gerente-geral receberá horas extras. *Ele receberá, como excedentes, as horas que ultrapassem a jornada de oito horas.*

Detalhe de pessoa examinando gráficos.

"28/06/21 – A Quinta Turma do Tribunal Superior do Trabalho condenou o Itaú Unibanco S.A. ao pagamento de horas extras que ultrapassarem a oitava hora diária a um bancário paulista que ocupava posição diferenciada na estrutura hierárquica da empresa, mas era subordinado

(34) Tribunal Superior do Trabalho. Disponível em: <https://www.tst.jus.br/sumulas>. Acesso em: 5 set. 2021.

ao gerente-geral da sua área. Para a Turma, embora desempenhasse cargo de confiança, o empregado não era a autoridade máxima do setor.

Enquadramento

Na reclamação trabalhista, o bancário sustentou que a denominação de sua função era de gerente, mas, nas atribuições cotidianas, não estavam presentes nenhuma das características passíveis de enquadramento como cargo de gestão, pois estava subordinado ao gerente-geral da área de *back office*.

Posição diferenciada

A pretensão do bancário foi rejeitada pelo juízo de primeiro grau e pelo Tribunal Regional do Trabalho da 2ª Região (SP). Para o TRT, embora não figurasse como autoridade máxima na sua área, ele ocupava posição diferenciada na estrutura hierárquica do banco, com efetivos encargos de gestão na sua área de atuação e com ingerência no destino da empresa. Entre outros pontos, a decisão registra que ele tinha poderes para representar a empresa, assinar contratos em geral, movimentar contas, emitir cheques, receber e liberar altas quantias.

Subordinação

O Ministro Breno Medeiros, relator do recurso de revista do bancário, assinalou que, de acordo com a Súmula n. 287 do TST, a jornada de trabalho do gerente de agência bancária é regida pelo art. 224, § 2º, da CLT (oito horas diárias) e, em relação ao gerente-geral, presume-se o exercício de cargo de gestão, o que o enquadra na exceção do art. 62, inciso II, da CLT, que trata dos ocupantes de cargos de gestão.

No caso, o TRT registrou expressamente a subordinação ao gerente-geral da área, mas outros elementos permitem reconhecer o exercício de cargo de confiança. Com isso, foram deferidas as horas extras excedentes da oitava diária, e não da sexta, como pretendia o bancário. Processo: RRAg-878-10.2015.5.02.0036.(35)"

---

(35) Tribunal Superior do Trabalho. *Bancário que ocupava cargo de confiança subordinado a gerente-geral receberá horas extras*. Disponível em: <http://tst.jus.br/web/guest/-/banc%C3%A1rio-que-ocupava-cargo-de-confian%C3%A7a-subordinado-a-gerente-geral-receber%C3%A1-horas-extras>. Acesso em: 7 set. 2021.

1.8.3. Teletrabalho

Positivado pela reforma trabalhista.

Consiste, nos termos da CLT, art. 75-B, na prestação de serviço **preponderantemente fora das dependências do empregador**, com a **utilização de tecnologias de informação e de comunicação** que, por sua natureza, não se constituam como trabalho externo.

Lembremos que se trata de uma exceção a ser comprovada pelo empregador. Se houver possibilidade de controle por meio de *login* e *logout*, o empregado poderá pleitear horas extras. Sugestão seria controlar a jornada nesta condição.

Assista o vídeo do Instagram do Ministério Público do Trabalho sobre o tema: https://www.instagram.com/tv/CAvi0EVjq2Z/?utm_source=ig_web_copy_link.

1.9. Acordos de compensação de jornada de trabalho

1.9.1. Acordo de compensação

O acordo de compensação consiste naquele celebrado entre o empregador e o empregado, quando há compensação das horas excedentes em outros dias de trabalho.

A Constituição Federal dispõe que, cumpridas 8 horas diárias e 44 semanais, esta compensação deverá ser realizada por meio de negociação coletiva:

Constituição Federal de 1988, art. 7º, inciso XIII: "duração do trabalho normal não superior a oito horas diárias e quarenta e quatro semanais, facultada a compensação de horários e a redução da jornada, mediante acordo ou convenção coletiva de trabalho"(36).

Se houver a prorrogação, com compensação do horário prorrogado, inexistirão horas extras, já que as horas excedentes serão reduzidas em outros dias de trabalho.

---

(36) BRASIL. *Constituição Federal de 1988*. Disponível em: <http://www.planalto.gov.br/ccivil_03/constituicao/constituicao.htm>. Acesso em: 5 set. 2021.

A compensação deverá ser realizada na forma que foi estipulada ou preestabelecida dentro da semana ou dentro do mês. Aqui a jornada semanal total não poderá ultrapassar 44 horas semanais ou 220 mensais.

Lembremos que para encontrarmos o divisor multiplicamos o número de horas semanais trabalhadas por 5:

Exemplos:

Se eu trabalho 44 horas semanais x 5 = 220 mensais

Se eu trabalho 40 horas semanais x 5 = 200 mensais

Se eu trabalho 36 horas semanais x 5 = 180 mensais

Se eu trabalho 30 horas semanais x 5 = 150 mensais

Quem recebe por mês tem o DSR incluso e são considerados 30 dias trabalhados, sendo 6 dias úteis por semana, salvo quando houver feriado.

Se eu trabalho 44 horas por semana, logo, trabalho 7 horas e 20 minutos por dia 6 vezes por semana, o que é comum em shoppings e estabelecimentos que abrem aos sábados. A empresa poderia optar por 8 horas de segunda a sexta e 40 semanais. Em nenhuma destas situações estaremos extrapolando 44 horas semanais ou 8 horas diárias, assim não haveria necessidade de um acordo de compensação.

Empresas que não trabalham aos sábados poderão fazer um acordo de compensação para dividir as excedentes à oitava em cinco dias, somando-se as 44 horas semanais.

Exemplos:

8 horas e 48 minutos por dia de segunda a sexta = 44 horas semanais

9 horas de segunda a quinta e 8 horas na sexta

Nestas duas situações precisaremos de um acordo pelo menos de compensação entre empresa e empregado, ou a empresa o fazendo de forma tácita pagará adicional de hora extra sempre na hora excedente da oitava, ainda que não ultrapassada a jornada máxima semanal, quando pagaríamos hora + adicional.

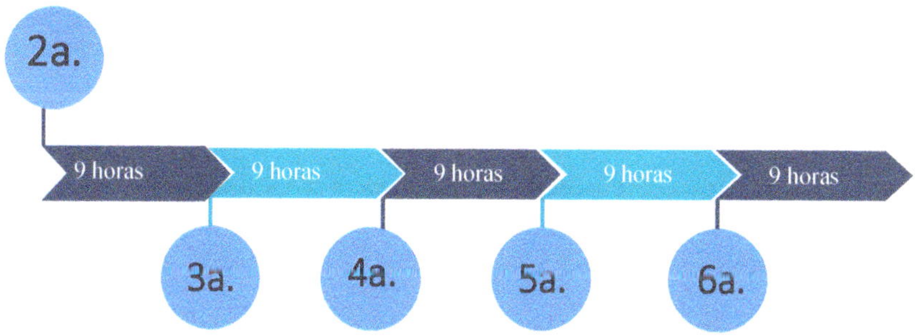

No exemplo acima, o João trabalha de segunda a sexta, com acordo de compensação semanal escrito com a empresa. A nona hora, de segunda a quinta -feira, não vai gerar custo adicional porque, ainda que ultrapassada a oitava diária, está dentro do limite de 44 horas semanais.

A quinta hora de sexta-feira será paga como hora adicional. Se a hora for R$ 10,00, teremos R$ 5,00 de adicional (ou maior, se for superior a 50% nos termos da negociação coletiva – sempre verificar o acordo coletivo e, se não tiver, a convenção coletiva -, o acordo prevalece atualmente sobre a convenção coletiva, nos termos do art. 620 da CLT).

E se não tiver acordo individual escrito de compensação?

Neste caso, considerando a hora de R$ 10,00, a empresa pagará adicional de no mínimo R$ 5,00 por dia, ou seja, 50% pelo menos, de adicional de hora extra (podendo ser maior por convenção ou acordo coletivo, este o mínimo constitucional).

Logo, pelo fato de não haver acordo escrito, a empresa, ao invés de pagar apenas R$ 15,00 pela hora extra de sexta-feira (45ª hora), pagará também R$ 5,00 X 4 dias = R$ 20,00 de adicional de segunda a quinta por não ter acordo escrito de compensação + R$ 15,00 da 45ª hora = R$ 35,00.

O valor passaria de R$ 15,00 para R$ 35,00 pela falta do acordo escrito de compensação, nos termos da Súmula n. 85 do TST e do art. 59 da CLT.

Legislação: preconiza o art. 59-B da CLT:

"Art. 59-B. **O não atendimento das exigências legais** para compensação de jornada, inclusive quando estabelecida mediante acordo tácito,

não implica a repetição do pagamento das horas excedentes à jornada normal diária se não ultrapassada a duração máxima semanal, sendo devido apenas o respectivo adicional. (Incluído pela Lei n. 13.467, de 2017) (Vigência)

Parágrafo único. A prestação de horas extras habituais não descaracteriza o acordo de compensação de jornada e o banco de horas."

Observação: a não celebração de acordo escrito, pelo menos, é considerada não atendimento das exigências legais.

O art. 59, *caput*, da CLT, dispõe que: "a duração diária do trabalho poderá ser acrescida de horas extras, em número não excedente de duas, por acordo individual, convenção coletiva ou acordo coletivo de trabalho".

> "**Súmula n. 85 do TST – anterior à reforma trabalhista – os primeiros três incisos são compatíveis.**
>
> **I. A compensação de jornada de trabalho deve ser ajustada por acordo individual escrito, acordo coletivo ou convenção coletiva.**
>
> **II. O acordo individual para compensação de horas é válido, salvo se houver norma coletiva em sentido contrário.**
>
> **III. O mero não atendimento das exigências legais para a compensação de jornada, inclusive quando encetada mediante acordo tácito, não implica a repetição do pagamento das horas excedentes à jornada normal diária, se não dilatada a jornada máxima semanal, sendo devido apenas o respectivo adicional.**
>
> IV. A prestação de horas extras habituais descaracteriza o acordo de compensação de jornada. Nesta hipótese, as horas que ultrapassarem a jornada semanal normal deverão ser pagas como horas extraordinárias e, quanto àquelas destinadas à compensação, deverá ser pago a mais apenas o adicional por trabalho extraordinário." (**Este inciso não prevalece, já que é contrário ao art. 59-B da CLT que dispõe que a prestação de horas extras habituais não descaracteriza o acordo de compensação e nem o banco de horas**)

As horas não compensadas no mês deverão ser pagas junto com o salário mensal como horas extras:

"Art. 59, § 6º **É lícito o regime de compensação de jornada estabelecido por acordo individual, tácito ou escrito, para a compensação no mesmo mês.**"[37]

O acordo individual escrito será válido quando não for contrário à norma coletiva.

Deverá ser respeitado o limite de horas semanais fixado para a jornada ordinária (8 horas normais mais 2 horas excedentes). Logo, não poderá o empregado trabalhar mais de 10 horas por dia, seja por horas extras ou destinadas à compensação.

1.9.2. Banco de horas

Nasce o banco de horas, em obediência ao comando constitucional que prevê a possibilidade de jornada acima de 8 horas diárias e 44 semanais por meio de compensação e mediante negociação coletiva:

Constituição Federal de 1988, art. 7º, inciso XIII: "duração do trabalho normal não superior a oito horas diárias e quarenta e quatro semanais, facultada a compensação de horários e a redução da jornada, mediante acordo ou convenção coletiva de trabalho"[38].

O art. 59 da CLT prevê que "a duração diária do trabalho poderá ser acrescida de horas extras, em número não excedente de duas, por acordo individual, convenção coletiva ou acordo coletivo de trabalho"[39].

Banco de horas: Já o art. 59, § 2º, prevê que: "**poderá ser dispensado o acréscimo de salário se, por força de acordo ou convenção coletiva de trabalho, o excesso de horas em um dia for compensado pela correspondente diminuição em outro dia, de maneira que não exceda, no período máximo de um ano, à soma das jornadas semanais de trabalho previstas, nem seja ultrapassado o limite máximo de dez horas diárias**"[40].

---

(37) BRASIL. *Consolidação das Leis do Trabalho.* Disponível em: <http://www.planalto.gov.br/ccivil_03/decreto-lei/del5452.htm>. Acesso em: 5 set. 2021.

(38) BRASIL. *Constituição Federal de 1988.* Disponível em: <http://www.planalto.gov.br/ccivil_03/constituicao/constituicao.htm>. Acesso em: 5 set. 2021.

(39) BRASIL. *Consolidação das Leis do Trabalho.* Disponível em: <http://www.planalto.gov.br/ccivil_03/decreto-lei/del5452.htm>. Acesso em: 5 set. 2021.

(40) *Idem.*

Por este dispositivo poderá ser dispensado o acréscimo de salário se, por força de acordo ou convenção coletiva de trabalho, o excesso de horas em um dia for compensado pela correspondente diminuição em outro dia.

Neste caso, o período de compensação das horas poderá ser de até um ano. Mas destacamos que **o banco de horas não pode exceder a soma das jornadas semanais de trabalho previstas, nem ultrapassar o limite máximo de dez horas diárias.**

O § 6º do art. 59 da CLT positivou o **banco de horas individual**, mas prevê que, no acordo individual, **as horas acumuladas deverão ser compensadas no período máximo de seis meses.**

Na hipótese de rescisão do contrato de trabalho, sem que tenha havido a compensação integral da jornada extraordinária, o trabalhador fará jus ao pagamento das horas extras não compensadas, calculadas sobre o valor da remuneração na data da rescisão.

CLT, art. 59, § 3º: "Na hipótese de rescisão do contrato de trabalho sem que tenha havido a compensação integral da jornada extraordinária, na forma dos §§ 2º e 5º deste artigo, o trabalhador terá direito ao pagamento das horas extras não compensadas, calculadas sobre o valor da remuneração na data da rescisão"[(41)].

Fonte: do autor 2021

(41) BRASIL. *Consolidação das Leis do Trabalho*. Disponível em: <http://www.planalto.gov.br/ccivil_03/decreto-lei/del5452.htm>. Acesso em: 5 set. 2021.

1.9.2.1. Pandemia

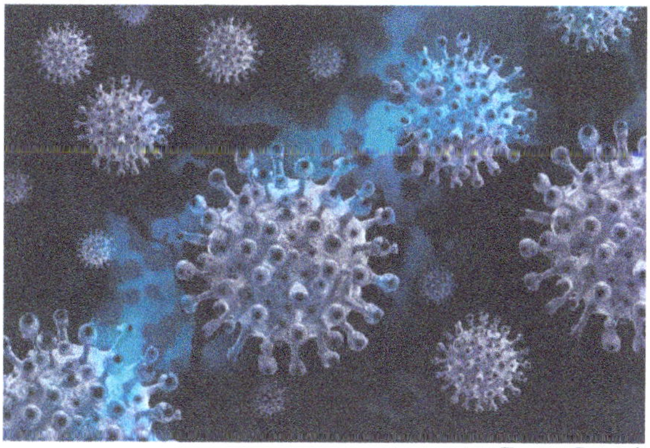

Foto: Covid-19. Pixabay.

Em 2021 foi editada a MP 1.046[(42)], a qual caducou e que trazia medidas trabalhistas para enfrentamento da emergência de saúde pública de importância internacional, decorrente do coronavírus (**Covid-19**), a qual trouxe novamente a possibilidade de banco de horas invertido para compensação em até 18 meses.

A Medida Provisória n. 927, a qual também caducou anteriormente, em 19 de julho de 2020, positivou pela primeira vez o banco de horas inverso, ou negativo, para compensação em até dezoito meses, em até duas horas por dia.

---

(42) Medida provisória - pandemia:
"DO BANCO DE HORAS
Art. 15. Ficam autorizadas, durante o prazo previsto no art. 1º, a interrupção das atividades pelo empregador e a constituição de regime especial de compensação de jornada, por meio de banco de horas, em favor do empregador ou do empregado, estabelecido por meio de acordo individual ou coletivo escrito, para a compensação no prazo de até dezoito meses, contado da data de encerramento do período de que trata o art. 1º.
§ 1º A compensação de tempo para recuperação do período interrompido poderá ser feita por meio da prorrogação de jornada em até duas horas, a qual não poderá exceder dez horas diárias, e poderá ser realizada aos finais de semana, observado o disposto no art. 68 da Consolidação das Leis do Trabalho, aprovada pelo Decreto-lei n. 5.452, de 1943.
§ 2º A compensação do saldo de horas poderá ser determinada pelo empregador independentemente de convenção coletiva ou de acordo individual ou coletivo.
§ 3º As empresas que desempenham atividades essenciais poderão, durante o prazo previsto no art. 1º, constituir regime especial de compensação de jornada por meio de banco de horas independentemente da interrupção de suas atividades."

BANCO DE HORAS:

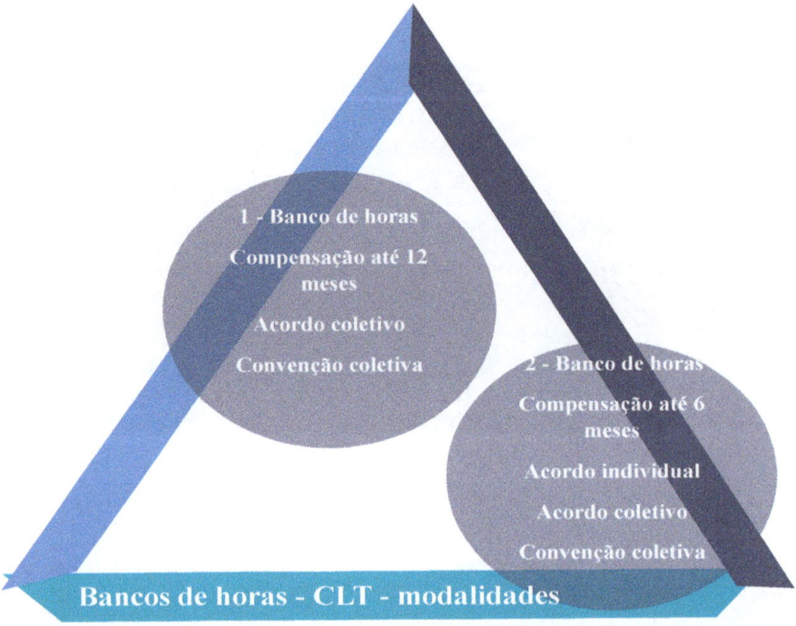

Convenção coletiva = **entre sindicatos**
Acordo coletivo = entre empresa e sindicato dos empregados
Acordo individual = entre empresa e empregado

Fonte: do autor.

Banco de horas: sistema de compensação de jornada de trabalho, pelo qual o empregador administra as horas credoras e devedoras em um banco de horas.

O empregado não poderá ultrapassar o limite diário de 10 horas diárias, mas pode extrapolar o semanal, desde que, no período máximo de um ano, não extrapole a soma das mesmas.

ATENÇÃO: Considerando que o empregado deverá ter um DSR por semana, 24 horas, mais 11 do intervalo interjornada = 35 horas, o empregado poderá trabalhar 6 dias de 10 horas = 60 horas suplementares, para compensar em banco de horas, como folga, ou receber as horas não compensadas como extras.

O limite do banco de horas é de 10 horas diárias.

1.9.3. Semana espanhola

Trabalha um sábado 8 horas e folga outro sábado, mantendo a média de 44 horas semanais:

"OJ SDI 1.323. ACORDO DE COMPENSAÇÃO DE JORNADA. "SEMANA ESPANHOLA". VALIDADE (DJ 09.12.2003).

É válido o sistema de compensação de horário quando a jornada adotada é a denominada "semana espanhola", que alterna a prestação de 48 horas em uma semana e 40 horas em outra, não violando os arts. 59, § 2º, da CLT e 7º, XIII, da CF/88 o seu ajuste mediante acordo ou convenção coletiva de trabalho.(43)"

1.10. Regime de 12 horas de trabalho por 36 de descanso

A jornada 12 por 36 sempre foi possível por meio de negociação coletiva (convenção ou acordo coletivo), ou se autorizada por lei. A Lei n. 13.467/2017 possibilitou a jornada 12 por 36 por meio de acordo individual sem intervenção sindical:

"Art. 59-A. Em exceção ao disposto no art. 59 desta Consolidação, é facultado às partes, mediante **acordo individual escrito, convenção coletiva ou acordo coletivo de trabalho**, estabelecer horário de trabalho de doze horas seguidas por trinta e seis horas ininterruptas de descanso, observados ou indenizados os intervalos para repouso e alimentação.

Parágrafo único. A remuneração mensal pactuada pelo horário previsto no *caput* deste artigo **abrange os pagamentos devidos pelo descanso semanal remunerado e pelo descanso em feriados, e serão considerados compensados os feriados e as prorrogações de trabalho noturno, quando houver**, de que tratam o art. 70 e o § 5º do art. 73 desta Consolidação.(44)"

Podemos ainda vislumbrar que o parágrafo único criou uma espécie de salário complessivo.

---

(43) Disponível em: <https://www3.tst.jus.br/jurisprudencia/OJ_SDI_1/n_s1_321.htm#TEMA323>. Acesso em: 7 set. 2021.

(44) BRASIL. *Consolidação das Leis do Trabalho*. Disponível em: <http://www.planalto.gov.br/ccivil_03/decreto-lei/del5452.htm>. Acesso em: 5 set. 2021.

A Confederação Nacional dos Trabalhadores na Saúde ajuizou ADIN no Supremo Tribunal Federal, ADI 5994, sustentando que, ao permitir-se a adoção de jornada de 12x36 por meio de acordo individual, a nova redação da CLT afronta diretamente a Constituição Federal de 1988, violando o art. 7º, inciso XIII da norma maior, que preconiza que a "duração do trabalho normal não superior a 8 horas diárias e 44 semanais" fica condicionado à celebração de acordo ou convenção coletiva de trabalho.

Além do mais, é questionado o parágrafo único desse artigo, o qual prevê que a remuneração mensal, decorrente da jornada "12x36", abrange os pagamentos do DSR (descanso semanal remunerado) e dos feriados, sendo estes considerados compensados, assim como as prorrogações de trabalho noturno, havendo ofensa a vários incisos do art. 7º da Constituição Federal.

Pandemia(45)

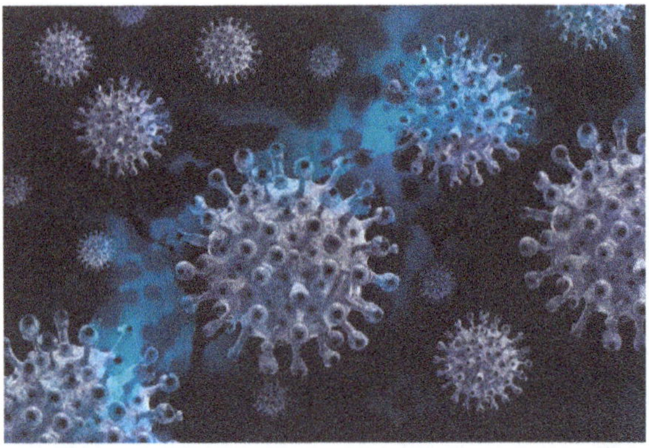

Foto: Covid-19. Pixabay.

(45) "Art. 27. Fica permitido aos estabelecimentos de saúde, durante o prazo definido no art. 1º, por meio de acordo individual escrito, inclusive para as atividades insalubres e para a jornada de doze horas de trabalho por trinta e seis horas de descanso:
I - prorrogar a jornada de trabalho, nos termos do disposto no art. 61 da Consolidação das Leis do Trabalho, aprovada pelo Decreto-lei n. 5.452, de 1943; e
II - adotar escalas de horas suplementares entre a décima terceira e a vigésima quarta hora do intervalo interjornada, sem que haja penalidade administrativa, garantido o repouso semanal remunerado nos termos do disposto no art. 67 da Consolidação das Leis do Trabalho, aprovada pelo Decreto-lei n. 5.452, de 1943."
Art. 28 da Medida Provisória n. 1.046: "As horas suplementares computadas em decorrência da adoção das medidas previstas caput no art. 27 poderão ser compensadas, no prazo de dezoito meses, contado do fim do prazo estabelecido no art. 1º, por meio de banco de horas ou remuneradas como hora extra."

Ver Súmula n. 444 TST – lei, convenção ou acordo coletivo de acordo com a Constituição Federal de 1988.

"Súmula n. 444 do TST

JORNADA DE TRABALHO. NORMA COLETIVA. LEI. ESCALA DE 12 POR 36. VALIDADE. Res. 185/2012, DEJT divulgado em 25, 26 e 27.09.2012 – republicada em decorrência do despacho proferido no processo TST-PA-504.280/2012.2 – DEJT divulgado em 26.11.2012.

É válida, em caráter excepcional, a jornada de doze horas de trabalho por trinta e seis de descanso, prevista em lei ou ajustada exclusivamente mediante acordo coletivo de trabalho ou convenção coletiva de trabalho, assegurada a remuneração em dobro dos feriados trabalhados. O empregado não tem direito ao pagamento de adicional referente ao labor prestado na décima primeira e décima segunda horas.[46]"

Foram editados enunciados da segunda jornada de Direito Material e Processual do Trabalho no sentido da inconstitucionalidade da jornada 23 por 36 sem a intervenção sindical (art. 7, inciso XIII da Constituição Federal), os quais não são vinculantes.

É importante lembrar do estudo do capítulo do banco de horas por acordo individual de até 6 meses, o qual teria o mesmo fundamento, art. 7, inciso XIII, da Constituição Federal, para apenas autorizar-se este acordo de compensação por negociação coletiva.

"ENUNCIADO 14 DA SEGUNDA JORNADA DE DIREITO MATERIAL DE PROCESSUAL DO TRABALHO – BANCO DE HORAS:

BANCO DE HORAS POR ACORDO INDIVIDUAL – A compensação de horários **requer intervenção sindical obrigatória**, independentemente do seu prazo de duração, conforme art. 7º, XIII, CF, que autoriza a compensação apenas mediante acordo ou convenção coletiva de trabalho.[47]"

"I. JORNADA SOBRE A REFORMA TRABALHISTA. 10 DE NOVEMBRO DE 2017 – TRT 4 – TEMÁTICA: DURAÇÃO DO TRABALHO. BANCO DE HORAS. HORAS *IN ITINERE*, INTERVALOS.

PROPOSTA 1: BANCO DE HORAS POR ACORDO INDIVIDUAL – INVALIDADE. A compensação de horários mediante banco de horas exige

---

(46) Tribunal Superior do Trabalho. Disponível em: <https://www.tst.jus.br/sumulas>. Acesso em: 5 set. 2021.

(47) Disponível em: <www.anamatra.org.brlivreto_RT_Jornada_19_Conamat_site>. Acesso em: 7 set. 2021.

intervenção sindical, independentemente do seu prazo de duração, conforme art. 7º, XIII, da Constituição da República. Aprovada por maioria.

PROPOSTA 2: REGIME COMPENSATÓRIO 12X36 POR ACORDO INDIVIDUAL – INVALIDADE. A compensação de horários 12x36 exige intervenção sindical. Art. 7º, XIII, da Constituição da República. Aprovada por maioria.

PROPOSTA 3: JORNADA 12X36. FERIADOS. Impossibilidade de regime complessivo quanto ao pagamento de feriados. Aprovada por maioria.

PROPOSTA 4: O trabalhador submetido ao regime 12x36 faz jus à remuneração da hora noturna pelo trabalho noturno prorrogado. Princípio da isonomia e art. 7º, IX, da Constituição Federal. Aprovada por maioria.[(48)]"

1.11. Turnos ininterruptos de revezamento

Esta modalidade de jornada consiste em atividades que exijam operação ininterrupta, como montadoras de automóveis e refinarias, entre outras. Os empregados trabalham em constante revezamento, intercalando horários diferentes.

> **"Art. 7º São direitos dos trabalhadores urbanos e rurais, além de outros que visem à melhoria de sua condição social: (...) XIV – jornada de seis horas para o trabalho realizado em turnos ininterruptos de revezamento, salvo negociação coletiva;"[(49)]**

Muitas vezes, a jornada abrange períodos diurno e noturno.

Poderá ser cumprida alternadamente no período matutino, vespertino e noturno.

Esse regime acarreta desgaste à saúde superior ao de quem trabalha em horários regulares. Por isso, a Constituição (art. 7º, inciso XIV) limitou a jornada em turnos de revezamento a seis horas por dia. Essa duração só pode ser alterada por meio de negociação coletiva.

---

(48) Disponível em: <www.conjur.com.br lista-conclusoes-magistrados-trt(4)>. Acesso em: 7 set. 2021.

(49) BRASIL. *Constituição Federal de 1988*. Disponível em: <http://www.planalto.gov.br/ccivil_03/constituicao/constituicao.htm>. Acesso em: 5 set. 2021.

Súmulas importantes sobre turnos ininterruptos de revezamento:

"Súmula n. 423 do TST

TURNO ININTERRUPTO DE REVEZAMENTO. FIXAÇÃO DE JORNADA DE TRABALHO MEDIANTE NEGOCIAÇÃO COLETIVA. VALIDADE. (conversão da Orientação Jurisprudencial n. 169 da SBDI-1) Res. 139/2006 – DJ 10, 11 e 13.10.2006)

Estabelecida jornada superior a seis horas e limitada a oito horas por meio de regular negociação coletiva, os empregados submetidos a turnos ininterruptos de revezamento não têm direito ao pagamento das 7ª e 8ª horas como extras."(50)

"Súmula n. 360 do TST

TURNOS ININTERRUPTOS DE REVEZAMENTO. INTERVALOS INTRAJORNADA E SEMANAL (mantida) – Res. 121/2003, DJ 19, 20 e 21.11.2003.

A interrupção do trabalho destinada a repouso e alimentação, dentro de cada turno, ou o intervalo para repouso semanal, não descaracteriza o turno de revezamento com jornada de 6 (seis) horas previsto no art. 7º, XIV, da CF/1988.(51)"

"PETROLEIROS. LEI N. 5.811/72. TURNO ININTERRUPTO DE REVEZAMENTO. HORAS EXTRAS E ALTERAÇÃO DA JORNADA PARA HORÁRIO FIXO (conversão das Orientações Jurisprudenciais ns. 240 e 333 da SBDI-1) – Res. 129/2005, DJ 20, 22 e 25.04.2005.

I – A Lei n. 5.811/1972 foi recepcionada pela CF/1988 no que se refere à duração da jornada de trabalho em regime de revezamento dos petroleiros. (ex-OJ n. 240 da SBDI-1 – inserida em 20.06.2001)

II – A previsão contida no art. 10 da Lei n. 5.811/1972, possibilitando a mudança do regime de revezamento para horário fixo, constitui alteração lícita, não violando os arts. 468 da CLT e 7º, VI, da CF/1988. (ex-OJ n. 333 da SBDI-1 – DJ 09.12.2003)"(52)

---

(50) Tribunal Superior do Trabalho. Disponível em: <https://www.tst.jus.br/sumulas>. Acesso em: 5 set. 2021.

(51) Tribunal Superior do Trabalho. Disponível em: <https://www.tst.jus.br/sumulas>. Acesso em: 5 set. 2021.

(52) Tribunal Superior do Trabalho. Disponível em: <https://www.tst.jus.br/sumulas>. Acesso em: 5 set. 2021.

1.12. Novas tecnologias e horas extras

Aplicativos de troca de mensagens instantâneas como o WhatsApp, Telegram, Messenger, entre outros, aproximaram as pessoas e facilitaram a comunicação, não só na vida pessoal, mas também profissional.

A relação entre empregado e empregador foi estreitada, o que por um lado é bom, pois facilita a comunicação bem como auxilia na resolução de problemas de maneira rápida.

Mas enquanto a relação de trabalho está boa ninguém pensa no que isso poderá vir a acarretar futuramente.

Essa questão tem sido recorrente no âmbito trabalhista: horas de sobreaviso em razão do uso inapropriado dos aplicativos de troca instantânea de mensagens.

Como se caracteriza o sobreaviso?

O art. 244, § 2º da CLT dispõe:

"Art. 244 (...)

§ 2º Considera-se de "sobreaviso" o empregado efetivo, que permanecer em sua própria casa, aguardando a qualquer momento o chamado para o serviço. Cada escala de "sobreaviso" será, no máximo, de vinte e quatro horas. As horas de "sobreaviso", para todos os efeitos, serão contadas à razão de 1/3 (um terço) do salário normal."

Súmula n. 428 do TST

"SOBREAVISO. APLICAÇÃO ANALÓGICA DO ART. 244, § 2º DA CLT (redação alterada na sessão do Tribunal Pleno realizada em 14.09.2012) – Res. 185/2012, DEJT divulgado em 25, 26 e 27.09.2012.

I – O uso de instrumentos telemáticos ou informatizados fornecidos pela empresa ao empregado, por si só, não caracteriza o regime de sobreaviso.

II – Considera-se em sobreaviso o empregado que, à distância e submetido a controle patronal por instrumentos telemáticos ou informatizados, permanecer em regime de plantão ou equivalente, aguardando a qualquer momento o chamado para o serviço durante o período de descanso.[53]"

(53) Tribunal Superior do Trabalho. Disponível em: <https://www.tst.jus.br/sumulas>. Acesso em: 5 set. 2021.

Jurisprudência – novas tecnologias:

1. Cobrança de metas por WhatsApp fora do expediente extrapola poder do empregador

Para a 3ª Turma, a conduta afeta o equilíbrio psicológico do empregado.

"A Terceira Turma do Tribunal Superior do Trabalho condenou a Telefônica Brasil S.A. por cobrar metas de um vendedor fora do horário de trabalho por meio do aplicativo WhatsApp. Para a Turma, a conduta da empresa extrapolou os limites aceitáveis no exercício do poder diretivo do empregador.

Pressão

Na reclamação trabalhista, o vendedor afirmou que sofria assédio moral da Telefônica, com pressões excessivas por resultados e ameaças de demissão se não atingisse as metas. A situação, conforme alegou, afetou sua vida privada, sua imagem pessoal e sua integridade psicológica.

WhatsApp

As testemunhas ouvidas no processo afirmaram que os empregados sofriam cobranças durante e depois do expediente pelo WhatsApp e que os números de cada vendedor eram expostos tanto nas mensagens pelo aplicativo quanto no mural da empresa. Segundo uma depoente, se alguém não respondesse às mensagens enviadas fora do horário de trabalho, o gerente perguntava o motivo.

Metas

O juízo da 48ª Vara do Trabalho de Belo Horizonte (MG) julgou improcedente o pedido de indenização. Segundo a sentença, os depoimentos das testemunhas não demonstraram que havia pressão excessiva. "A pressão por cumprimento de metas é inerente à função de vendedor, e a conduta da empresa neste sentido, por si só, não caracteriza assédio moral, mais ainda quando não comprovado de forma cabal eventual abuso", afirmou o juízo.

Ao manter a sentença, o Tribunal Regional do Trabalho da 3ª Região (MG) registrou que o WhatsApp "está cada vez mais presente no cotidiano das pessoas, inclusive em ambientes corporativos". Para o TRT, o uso do aplicativo "pode até ser benéfico", e o que deve ser combatido é o "uso pernicioso decorrente do excesso de trabalho", o que não ficou demonstrado no caso. "Se o empregado não quisesse responder ou até mesmo ler a mensagem, poderia assim proceder", registrou na decisão.

Invasão

Para o relator do recurso de revista do vendedor, Ministro Alexandre Agra Belmonte, **"há o uso e há o abuso", e, no exercício do direito, há uma limitação. "Se não era para responder, por que enviar a mensagem por WhatsApp? Mandou a mensagem para qual finalidade? Se não era para responder, deixasse para o dia seguinte.** Para que mandar mensagem fora do horário de trabalho?", questionou. Para o ministro, a conduta invade a privacidade da pessoa, "que tem outras coisas para fazer e vai ficar se preocupando com situações de trabalho fora do seu horário".

Limites

Segundo o relator, condutas como essa "fazem com que a pessoa fique aflita, agoniada e queira resolver naquele mesmo instante situações de trabalho" e extrapolam os limites aceitáveis no exercício do poder diretivo do trabalho dos empregados pelo empregador, "gerando ao trabalhador apreensão, insegurança e angústia". No seu entendimento, a Justiça do Trabalho, em todos esses anos que vem julgando essas questões, "humaniza as relações de trabalho ao impor os limites necessários".

O relator explicou que, uma vez evidenciado na decisão do TRT que havia cobrança de metas fora do horário de trabalho, "a conclusão não pode ser a de que não há reparação por dano moral". Por unanimidade, a Turma deu provimento ao recurso e fixou o valor da indenização em R$ 3.500. Processo: RR-10377-55.2017.5.03.0186.(54)"

2. Resposta a mensagens de WhatsApp após jornada não caracteriza sobreaviso

Mera alegação...

"O juiz Bruno Alves Rodrigues, da 2ª Vara do Trabalho de Divinópolis, julgou improcedente o pedido de horas de sobreaviso feito pela ex-empregada de uma empresa de telefonia. A trabalhadora alegou que era obrigada a ficar à disposição da empregadora após o encerramento da jornada por cerca de três horas, verificando mensagens do chefe. No entanto, o magistrado constatou que apenas havia um grupo de conversas em que empregados trocavam informações, inclusive sobre rendimento, o que não configura sobreaviso. O fato de o gerente integrar esse grupo não foi considerado capaz de gerar o reconhecimento da pretensão.

A decisão se referiu à Súmula n. 428 do TST:

> "SOBREAVISO. APLICAÇÃO ANALÓGICA DO ART. 244, § 2º, DA CLT.
>
> I – O uso de instrumentos telemáticos ou informatizados fornecidos pela empresa ao empregado, por si só, não caracteriza o regime de sobreaviso.
>
> II – Considera-se em sobreaviso o empregado que, à distância e submetido a controle patronal por instrumentos telemáticos ou informatizados, permanecer em regime de plantão ou equivalente, aguardando a qualquer momento o chamado para o serviço durante o período de descanso."

Segundo explicou o julgador, a caracterização do sobreaviso exige que o empregado tenha a sua liberdade de locomoção restrita por determinação do empregador. O mero uso de celular não configura essa limitação. Ele acrescentou que a restrição na liberdade se evidencia quando o empregado é submetido à escala de plantão após a jornada contratual e em dias de repouso, agravando-se essa limitação com o fornecimento do celular corporativo, registrou.

---

(54) *Cobrança de metas por WhatsApp fora do expediente extrapola poder do empregador.* Disponível em: <http://www.tst.jus.br/noticias/-/asset_publisher/89Dk/content/cobranca-de-metas-por--whatsapp-fora-do-expediente-extrapola-poder-do-empregador>. Acesso em: 7 set. 2021.

Na visão do juiz, o próprio relato da trabalhadora afasta a caracterização do instituto do sobreaviso, assim como os documentos. O próprio entendimento sumulado pelo TST considera que o uso de celular não configura sobreaviso. Nesse contexto, julgou improcedente o pedido.

Acórdão – A decisão foi confirmada pelo TRT de Minas. Ao analisar o recurso da ré, a Turma julgadora entendeu não ter havido prova de controle por meio telemático ou informatizado que impedisse a trabalhadora de usufruir livremente das horas de folga. Não ficou provado, ainda, que ela trabalhasse em regime de plantão ou que tivesse qualquer cerceio de sua liberdade de ir e vir.

No caso, o WhatsApp era utilizado para troca de mensagens sobre informações, como reuniões e resultados de vendas, sem mencionar a organização de escala de trabalho para comparecimento ao trabalho fora da jornada contratual. "A mera alegação de que a reclamante podia ser acionada fora do horário de serviço não é suficiente para configurar o labor em regime de sobreaviso se não demonstrada escala organizada de labor e a obrigatoriedade de atender aos chamados", constou do acórdão, que negou provimento ao recurso.[55]"

Este conteúdo pode ser compartilhado na íntegra desde que, obrigatoriamente, seja citado o *link*: https://www.migalhas.com.br/quentes/349315/bancaria-com-jornada-controlada-por-celular-e-e-mail-tera-horas-extras.

3. Bancária com jornada controlada por celular e *e-mail* terá horas extras

"Diante do contexto apurado, o juiz determinou o pagamento das horas extras além da 6ª hora diária e/ou 30ª hora semanal, conforme Súmula n. 55 do TST.

O juiz do Trabalho Fernando César da Fonseca, da 2ª Vara do Trabalho de Juiz de Fora/MG, deferiu horas extras a uma gerente de relacionamento bancário que tinha a jornada controlada por meios tecnológicos, como celular e *e-mails*.

(55) *Resposta a mensagens de WhatsApp após jornada não caracteriza sobreaviso*. Disponível em: <http://www.csjt.jus.br/web/csjt/noticias-dos-trts/-/asset_publisher/q2Wd/content/resposta-a-mensagens-de-whatsapp-apos-jornada-nao-caracteriza-sobreaviso>. Acesso em: 7 set. 2021.

Bancária tinha a jornada controlada por meios tecnológicos, como celular e *e-mails*.

De acordo com a autora, a jornada cumprida era das 8h às 19/19h30, com 40 minutos de intervalo, de segunda-feira a sábado, além de um domingo por mês, das 8h às 14/15h, sem intervalo.

Já a instituição financeira sustentou que a empregada não teria direito a horas extras, por trabalhar em condições incompatíveis com o controle de jornada, submetendo-se à excludente prevista no art. 62, inciso I, da CLT. Segundo a defesa, a trabalhadora prestava serviços externos, mas não foram apresentados controles de ponto.

Segundo explicitou a sentença, o enquadramento no citado dispositivo legal somente é possível quando há total incompatibilidade entre as atividades desempenhadas pelo empregado e a possibilidade de controle de jornada pelo empregador. Não basta que o empregador não queira controlar a jornada, é preciso que essa possibilidade de fato não exista.

"Não se trata de uma mera faculdade exercer ou não o controle, mas sim de uma obrigação do empregador quando isso se mostra viável, sendo, portanto, regra a existência de jornada limitada e pagamento de horas extras", registrou a decisão.

No caso, a prova testemunhal levou à conclusão de que o controle de jornada era perfeitamente possível no exercício da função de gerente de relacionamento exercida pela trabalhadora. Testemunha que trabalhou com ela afirmou que não batiam ponto, mas tinham a jornada controlada por *e-mail* e por celular coorporativo, além do acesso ao sistema por *login* e senha. Outra testemunha disse que os horários de início e término da jornada eram informados ao gestor.

Diante do contexto apurado, o juiz determinou o pagamento das horas extras além da 6ª hora diária e/ou 30ª hora semanal, conforme Súmula n. 55 do TST, que prevê que "as empresas de crédito, financiamento e investimento, também denominadas financeiras, equiparam-se aos estabelecimentos bancários para os efeitos do art. 224 da CLT".

O dispositivo estabelece que "a duração normal do trabalho dos empregados em bancos, casas bancárias e Caixa Econômica Federal será de 6 (seis) horas contínuas nos dias úteis, com exceção dos sábados, perfazendo um total de 30 (trinta) horas de trabalho por semana".

Os horários alegados pela trabalhadora foram considerados verdadeiros, tendo em vista a presunção que milita em favor da empregada e o conjunto da prova testemunhal. O magistrado também apreciou a questão das horas extras relacionadas ao desrespeito ao intervalo, conforme explicitado na sentença. Foi determinado o pagamento de reflexos em aviso-prévio, 13º salários, férias acrescidas do terço constitucional, repouso semanal remunerado e FGTS com multa de 40%. O tribunal omitiu o número do processo. Informações: TRT da 3ª Região.[(56)]"

---

(56) *Bancária tinha a jornada controlada por meios tecnológicos, como celular e e-mails.* Disponível em: <https://www.migalhas.com.br/quentes/349315/bancaria-com-jornada-controlada-por-celular-e-e-mail-tera-horas-extras>. Acesso em: 7 set. 2021.

2

REMUNERAÇÃO

Raphael Lima Lemes Cornélio e Túlio de Oliveira Massoni

2.1. Remuneração

A remuneração dos empregados é um assunto multidisciplinar, envolve não só o Direito do Trabalho, mas também o direito tributário, previdenciário, assim como contabilidade, administração de empresas, economia etc. A relevância do tema é patente, pois remuneração representa os meios destinados à subsistência do trabalhador e sua família.

Ao contrário do que muitos costumam pensar, remuneração e salário não são sinônimos. Trata-se de acepções obviamente próximas, embora guardando certa especificidade entre si.

Remuneração é o conjunto de prestações recebidas pelo empregado pela prestação de serviços, seja em dinheiro ou utilidades, provenientes do empregador ou de terceiros, mas decorrentes do contrato de trabalho, de modo a satisfazer suas necessidades básicas e de sua família. Remuneração comporta todas as verbas pagas ao empregado (horas extras, adicional de insalubridade, adicional noturno, comissões etc.). Salário é o valor básico ajustado entre as partes. Assim, remuneração é gênero, do qual salário é espécie.

Salário refere-se à noção de patamar salarial mínimo assegurado ao trabalhador por instâncias diversas da ordem jurídica, e existem diversos tipos de salário, a saber:

Salário mínimo legal

•Parâmetro salarial mais baixo que se pode pagar a um empregado no mercado de trabalho do País (art. 7º, IV, CF/88; art. 76, CLT; art. 6º, Lei n. 8.419/92 e subsequentes leis do salário mínimo).

Salário profissional

•Parâmetro salarial mais baixo que se pode pagar a um empregado no contexto de determinadas *profissões*, legalmente especificadas (ilustrativamente, Lei n. 3.999/61, criando o salário profissional de médicos e cirurgiões-dentistas e Lei n. 4.950-A, instituindo o salário profissional do engenheiro).

Salário normativo ou Salário convencional

•Parâmetro salarial mais baixo que se pode pagar a um empregado no contexto de determinada *categoria profissional* (art. 611, CLT), segundo fixado em sentença normativa (salário-normativo em sentido estrito) ou em convenção coletiva de trabalho ou acordo coletivo de trabalho (*salário convencional*).

Salário complessivo

•A conduta "*complessiva*", que traduz-se na ideia de cumulação em um mesmo montante de distintas parcelas salariais, é rejeitada pelo Tribunal Superior do Trabalho (Súmula n. 91, TST). Assim, quando do pagamento da remuneração, todas as verbas devem ser discriminadas, sendo vedado o pagamento sob uma rubrica apenas.

Tendo em vista diversas parcelas distintas que compõem o que é conhecido como remuneração, convém análise individual de cada uma para apontamento de suas características principais.

2.2. Parcelas salariais

2.2.1. Adicionais de remuneração

Os adicionais de remuneração consistem em parcelas contraprestativas suplementares pagas ao empregado em virtude do desconforto, desgaste ou risco vivenciado quando da realização do trabalho.

Embora sejam parcelas que compõem a remuneração do empregado, os adicionais não se mantêm vinculados ao contrato, podendo ser suprimidos, caso a circunstância tipificada ensejadora de seu pagamento desapareça. Por esta razão, são conhecidos como salário condição.

Os adicionais classificam-se em legais e convencionais. Legais são os adicionais previstos em lei, ao passo que convencionais são aqueles criados por meio de Acordo Coletivo de Trabalho ou Convenção Coletiva de Trabalho, normatividade infralegal (CCT ou ACT, por exemplo), pela vontade unilateral do empregador ou bilateral das partes contratuais.

Os adicionais podem ser:

Adicional de horas extras

- Conforme art. 7º, XIII e XVI da Constituição Federal, a duração do trabalho normal não poderá ser superior a oito horas diárias e quarenta e quatro semanais. O elastecimento da jornada acima destes limites, salve se houver acordo de compensação, deverá ser remunerado em, no mínimo, cinquenta por cento a mais do que a hora normal.
- Este percentual poderá ser superior, caso assim disponha instrumento coletivo negociado de trabalho ou o contrato de trabalho.
- O empregador poderá suprimir total ou parcialmente os serviços complementares, contudo, caso prestados com habitualidade por pelo menos um ano, o empregado deverá ser indenizado. Esta indenização corresponde ao valor de 1 (um) mês das horas suprimidas, total ou parcialmente, para cada ano ou fração igual ou superior a seis meses de prestação de serviço acima da jornada normal (Súmula n. 291 do TST).

Adicional noturno

- Conforme art. 7º, IX da Constituição Federal, a remuneração do trabalho noturno deverá ser superior à do diurno. A legislação traz diversas diferenças acerca da remuneração e do lapso temporal que compreende o que deverá ser juridicamente conhecido e remunerado como hora noturna, a depender da atividade. Assim, o empregado rural, o urbano, o petrolífero, o portuário, dentre outros, possuem regras distintas.
- Para a CLT, a jornada noturna urbana compreende o lapso temporal situado entre 22:00 horas de um dia até 5:00 horas do dia seguinte (art. 73, § 2º, CLT). Essa jornada noturna urbana abrange 8 (oito) horas de trabalho, e não 7, já que a CLT considera a hora noturna urbana menor do que a hora diurna (hora ficta noturna), composta de 52'30" e não 60' (art. 73, § 1º, CLT).
- O trabalho urbano realizado entre 22:00 horas de um dia até 5:00 horas do dia seguinte deverá ser acrescido em 20% sobre o valor da hora ou fração trabalhada (art. 73, *caput*, CLT).
- A jurisprudência entende que a prorrogação do trabalho para além das 5:00 horas também deve ser tratada e remunerada como hora noturna (art. 73, § 5º, CLT, Súmula 60, II, TST e OJ 388 da SDI-I do TST).
- A transferência para o período diurno de trabalho implica a perda do direito ao adicional noturno e pode ser feita unilateralmente, tendo em vista o caráter benéfico desta mudança (Súmula n. 265 do TST).

Adicional de insalubridade

- Serão consideradas atividades ou operações insalubres aquelas que, por sua natureza, condições ou métodos de trabalho, exponham os empregados a agentes nocivos à saúde, acima dos limites de tolerância fixados em razão da natureza e da intensidade do agente e do tempo de exposição aos seus efeitos (art. 189 da CLT).
- O exercício de trabalho em condições insalubres, acima dos limites de tolerância estabelecidos pelo Ministério do Trabalho, assegura a percepção de adicional respectivamente de 40% (quarenta por cento), 20% (vinte por cento) e 10% (dez por cento) do salário-mínimo da região, segundo se classifiquem nos graus máximo, médio e mínimo (art. 192 da CLT).
- O simples fornecimento do aparelho de proteção pelo empregador não o exime do pagamento do adicional de insalubridade. Contudo, caso estes aparelhos fornecidos eliminem a insalubridade, a percepção do respectivo adicional é cessada (Súmulas ns. 80 e 289 do TST).

Adicional de periculosidade

- O adicional de periculosidade é um valor devido ao empregado exposto a atividades periculosas, na forma da regulamentação aprovada pelo Ministério do Trabalho e Emprego.
- São consideradas atividades ou operações perigosas, aquelas que, por sua natureza ou métodos de trabalho, impliquem risco acentuado em virtude de exposição permanente do trabalhador a: inflamáveis, explosivos ou energia elétrica; roubos ou outras espécies de violência física nas atividades profissionais de segurança pessoal ou patrimonial, além das atividades do trabalhador em motocicleta (art. 193 da CLT).
- O trabalho em condições de periculosidade assegura ao empregado um adicional de 30% (trinta por cento) sobre o salário sem os acréscimos resultantes de gratificações, prêmios ou participações nos lucros da empresa (art. 193, § 1º da CLT).

Vedação à cumulação

- A Subseção I Especializada em Dissídios Individuais (SDI-1) do Tribunal Superior do Trabalho decidiu, por meio do IRR-239-55.2011.5.02.0319, que **não é possível o recebimento cumulativo dos adicionais de insalubridade e de periculosidade**, ainda que decorrentes de fatos geradores distintos e autônomos. A decisão, por maioria, foi proferida no julgamento de incidente de recurso repetitivo, e a tese jurídica fixada é aplicada a todos os casos semelhantes.

Adicional de penosidade

- O adicional de penosidade encontra-se previsto no art. 7, XXIII, da Constituição da República, o qual foi inserido juntamente com o adicional de insalubridade e periculosidade.
- Entende-se por adicional de penosidade, aquele pago ao trabalhador pela realização de uma atividade penosa que causa pena, trabalho árduo, que, embora não cause efetivo dano à saúde do trabalhador, possa tornar sua atividade profissional mais sofrida.
- Mesmo existindo previsão constitucional deste direito, não existe legislação o regulamentando. Existem, contudo, alguns instrumentos coletivos negociados que preveem este adicional.

Adicional de transferência

- O empregado terá direito ao adicional de transferência sempre que o empregador o transferir para outra unidade da empresa localizada em outra cidade, devendo essa transferência ser configurada como provisória. Para se configurar como transferência, o trabalhador deverá necessariamente mudar de domicílio.
- Nesses casos, o empregador ficará obrigado a um pagamento suplementar, nunca inferior a 25% (vinte e cinco por cento) dos salários que o empregado percebia naquela localidade, enquanto durar essa situação (art. 469, § 3º da CLT).
- Não há previsão legal que determine o tempo de duração da transferência. A lei apenas determina que a transferência deve ser em caráter provisório (OJ n. 133 da SDI-1 do TST).
- Quando a decisão de ser transferido para outra unidade da empresa partir do trabalhador, este não terá direito ao recebimento do adicional de transferência.
- As despesas com a mudança de domicílio são de responsabilidade do empregador. Essa situação é válida tanto para transferências provisórias quanto para transferências definitivas (art. 470 da CLT).

2.2.2. Gorjetas

A gorjeta é arrecadada pelo empregador e distribuída aos empregados, e, conforme art. 457 da CLT, é parcela integrante da remuneração.

Características

- Considera-se gorjeta não só a importância espontaneamente dada pelo cliente ao empregado, como também o valor cobrado pela empresa, como serviço ou adicional, a qualquer título, e destinado à distribuição aos empregados (art. 457, § 3º, CLT).
- Mesmo tendo natureza salarial, esta verba não compõe a base de cálculo para as parcelas de aviso-prévio, adicional noturno, horas extras e repouso semanal remunerado (Súmula n. 354 do TST).

2.2.3. Gueltas

As gueltas são valores pagos por terceiros (em geral fornecedores) aos empregados de uma empresa pela venda de produtos ou serviços daquele terceiro. É uma estratégia utilizada pelos fornecedores para estimularem a venda de seus produtos.

Características

- O pagamento das gueltas é realizado diretamente pelo terceiro/fornecedor.
- O entendimento atual do Tribunal Superior do Trabalho é no sentido de que as gueltas têm a mesma natureza das gorjetas, uma vez que decorrem de pagamentos efetuados por terceiros que integram a remuneração do empregado.
- Assim, mesmo tendo natureza salarial, esta verba não compõe a base de cálculo para as parcelas de aviso-prévio, adicional noturno, horas extras e repouso semanal remunerado (Súmula n. 354 do TST).

2.2.4. Gratificações

As gratificações consistem em parcelas contraprestativas pagas pelo empregador ao empregado em decorrência de um evento ou circunstância tida como relevante pelo empregador (gratificações convencionais) ou por norma jurídica (gratificações legais).

A previsão de que as gratificações ajustadas comporiam a natureza salarial para os devidos efeitos jurídicos desapareceu, sendo substituída exclusivamente pelas gratificações legais, entendidas como tais a gratificação de função, o 13º salário, chamado também de gratificação natalina, e outras previstas em leis especiais em razão de acúmulo de função.

As gratificações previstas em normas coletivas, como exemplo a vinculada à função de caixa, seguirão, ou não, por força do negociado, a natureza salarial com os respectivos reflexos enquanto o trabalhador estiver no exercício da função de caixa, mas, via de regra, passaram a ser verbas indenizatórias após advento da Reforma Trabalhista de 2017.

São exemplos das gratificações:

Gratificação de função

- É o pagamento atribuído a um empregado pertencente ao quadro da empresa enquanto desempenhar uma função mais elevada.
- Dá-se o nome de gratificação a esse *plus* para deixar claro que se trata de um pagamento sob condição que cessará tão logo o empregado deixe a referida função.
- Como se vê, mesmo que receba a nomenclatura gratificação, por sua própria natureza representa um *plus* atinente à prestação de um trabalho extraordinário, tendo o caráter contraprestativo inerente ao salário e, portanto, refletirá nas demais verbas.
- Por muito tempo, a gratificação que fosse percebida pelo empregado por mais de dez anos incorporava-se ao contrato de trabalho e não poderia ser suprimida pelo empregado (Súmula n. 372 do TST). Contudo, após a reforma trabalhista, este entendimento foi alterado.
- Conforme art. 468, § 2º da CLT, não é assegurado ao empregado o direito à manutenção do pagamento da gratificação correspondente que não será incorporada, independentemente do tempo de exercício da respectiva função.

2.2.5. Comissões

Comissão é uma forma de contraprestação, exclusiva ou não, que leva em conta o resultado ou o desempenho dos trabalhadores que exercem serviços vinculados à sua produção ou à do grupo, como é o caso dos vendedores.

Características

- A comissão corresponde à percentagem ajustada sobre o valor do serviço ou do negócio executado pelo trabalhador.
- A natureza jurídica da comissão é de salário pago por unidade de obra (sinônimo de produção).
- A comissão pode ser caracterizada como salário-base puro, misto ou como sobressalário e, em qualquer caso, terá natureza salarial (Súmula n. 93 do TST)
- Se recebe parte fixa e parte em comissões (salário misto), a soma não poderá ser inferior ao salário-mínimo. Mas, se a parte fixa já ultrapassa o mínimo, a comissão poderá ser em qualquer valor, inclusive zero em alguns meses.
- O art. 466, *caput*, da CLT estabelece que o pagamento das comissões só é exigível depois de ultimada a transação a que se referem. Logo, o empregado receberá a comissão somente após o pagamento do valor da transação pelo cliente, nesse sentido dispõe o § 1º do art. 466 da CLT.
- Se o empregado recebe remuneração variável, no todo ou em parte, sobre ela deve incidir apenas o adicional pelo trabalho em horas extras, calculado sobre o valor-hora das comissões recebidas no mês, considerando-se como divisor o número de horas efetivamente trabalhadas (Súmula n. 340 do TST).

2.2.6. Bônus de contratação e de retenção

A mão de obra altamente qualificada é determinante no sucesso de um empreendimento empresarial. Uma das modernas ferramentas que o mercado de trabalho utiliza para o recrutamento e manutenção de profissionais diferenciados é o pagamento de bônus de contratação ou bônus de retenção.

Bônus de contratação

- O valor pago anteriormente ao próprio início da prestação de serviço ou da assinatura do contrato de trabalho e de expressiva monta, o chamado *hiring bonus*, foi inspirado na luva do jogador profissional de futebol, cujo pagamento para a assinatura de contrato está positivado desde 1976, no art. 12 da Lei n. 6.354/76.

Bônus de retenção

- Quanto ao bônus de retenção, ou *retainer fee*, trata-se do antídoto criado pelo mercado contra a investida sobre os talentos que a empresa possui. Compreende valor pago para que o empregado não mude de emprego, permanecendo no seu posto de trabalho atual, normalmente com a assinatura de um aditivo contratual representado por uma cláusula de permanência.

Natureza salarial e reflexos

- Como estas figuras não estão previstas na legislação, a sua natureza jurídica é controvertida. Devido a sua semelhança com as luvas que são pagas aos jogadores de futebol que estão prestes a assinar um contrato de trabalho com um clube, o bônus de contratação/retenção tem natureza de salário.
- Contudo, o TST tem entendimento de que, sendo pago em parcela única, tal valor não repercute em verbas anuais (como férias e 13º salário) ou mensais. Limitam-se seus reflexos ao depósito do FGTS referente ao mês de pagamento, assim como à respectiva multa de 40%.

2.2.7. Salário utilidade ou salário *in natura*

Salário *in natura* ou salário utilidade, como o próprio nome sugere, é a **parcela do salário do empregado** que a empresa paga por meio do fornecimento de bens ou utilidades diversas do dinheiro. Ou seja: é o pagamento feito por meio de outras coisas como alimentação, moradia, vestuário, e outras prestações *in natura*, sendo proibido o pagamento com drogas nocivas e bebidas alcoólicas (art. 458 CLT).

Conforme art. 82, parágrafo único da CLT, o pagamento em dinheiro nunca poderá ser inferior a 30%.

Os requisitos centrais do salário-utilidade são, essencialmente, dois:

Habitualidade

- Corresponde à ideia de repetição em certo contexto temporal. A habitualidade pode ser diária, semanal ou mensal.

Objetivo contraprestativo

- A utilidade deve ser fornecida com intuito retributivo. **A esse respeito, já existe clássica fórmula exposta pela doutrina: somente terá natureza salarial a utilidade fornecida pelo trabalho e não para o trabalho**. Por esta razão, vestuários, equipamentos e outros acessórios fornecidos para a utilização no local de trabalho para prestação dos serviços não são considerados salário *in natura* (art. 458, § 2º, I, da CLT).

Não são salário *in natura*

- O fornecimento de bens ou serviços feito em atendimento a dever legal do empregador. Noutras palavras, se o fornecimento se faz em decorrência de lei imposta ao empregador, desaparece o caráter contraprestativo, tal como ocorre com o fornecimento de EPIs (arts. 157, 158, 168, 200 e 458, § 2º, CLT) e o fornecimento de vale-transporte (Leis ns. 7.418/85 e 7.619/87).
- O bem ou serviço fornecido como meio de aperfeiçoar a prestação de serviços, como o fornecimento de curso de informática ao empregado, se necessário ao serviço.
- Transporte para deslocamento ao local de trabalho, servido ou não de transporte público.
- Assistência médica, hospitalar e odontológica.
- Seguro de vida e de acidentes pessoais e previdência privada.
- Vale cultura (Lei n. 12.761/2012).
- O valor relativo à assistência prestada por serviço médico ou odontológico, próprio ou não, inclusive o reembolso com despesas com medicamentos, óculos, aparelhos ortopédicos, próteses, órteses, despesas médico-hospitalares, não integram o salário do empregado (art. 458, § 5º da CLT).

2.3. Parcelas não salariais

Apesar da existência de um rol de verbas que se excluem da base de cálculo de encargos trabalhistas e previdenciários em diversos cadernos legislativos de nosso ordenamento, vale ressaltar que todas as verbas de caráter não salarial, ou seja, indenizatória, estão fora do âmbito da base de cálculo de encargos trabalhistas e previdenciários, independente de expressa previsão legal.

Analisaremos as verbas que são usualmente utilizadas no meio corporativo como moeda para remuneração de seus empregados, sem que isso onere a empresa em excesso:

2.3.1. Ajuda de custo

Ajuda de custo é a importância paga com o objetivo de proporcionar condições para a execução do serviço. Tem como função ressarcir despesas na prestação de serviços, e por isso é tratada como verba indenizatória.

Características

- A ajuda de custo serve para ressarcir o empregado com relação a verbas que o mesmo tenha adiantado para a realização de seu trabalho, como a utilização de plano de dados de um celular, ou no caso de trabalho em *home office* que demanda internet e energia elétrica.
- As importâncias ainda que habituais, pagas a título de ajuda de custo, não constituem base de incidência de qualquer encargo trabalhista e previdenciário (art. 457, § 2º da CLT).

2.3.2. Auxílio Alimentação

O auxílio alimentação é um benefício que visa subsidiar as despesas com a alimentação do trabalhador. É concedido pelo empregador por força de diversos instrumentos, tais como o contrato individual de trabalho, convenção coletiva de trabalho ou acordo coletivo de trabalho.

Características

- A partir da vigência da Lei n. 13.467/17, a nova regra retira a natureza salarial do auxilio alimentação, qualquer que seja sua modalidade (tíquete-refeição, tíquete alimentação, alimentação *in natura*, vale-refeição), mesmo que o benefício seja concedido de forma gratuita para o trabalhador. Desta forma, esta verba não serve como base de cálculo para encargos previdenciários e trabalhistas.
- Após o advento da reforma trabalhista em 2017, também foi superada a necessidade de adesão ao PAT (Programa de Alimentação ao Trabalhador) pelas empresas como requisito para isenção previdenciária.
- A única exceção que ainda se mantém, inclusive previsto na Lei, é com relação ao pagamento em espécie, ou seja, em dinheiro, e não por meio de cartões/vales. O entendimento que ainda se mantém é que tal retribuição assume um caráter salarial e, desse modo, o valor deve integrar a base de cálculo da contribuição previdenciária.

2.3.3. Diárias para viagem

A diária de viagem está efetivamente relacionada às viagens feitas para o desempenho das atividades relacionadas ao trabalho.

Características

- É o pagamento realizado para cobrir despesas com viagens que o colaborador realiza como parte do seu contrato de trabalho, como os gastos com transporte, hotéis e alimentação.
- No critério da CLT, antes da Lei da reforma trabalhista, se as diárias para viagem não ultrapassassem 50% do salário mensal do obreiro, presumir-se-iam regulares. Caso as diárias ultrapassassem a fronteira de 50% do salário do obreiro, seriam presumidas como fraudulentas, dotadas, assim, de natureza salarial.
- Esse critério desapareceu após a reforma trabalhista (Lei n. 13.467/2017).

2.3.4. Prêmio

Até o advento da reforma trabalhista em 2017, os prêmios, caso fossem habituais e possuíssem caráter contraprestativo, teriam natureza salarial, integrando, por consequência, as demais parcelas salariais.

Contudo, a atual redação do art. 457 da CLT trouxe expressa previsão retirando da parcela prêmio a possibilidade de integração ao contrato, ou de composição de base de incidência de encargo trabalhista e previdenciário.

Consideram-se prêmios as liberalidades concedidas pelo empregador em forma de bens, serviços ou valor em dinheiro a empregado ou a grupo de empregados, em razão de desempenho superior ao ordinariamente esperado no exercício de suas atividades (art. 457, § 4º da CLT).

Logo, o desempenho superior do empregado poderá ser remunerado na forma de bens, serviços ou em dinheiro, por meio de um prêmio que não sofrerá encargos previdenciários e trabalhistas.

Exemplos utilizados pelas empresas como métricas para pagamento de prêmio são a produção, assiduidade, antiguidade ou tempo de serviço, sendo uma remuneração vinculada a certa condição, ou seja, depende de certas circunstâncias objetivas para ser pago.

Contudo, mesmo com previsão expressa sobre o caráter indenizatório da verba após a reforma trabalhista de 2017, esta verba ainda possui risco ao ser utilizada.

Divergência sobre a natureza jurídica do prêmio

- A Consulta Cosit n. 151/2019 (Coordenação-Geral de Tributação) trouxe um elemento inovador e não previsto em Lei. Trata-se de uma interpretação que parece destoar da realidade, pois informa que para a estipulação de prêmios pelo empregador não se pode estipular metas prévias.
- Ao estabelecer esse requisito, a Receita Federal extrapolou os limites previstos em lei e usurpou competência legislativa da União, único ente permitido pela CF a legislar sobre matéria trabalhista.
- Ao estabelecer essa interpretação restritiva, a Receita Federal cria obstáculos desnecessários ao pagamento de prêmios pelas empresas, agindo na contramão do disposto no art. 28, § 9º, "z", da Lei n. 8.212/91 e no art. 457, § 4º da CLT, que exclui expressamente os prêmios do salário de contribuição.
- Nesse contexto, a Solução de Consulta Cosit n. 151/2019 encontra-se divergente com o texto da Lei, portanto, não deve ter sua interpretação mantida.
- Isto não impedirá a autuação de fiscais, que são vinculados a este parecer, porém, em nosso entender, tal interpretação poderá ser discutida em sede judicial, com boas chances de reversão.

2.3.5. *Stock Options*

Planos de opção para compra de ações cada vez mais se tornam comuns nas empresas com negócios nas Bolsas de Valores, com o objetivo de oferecê-los, aos altos empregados, para que tenham a possibilidade futura de participar do sucesso ou, também, dos riscos dos negócios da companhia.

As opções devem ser exercidas com a observância de um prazo e de condições e, quando assim é feito, o optante poderá adquirir um certo número de ações por um preço previamente estabelecido, sem oferecer qualquer garantia contra perdas que possam decorrer das flutuações do preço das ações que são negociadas em Bolsa, o que basta para mostrar que o optante aceita os riscos inerentes ao negócio que lhe é oferecido e as condições contratualmente estabelecidas pelas partes.

O exercício da opção é formalizado por um contrato minucioso que estabelece quase sempre não só as regras do mesmo, como, também, as concernentes às garantias decorrentes da aquisição das ações, preço, tipos de ação, isenção de comissões, incidência de impostos e taxas federais, estaduais ou locais, prazos de carência e outras.

Os principais parâmetros desse sistema são: preço de exercício, prazo de carência (*vesting*), termo da opção, frequência de ofertas e nível de premiação. E assim podem ser definidos esses conceitos:

Preço de exercício

- Valor pelo qual o empregado tem direito de exercer sua opção de compra das ações. Esse preço é estipulado no momento da concessão do benefício considerando o valor da ação da empresa no mercado de capitais à época, por isso também denominado por alguns autores como preço de emissão das ações.

Prazo de carência ou *vesting*

- Período em que o empregado deve permanecer na empresa até que possa exercer a sua opção de compra de ações. Na maior parte dos planos, se há a rescisão antes da conclusão do período, o empregado perde o direito de optar pela compra das ações.

Termo de opção

- Prazo máximo concedido ao empregado para adquirir as ações cuja opção de compra lhe foi oferecida. Esse prazo inicia-se com o término do prazo de carência podendo sofrer uma limitação por termo certo, como nos casos em que o empregado terá até uma determinada data, perdendo o direito após o período. Esse prazo costuma variar de cinco a dez anos.

Restringindo-se exclusivamente ao âmbito das relações de emprego, pode-se afirmar que a opção de compra de ações é um direito que a empresa concede a seus empregados de optar pela compra de ações a um preço prefixado numa data futura.

Desse modo, trata-se de um direito que pode ser garantido ao trabalhador desde logo, quando de sua contratação ou posteriormente por deliberação do empregador, ou ainda quando da conclusão de períodos estabelecidos (períodos de carência ou *vesting*) pelo programa instituído pela empresa.

Natureza jurídica

- Com efeito, a oferta de compra de ações é um contrato baseado na lei societária (art. 168, § 3°, da Lei n. 6.406/78), que não se confunde com o contrato de trabalho, uma vez que representa uma relação meramente mercantil, embora ensejada no curso da relação de emprego.
- Eventual vantagem obtida pelo empregado não corresponde ao trabalho prestado ao empregador, de forma que incabível ser reconhecida a sua natureza como salarial.
- Assim, a natureza jurídica da opção de compras de ações é mercantil, e não salarial, pois mesmo que seja feita durante o contrato de trabalho, trata-se de mera compra e venda de ações, e não contraprestação pelo trabalho.

2.3.6. Vale-transporte

O vale-transporte foi instituído pela Lei n. 7.418/85, determinando que o empregador antecipe a verba ao empregado **para utilização efetiva em despesas de deslocamento residência-trabalho e vice-versa**, por meio do sistema de transporte coletivo público.

Características

- O empregador participará dos gastos de deslocamento do trabalhador com a ajuda de custo equivalente à parcela que exceder a 6% (seis por cento) de seu salário básico (art. 4°, parágrafo único da Lei n. 7.418/85).
- Conforme Decreto n. 95.247/87, a utilização do vale-transporte está vinculada ao deslocamento residência-trabalho e vice-versa, sendo vedada a desvirtuação desta disposição legal. O empregado que prestar declaração de necessidade de vale-transporte falsa ou usar a verba indevidamente poderá ser dispensado por justa causa (art. 7°, §§ 2° e 3°).

Natureza jurídica

- Sobre a concessão do vale-transporte em dinheiro, o Decreto n. 95.247/87 também estabelece em seu art. 5° que é vedado ao empregador substituir o vale-transporte por antecipação em dinheiro ou qualquer outra forma de pagamento.
- Contudo, diante da controvérsia a respeito da natureza salarial ou não do vale-transporte pago em dinheiro, o Supremo Tribunal Federal, nos autos do Recurso Extraordinário n. 478.410, julgado em 10 de março de 2010, decidiu que o simples pagamento em dinheiro é insuficiente para justificar que a verba seja considerada como salarial.
- Assim, o empregador pode pagar o vale-transporte em dinheiro sem que isso desvirtue sua natureza salarial.

2.3.7. Despesas de saúde

O valor relativo à assistência prestada por serviço médico ou odontológico, próprio ou não, inclusive o reembolso de despesas com medicamentos, óculos, aparelhos ortopédicos, próteses, órteses, despesas médico-hospitalares e outras similares, mesmo quando concedido em diferentes modalidades de planos e coberturas, não servirá de base para encargos trabalhistas e previdenciários.

Características

- Por muito tempo a jurisprudência entendia pela obrigatoriedade de o auxílio saúde ser estendido a todos os empregados para ser considerado não salarial, já que o art. 28, § 9º, "q" previa que o valor relativo à assistência prestada por serviço médico ou odontológico, desde que a cobertura abranja a totalidade dos empregados e dirigentes da empresa, não integra o salário de contribuição.
- Ocorre que, após a Lei n. 13.417/2017, a expressão "desde que a cobertura abranja a totalidade dos empregados e dirigentes da empresa" foi suprimida. Logo, em nosso entender, a jurisprudência encontra-se superada desde 2017, sendo possível a previsão de planos médicos e odontológicos, assim como reembolso de despesas com saúde somente para alguns empregados, sem que isso desvirtue o plano e determine a integração da verba à base de cálculo das verbas previdenciárias.
- A respeito da existência de referida isenção ou não incidência quanto ao auxílio saúde concedido aos dependentes, embora nos pareça prevalecer o entendimento jurisprudencial que reconhece a viabilidade, existe controvérsia no tema.

Direito à manutenção do plano

- Vale ressaltar que o empregado poderá, quando do término da relação empregatícia, manter sua condição de beneficiário, nas mesmas condições de cobertura assistencial de que gozava quando da vigência do contrato de trabalho, desde que assuma o seu pagamento integral (art. 30 da Lei n. 9.656/98). Porém, este direito só é estendido se houve contribuição do empregado, que é diferente de coparticipação.
- Conforme dispositivos da Lei n. 9.656/98 e sua norma regulamentadora, a Resolução Normativa n. 279 da Agência Nacional de Saúde Suplementar - ANS, coparticipação é quando um empregado paga parte de um procedimento médico coberto pelo plano. Já a contribuição é qualquer valor pago pelo empregado para custear parte ou integralmente a mensalidade do plano de saúde, o que não inclui a coparticipação.
- Depreende-se ainda do art. 6º da Resolução Normativa n. 279 da Agência Nacional de Saúde Suplementar - ANS que a coparticipação na utilização de serviços médicos e hospitalares não se confunde, para fins de aplicação dos direitos constantes dos arts. 30 e 31 da Lei n. 9.656/1998, com "contribuição", pagamento de parte da mensalidade devida ao plano de saúde.
- Assim, somente os empregados que contribuírem para o pagamento de seu plano de saúde é que terão assegurado o direito de manter sua condição de beneficiário, nas mesmas condições de cobertura assistencial de que gozava quando da vigência do contrato de trabalho, desde que assuma o seu pagamento integral (art. 30 da Lei n. 9.656/98).

2.4. Equiparação salarial

Sendo idêntica a função, a todo trabalho de igual valor, prestado ao mesmo empregador, no mesmo estabelecimento empresarial, corresponderá igual salário, sem distinção de sexo, etnia, nacionalidade ou idade (art. 461 da CLT).

Para o reconhecimento da equiparação salarial, devem ser atendidos os seguintes requisitos:

Identidade de função

Não se deve confundir função com cargo, já que há empregados com o mesmo cargo e funções diferentes. Exemplo: os professores universitários e primários têm o mesmo cargo, mas a função (atribuição) é diferente. A análise é feita no trabalho desenvolvido e não na nomenclatura da posição que se ocupa.

Que o serviço seja de igual valor

□É aquele prestado com igual produtividade e a mesma perfeição técnica.

Que o serviço seja prestado na mesma localidade

□Compreende o mesmo município ou região metropolitana, já que as condições locais podem influir no desnivelamento da remuneração.

Diferença de tempo para empregador

□A diferença de tempo de serviço para o mesmo empregador não pode ser superior a quatro anos.

Diferença de tempo no cargo

□A diferença de tempo de serviço na função não pode ser superior a dois anos.

2.5. Acúmulo de função

O acúmulo de função se configura quando se exige do empregado o exercício de atividades estranhas à função para a qual fora contratado, de modo a lhe acarretar aumento de quantidade ou de qualidade do serviço sem a contraprestação devida.

O acúmulo de função se configura quando se exige do empregado o exercício de atividades estranhas à função para a qual fora contratado, de modo a lhe acarretar aumento de quantidade ou de qualidade do serviço sem a contraprestação devida.

Entende-se, contudo, que esse acréscimo deve ser substancial, a ponto de o empregado alterar a sua dinâmica funcional.

A jurisprudência sobre o acúmulo de funções é oscilante sobre o tema, o que nos permite apontar duas correntes jurisprudenciais distintas:

Atividade compatível

- Argumenta-se que uma vez inexistindo cláusula contratual ou convencional a respeito do acúmulo, presume-se que o trabalhador se obrigou a todo e qualquer trabalhado compatível com a sua condição pessoal, nos termos do art. 456, parágrafo único, da CLT.
- Além disso, a sua configuração parte de uma análise eminentemente casuística, o que gera certa insegurança jurídica, provocada também em virtude do vago conceito do instituto: *atividades estranhas a função*. De toda forma, percebe-se que há consenso na jurisprudência sobre alguns pontos que permeiam o acúmulo de função, definindo critérios "objetivos" para a sua análise.
- Analisando a jurisprudência sobre o tema, percebe-se que, se na análise do caso concreto ficar comprovado que as atividades supostamente adicionais forem ***compatíveis com a condição pessoal do trabalhador*** e ***exercidas dentro da jornada de trabalho normal de trabalho***, o acréscimo funcional decorre do poder do empregador e se insere do dever genérico de colaboração do empregado (CLT, art. 456), não ensejando o pagamento do adicional por acúmulo.

Atividade incompatível

- Por outro lado, se a atividade acrescida for completamente estranha àquelas para as quais o empregado fora contratado e feita com habitualidade, o acúmulo de função restará configurado.

2.6. Regras gerais sobre participação nos lucros ou resultados

Com o intuito de criar políticas remuneratórias, de benefícios e de ganhos atrativas e competitivas para manter sua mão de obra qualificada, as empresas usualmente pagam a seus empregados verbas além do salário base e/ou concedem benefícios diferenciados. Neste quadro, a PLR mostra-se como uma alternativa extremamente estratégica.

Inicialmente, porque a verba está atrelada à produtividade, pois, para que o empregado faça jus, deve cumprir as metas previamente estabelecidas, o que aumenta a qualidade do produto ou serviço da empresa. A PLR ainda tem como pano de fundo o incentivo à competição ou à criação de mecanismos apropriados para que as empresas sejam competitivas. Assim, a virtude da PLR é ser ela um esforço para individualizar e especificar a prestação a que o trabalhador tem direito, retribuindo ao máximo apenas o resultado útil do trabalho. Daí a importância crescente da remuneração por resultado, a qual permite reduzir custos em épocas de crise e, simultaneamente, desempenha uma nítida função incentivante.

Além do mais, como se sabe, as vantagens oriundas do programa de participação em lucros ou resultados não são consideradas como parte da remuneração ou do salário do trabalhador e, tampouco, são base de qualquer encargo trabalhista ou previdenciário, desonerando a folha salarial. No plano ideológico há entidades sindicais que não apoiam o sistema de participação nos lucros e resultados. Para esta corrente, seria uma forma de rebaixamento de salários, de redução de aumentos reais no salário e, por conseguinte, de precarização de condições de trabalho.

Pessoalmente, entendemos que tudo dependerá da caracterização do plano e das circunstâncias econômicas do momento, sobretudo se se considerar que, ao admitir a possibilidade de redução de salários por meio de negociação coletiva, nossa CF/88 encara esta última como eficaz instrumento de gerenciar crises empresariais.

Em nosso país, a disciplina minuciosa da PLR é relativamente recente e, por esse motivo, ainda existem controvérsias doutrinárias e jurisprudenciais, as quais se pretende apontar no presente estudo. Com efeito, a elaboração de um plano de PLR não pode negligenciar aspectos trabalhistas, fiscais e previdenciários e se distanciar dos parâmetros interpretativos que vêm sendo delineados pelos Tribunais nacionais, valendo ressaltar, desde logo, que a PLR é tema multidisciplinar, pois envolve profissionais de recursos humanos, da administração de empresas, advogados da área trabalhista e fiscal-previdenciária. Apontar os principais pontos de divergência e sensíveis do tema é o objetivo maior deste estudo.

Por estas razões, o estudo da PLR mostra-se indispensável para o universo corporativo, já que se trata de verba que beneficia tanto empresa quanto empregado. Para tanto, apresentaremos brevemente as previsões legislativas da PLR, elencaremos os tipos de acordo de PLR que podem ser feitos, assim como seus requisitos de validade e, ao final, apresentaremos um modelo de acordo de PLR.

2.6.1. Participação nos lucros ou resultados

A participação nos lucros ou resultados, pagamento facultativo que a empresa faz ao empregado em virtude da distribuição de lucros ou resultados, está prevista na Constituição Federal de 1988, art. 7º, inciso XI.

Esse direito foi regulamentado por medidas provisórias, sucessivamente reeditadas, sendo a última delas a de n. 1.982-77/2000. No ano de 2000, a MP 1.982-77/2000 foi convertida em Lei, e a participação dos trabalhadores nos lucros ou resultados das empresas passou a ser regulada pela Lei n. 10.101/2000, com modificações inseridas pela Lei n. 12.832/13.

A participação nos lucros ou resultados será objeto de negociação entre a empresa e seus empregados, mediante um dos três procedimentos possíveis pela legislação, escolhidos pelas partes de comum acordo.

Abaixo, traremos considerações sobre as formas permitidas pela legislação para celebrar acordos de PLR e suas regras gerais e específicas, que permitirão às empresas utilizar esta ferramenta de forma segura.

2.6.2. Métodos de celebração do acordo de PLR

A participação nos lucros ou resultados será objeto de negociação entre a empresa e seus empregados, mediante um dentre os três procedimentos cabíveis, escolhidos pelas partes envolvidas de comum acordo, sendo eles:

2.6.2.1. *Convenção coletiva de trabalho (negociação ente sindicato patronal e sindicato dos empregados) ou acordo coletivo de trabalho (negociação entre empresa e sindicato)*

Se a participação for instituída por meio de instrumento coletivo com o sindicato representante da categoria profissional, devem ser observadas as formalidades legais previstas na CLT para a validade de todo e qualquer instrumento coletivo, dentre outros: (a) aprovação pela assembleia dos trabalhadores, na conformidade do art. 612 da CLT. Somente a assembleia geral extraordinária, mediante exteriorização da vontade coletiva da categoria, com observância do quórum previsto no estatuto, concede à diretoria do sindicato poderes para negociar e firmar instrumento coletivo de trabalho; (b) prazo de vigência, não superior a dois anos, e, por fim; (c) arquivamento do instrumento coletivo celebrado no órgão competente, que é o sistema mediador (CLT, art. 614).[57]

---

(57) A falta de depósito do instrumento coletivo negociado no sistema mediador do Ministério do Trabalho e Emprego poderá ensejar riscos e questionamentos. No entanto, o entendimento predominante hoje da Justiça do Trabalho e dos Tribunais Federais é o de que a falta de depósito

Como é sabido, a maior parte dos planos de PLR é realizada por meio de ACT (acordo coletivo de trabalho), celebrada entre a empresa e o sindicato de trabalhadores. As CCTs (convenções coletivas de trabalho) da categoria, celebradas entre sindicato patronal e sindicato de trabalhadores, em geral, apenas fazem menção ao direito e remetem a negociação para cada empresa interessada, justamente porque o plano de PLR é mais adequado, sem dúvida, de ser tratado individualmente por cada empresa, não se mostrando adequado um plano de PLR com critérios genéricos e vagos para todas as empresas da categoria, eis que cada empresa tem as suas peculiaridades.

2.6.2.2. *Comissão paritária escolhida pelas partes, integrada, também, por um representante indicado pelo sindicato da respectiva categoria*

A comissão deve ser paritária, ou seja, deve ser composta, além de um representante do sindicato representativo dos empregados, pelo mesmo número de representantes dos empregados e dos empregadores. Os representantes dos trabalhadores participam das discussões e o voto é unitário, ou seja, cada trabalhador integrante da comissão (representantes dos empregados e do empregador) e mais o representante sindical têm direito a um voto cada um, que tem o mesmo peso e valor do voto dos demais membros da comissão.

A escolha dos representantes dos empregados deve ser feita por meio de eleição direta, e deve haver ata de convocação para candidatura a representantes dos empregados. Procedimento que deve ser formalizado e arquivado pela empresa.

Já, com relação ao representante sindical, a empresa deve informar ao sindicato a existência de uma comissão paritária e requisitar ao mesmo que indique previamente um representante para integrar a comissão, bem como para comparecer na reunião de negociação do acordo de PLR. Tais notificações devem conter comprovantes de recebimento por parte do sindicato e devem ser arquivadas pela empresa.

Deve haver ata da realização da reunião de negociação do acordo de PLR pela comissão paritária, com a assinatura de todos os membros da comissão incluindo o representante do sindicato.

---

não é causa de invalidade do negócio jurídico, eis que a finalidade do registro/depósito do acordo é para fins meramente de publicidade.

Não existe obrigação legal de arquivamento no Ministério do Trabalho e Emprego, mas o instrumento que materializa o plano de participação nos lucros e/ou resultados deve ser arquivado na entidade sindical dos trabalhadores, conforme art. 2º, § 2º, da Lei n. 10.101/2000, sendo que uma via ficará com o sindicato e a outra com a empresa (a via da empresa deve ter o comprovante de protocolo com data, carimbo e assinatura do sindicato e dos membros da comissão paritária). É imprescindível a participação de um representante indicado pelo sindicato da categoria (art. 2º, I), regra esta que, não sendo observada, pode acarretar a descaracterização da natureza jurídica conferida à PLR, comprometendo sua desvinculação do salário, inclusive para efeitos de INSS, pois, conforme a Lei n. 8.212/91 (Plano de Custeio da Seguridade Social), art. 28, § 9º, alínea "j", não integra o salário de contribuição "a participação nos lucros ou resultados da empresa, *quando paga ou creditada de acordo com lei específica*".

Decisões do CARF têm sinalizado que se o representante sindical não compareceu às reuniões, apesar de ter sido reiteradamente convocado para elas, nem por isso o plano de PLR estaria invalidado e os trabalhos da comissão estariam obstaculizados por eventual negligência do membro do sindicato ou, ainda, por condicionar sua participação ao pagamento de certos valores à entidade sindical. Muitas vezes é recomendável, para uma maior segurança das empresas, reiterar os convites ao sindicato e até mesmo pedir mediação (mesa redonda) no âmbito da Secretaria do Trabalho com vistas a gerar evidências da recusa injustificada da entidade sindical em cooperar com o programa de PLR.

Contudo, ressaltamos que a falta de assinatura não pode ser entendida como ausência, em especial com relação ao representante sindical. Este representante pode recusar-se a assinar após manifestar sua discordância com relação ao plano de PLR elaborado, mas a empresa sempre deve convocá-lo para as reuniões e documentar por meio da ata a presença ou ausência do sindicato.

2.6.2.3. *Acordo individual de PLR com empregados hiperssuficientes*

Com a reforma trabalhista de 2017, foram ampliados os temas que podem ser objeto de negociação entre empregados diretamente com seus empregadores, mas desde que preenchidos os requisitos do parágrafo único do art. 444: a) empregado deve receber salário mensal igual ou superior a duas vezes o limite máximo dos benefícios do Regime Geral de Previdência Social, e; b) ser portador de diploma de nível superior.

Caso o empregado atenda aos dois requisitos, poderá pactuar as mesmas matérias que seriam possíveis a um sindicato em acordo ou convenção coletiva de trabalho, inclusive tendo prevalência sobre eventuais instrumentos coletivos existentes. Em suma, o acordo individual firmado com empregado "hiperssuficiente" tem prevalência sobre acordos e convenções coletivas de trabalho(58).

Ressaltamos que a jurisprudência trabalhista e do CARF ainda não tratou sobre o acordo individual de PLR com o hiperssuficiente, mesmo ante sua existência legal. Trata-se de tema recente que não possui parâmetro, constituindo por si só um risco sua utilização.

Da leitura da Lei, em princípio, a regra trazida pelo legislador constitui o reconhecimento da autonomia individual destas categorias de empregados para poderem tratar de suas condições de trabalho diretamente com o empregador, sem a necessidade da mediação sindical. O princípio da autonomia da vontade é sempre problematizado no Direito do Trabalho, o qual, em decorrência do princípio protetivo, emancipou-se do direito civil para constituir-se em ramo autônomo do direito. A vulnerabilidade do trabalhador para celebrar livremente negócios jurídicos foi sua premissa inicial.

No caso concreto, tratando de direitos disponíveis e que não envolvam temas sensíveis como jornada ou saúde, direitos de personalidade, parece-nos defensável que a disponibilidade do trabalhador hiperssuficiente seja aceitável, não obstante a ausência de total segurança desta linha de pensamento pelos órgãos públicos administrativos e judiciais,

---

(58) "Art. 444. As relações contratuais de trabalho podem ser objeto de livre estipulação das partes interessadas em tudo quanto não contravenha às disposições de proteção ao trabalho, aos contratos coletivos que lhes sejam aplicáveis e às decisões das autoridades competentes.
Parágrafo único. A livre estipulação a que se refere o *caput* deste artigo aplica-se às hipóteses previstas no art. 611-A desta Consolidação, com a mesma eficácia legal e preponderância sobre os instrumentos coletivos, no caso de empregado portador de diploma de nível superior e que perceba salário mensal igual ou superior a duas vezes o limite máximo dos benefícios do Regime Geral de Previdência Social."
"Art. 611-A. A convenção coletiva e o acordo coletivo de trabalho têm prevalência sobre a lei quando, entre outros, dispuserem sobre: [...] XV - participação nos lucros ou resultados da empresa."

temos que, no caso concreto, esta medida a ser tomada é um grande argumento para conferir segurança jurídica.

A tese é a de que o acordo individual com hiperssuficiente terá plena validade de acordo com a legislação vigente, inclusive se sobrepondo ao acordo coletivo. Vale dizer, não é necessária a elaboração de um acordo "inteiro". O que se pode, e recomenda-se fazer, é a inclusão de cláusulas específicas que serão aplicadas somente ao empregado em questão, aplicando as demais firmadas em conjunto com o sindicato ou por comissão paritária.

2.6.3. Regras gerais dos acordos de PLR

Independentemente do método escolhido para a negociação e, desde que observadas as orientações específicas com relação aos procedimentos acima citados, as partes deverão seguir regras trazidas pela legislação para que o acordo de PLR seja válido.

Dos instrumentos decorrentes da negociação deverão constar regras claras e objetivas quanto à fixação dos direitos substantivos da participação e das regras adjetivas, inclusive mecanismos de aferição das informações pertinentes ao cumprimento do acordado, periodicidade da distribuição, período de vigência e prazos para revisão do acordo, podendo ser considerado, entre outros, os seguintes critérios e condições: a) índices de produtividade, qualidade ou lucratividade da empresa, e; b) programas de metas, resultados e prazos, pactuados previamente.

Passemos à exposição destas regras.

2.6.3.1. Estipulação das metas

Declara o art. 2º, § 1º da Lei de PLR que: "dos instrumentos decorrentes da negociação deverão constar regras claras e objetivas quanto à fixação dos direitos substantivos da participação e das regras adjetivas, inclusive mecanismos de aferição das informações pertinentes ao cumprimento do acordado, periodicidade da distribuição, período de vigência e prazos para revisão do acordo, podendo ser considerados, entre outros, os seguintes critérios e condições: I - índices de produtividade, qualidade ou lucratividade da empresa; II - programas de metas, resultados e prazos, pactuados previamente".

Da leitura desse dispositivo legal, dois aspectos devem ser sublinhados.

O primeiro é o de que a lei recomenda a adoção de regras e critérios objetivos, desaconselhando a inserção de critérios subjetivos de produtividade, com o que se evitariam discussões desnecessárias acerca do preenchimento ou não da condição. São critérios objetivos aqueles que podem quantificar o direito dos empregados, por exemplo, a assiduidade, o acréscimo de vendas, a inexistência de atraso, a redução de gastos e custos etc.

O segundo aspecto é o de que a lei não contempla hipótese exaustiva, mas apenas exemplificativa, o que, aliás, outorga maior flexibilidade para melhor viabilizar a integração entre o capital e o trabalho. A própria lei deixa claro que os critérios sugeridos (índice de produtividade, qualidade, metas) não são os únicos ao dispor que "outros" além destes poderão ser considerados, resguardadas a clareza e a objetividade.

A exigência da lei é no sentido de que os objetivos de desempenho sejam mensuráveis, como, por exemplo, a redução dos gastos fixos administrativos e de matéria-prima na produção, atuação como coordenação de equipes, implementação de novos programas de gerenciamento de compras.

De acordo com a jurisprudência, cabe sempre à empresa concedente comprovar o não atingimento das metas. Daí a importância de serem objetivas e demonstráveis.

Conforme art. 2º, §§ 1º e 4º da Lei n. 10.101/2000, com redação dada pela Lei n. 12.832/2013, são vedadas metas referentes à saúde e segurança do trabalho. Esta foi uma alteração trazida em 2013 pela Lei n. 12.832/2013, pois, antes, muitas empresas com o intuito criavam critérios como (redução do número de acidentes) e esta iniciativa teve efeito reverso: os trabalhadores acabavam escondendo eventos e acidentes com receio de perder a PLR, diante do que surgiu essa expressa proibição normativa. Igualmente, não são admissíveis como metas e critérios a ocorrência de faltas decorrentes de doença ocupacional ou acidente do trabalho, entre outros. A segurança no trabalho é obrigação da empresa e dos empregados e não pode ser motivo de barganha que envolva compensação financeira. Se o intuito da empresa é forçar o cumprimento das normas de segurança, compete-lhe, como empregadora, fiscalizar os empregados e puni-los quando não cumprirem tais protocolos de saúde e segurança.

De acordo com o CARF (Conselho Administrativo de Recursos Fiscais), quando os critérios não forem considerados aptos para a distribuição dos lucros e resultados ou quando não tiverem qualquer relação com a participação do trabalhador no resultado da empresa, o acordo de PLR é invalido e, consequentemente, os valores pagos pela empresa deverão ser tributados como se fossem verbas salariais (incidência de encargos trabalhistas e previdenciários)[(59)].

É possível, contudo, estabelecer como critério tudo aquilo que contribua para o desempenho empresarial, de modo que o absenteísmo pode ser considerado como meta, pois, caso contrário, seria necessário admitir que uma empresa com absenteísmo de 1% não seria potencialmente mais produtiva do que uma empresa com percentual superior[(60)]. Tal posicionamento já foi reiterado pelas decisões do CARF que também validaram planos de distribuição de lucros e resultados contendo, dentre as regras, o absenteísmo[(61)].

Os empregadores, ainda, devem se obrigar a prestar informações que colaborem para a plena negociação da PLR. Assim, os representantes dos empregados e/ou o sindicato representativo dos empregados, por ocasião da negociação, devem ser informados sobre os almejados índices de produtividade, qualidade, lucratividade, metas, resultados e prazos pactuados, independentemente da forma de negociação adotada (comissão em âmbito empresarial ou negociação coletiva).[(62)]

---

(59) Acórdão: 2301-002.491. Número do Processo: 11020.002007/2010-24. Data de Publicação: 25.07.2012.

(60) Ementa(s): "PARTICIPAÇÃO NOS LUCROS OU RESULTADOS. LIVRE ESTABELECIMENTO DE CONDIÇÕES. EXIGÊNCIA LEGAL RESTRITA A CLAREZA E OBJETIVIDADE DAS REGRAS. ABSENTEÍSMO. A Lei n. 10.101/2000 estipula que as regras devem ser claras e objetivas, quanto à fixação dos direitos substantivos da participação e das regras adjetivas. É até discutível se a mera vinculação a índices como absenteísmo é a regra mais adequada para se incentivar o empregado. Todavia, esta não foi uma preocupação da lei que disciplina a PLR. Desde que estipule resultado, de forma clara e objetiva, não há base legal para a desconsideração da natureza jurídica da PLR. Em matéria de participação nos lucros e resultados, a lei buscou interferir o mínimo possível, exatamente para não interferir na liberdade de negociação e gerar interferências de índole subjetiva". Acórdão n. 2302-003.394, sessão de 11.09.2014.

(61) Acórdão n. 2403002.115, sessão de 16.07.2013 e acórdão n. 2403-002.169, sessão de 15.05.2013.

(62) Art. 2º, § 4º, da Lei n. 10.101/2000, com redação alterada pela Lei n. 12.832/2013.

2.6.3.2. *Previsão de metas e valores diferenciados em função do cargo*

A lei não faz restrições para a concessão diferenciada da PLR em setores ou unidades da mesma empresa. Diante dessa lacuna, no nosso entender, a participação nos lucros ou resultados poderá ser realizada de forma geral, por setores, ou equipes, podendo alcançar apenas alguns empregados da empresa, deixando outros de fora, a depender do juízo de conveniência das partes envolvidas e desde que haja fundamento para realizar a diferenciação e incentivar a produtividade somente de alguns e não de todos.[(63)]

Sérgio Pinto Martins concebe diversas formas pelas quais pode ser estabelecida a participação nos lucros, dentre elas a geral, que é devida a todos os trabalhadores da empresa, e a parcial, em que apenas alguns trabalhadores têm direito. Sublinha o autor que "a participação nos lucros poderá ser feita mediante participação geral dos trabalhadores nos lucros, relativa a toda a empresa, ou parcial, em que se verificam os lucros por setores ou seções". Também é possível diferenciar os critérios de distribuição: "Nada impediria a fixação de critérios mistos no sentido de que seriam feitas distinções entre os cargos dos empregados, como de gerentes e chefes e os demais funcionários, desde que houvesse uma forma de assim proceder, (...) podendo existir porcentuais diferenciados em função do salário de cada empregado, de acordo com a folha de pagamento".[(64)]

O estabelecimento de um valor fixo a todos os empregados não é adequado. Afinal, desconhecer as diferenças entre os diversos níveis de empregados é absurdo, pois, em cada caso, a capacidade de contribuição para o sucesso do plano é diferente. O pagamento deve ser proporcional à capacidade de contribuir. É a regra que dita a diferenciação salarial na estrutura da empresa.[(65)]

---

(63) MASSONI, Túlio de Oliveira. *As controvérsias da participação nos lucros e resultados*. Disponível em: https://www.conjur.com.br/2012-mar-14/quais-sao-controversias-participacao-lucros--resultados.

(64) MARTINS, Sérgio Pinto. *Participação dos empregados nos lucros das empresas*. São Paulo: Ed. Atlas, 2000, p. 95-96; 117.

(65) Registrem-se, por oportuno, as conclusões do Seminário coordenado em 1991 pelo então Ministério do Trabalho e da Previdência Social (MTPS), em Brasília, em janeiro de 1991, intitulado "Participação dos trabalhadores nos lucros/resultados das empresas". A opinião unânime entre todos os participantes foi a de que, "na regulamentação da matéria através do Congresso Nacional, exigida por força de determinação constitucional, deve-se permitir a maior flexibilidade possível

Em nosso entender, a participação nos lucros ou resultados poderá ser realizada de forma geral, por setores ou equipes, podendo alcançar alguns empregados da empresa, deixando outros de fora, sem que isso seja afronte ao princípio da isonomia, pois a fonte do plano é convencional e a Constitucional Federal de 1988 reconhece a validade dos acordos e convenções coletivas do trabalho que, no caso, serão as fontes dos direitos e obrigações decorrentes do plano delineado pelas próprias partes, prevendo os critérios, os beneficiários, os prazos, a forma de acompanhamento etc.

Parece-nos também possível implantar diversos planos de participação por resultado na mesma empresa, por setores, funções ou quaisquer outros critérios. Também não entendemos que esse procedimento se configura como discriminatório porque, ainda que se admita que a empresa seja uma organização produtiva, há setores mais importantes do que outros, geralmente aqueles fixados no objeto social, que constituem o negócio principal da empresa, sendo justificável a diferenciação de metas para cargos e funções distintos desde que baseadas em critérios razoáveis. É que não sendo idênticas as funções e responsabilidades é possível dar-lhes tratamentos diferenciados, considerando a importância do setor, o grau de responsabilidades dos cargos e outros critérios que justifiquem tais distinções.

Assim, por exemplo, o setor da diretoria poderá ter critérios diferentes dos de outros setores, diante das responsabilidades inerentes à função. O mesmo raciocínio é válido para empregados de um mesmo setor da empresa, desde que, por óbvio, exista um motivo justificável para a disparidade de tratamento.

Com efeito, por via do princípio da igualdade, a ordem jurídica veda desequiparações fortuitas ou injustificadas e, consequentemente, a prática de atitudes discriminatórias, ressalvadas, porém, as diferenciações legítimas. Esclarece esse autor que "tem-se que investigar, de um lado, aquilo que é adotado como critério discriminatório; de outro lado,

---

na aplicação deste mecanismo. A diversidade das situações que a lei irá abranger elimina qualquer possibilidade de estabelecimento de normas rígidas a nível operacional, tornando imperativa a preservação de espaço legal para que realidades distintas – trabalhistas, gerenciais e culturais – possam se adaptar aos seus preceitos". E ainda, especificamente em relação à questão da "forma pela qual os trabalhadores participariam do lucro, se igualitariamente, se por tempo de serviço, se por departamento ou função etc., foi tratada de maneira homogênea pelos participantes do evento: O problema deve ser remetido à livre negociação entre trabalhadores e empresas".

cumpre verificar se há justificativa racional, isto é, fundamento lógico para, à vista do traço desigualador acolhido, atribuir específico tratamento jurídico construído em função da desigualdade proclamada".[66]

Alguns acordos de PLR estabelecem metas por setor, ou até mesmo metas globais, relativas ao resultado do grupo econômico a que pertence o empregador, para que o empregado faça jus ao recebimento de PLR. Outros preveem metas e pagamentos diferenciados em função do cargo ocupado pelo empregado e até mesmo pagamento em função de lucros de outras entidades do grupo econômico. Isto demonstra que, mesmo sendo necessário o preenchimento de vários requisitos mínimos da Lei n. 10.101/2020, as partes possuem ampla liberdade de pactuação sobre as métricas de apuração e seu escalonamento em setores ou cargos, seja pela diferenciação da meta em si, dos valores ou de ambos.

O pagamento de valores diferenciados em função do cargo é possível, pois inexiste previsão legal quanto à exigência de pagamento de PLR equitativo aos funcionários da empresa, até porque tal exigência não seria razoável de acordo com a própria essência do instituto, já que uma empresa com diversos setores pode estabelecer critérios distintos em observância às especificidades das áreas de atuação.[67]

---

(66) MELLO, Celso Antonio Bandeira de. *Conteúdo jurídico do princípio da igualdade.* São Paulo: Ed. Malheiros, 2000, p. 18 e 21.

(67) "Ementa(s) Assunto: Contribuições Sociais Previdenciárias Período de apuração: 01.02.2001 a 28.02.2005. PARTICIPAÇÃO NOS LUCROS E RESULTADOS DA EMPRESA - PLR. IMUNIDADE. OBSERVÂNCIA À LEGISLAÇÃO DE REGÊNCIA. A Participação nos Lucros e Resultados - PLR concedida pela empresa aos seus funcionários, como forma de integração entre capital e trabalho e ganho de produtividade, não integra a base de cálculo das contribuições previdenciárias, por força do disposto no art. 7º, inciso XI, da CF, sobretudo por não se revestir da natureza salarial, estando ausentes os requisitos da habitualidade e contraprestação pelo trabalho. Somente nas hipóteses em que o pagamento da verba intitulada de PLR não observar os requisitos legais insculpidos na legislação específica, notadamente art. 28, § 9º, alínea "j", da Lei n. 8.212/91, bem como MP n. 794/1994 e reedições, c/c Lei n. 10.101/2000, é que incidirão contribuições previdenciárias sobre tais importâncias, em face de sua descaracterização como Participação nos Lucros e Resultados. A exigência de outros pressupostos, não inscritos objetivamente/literalmente na legislação de regência, como a necessidade de pagamentos igualitários a todos os empregados, é de cunho subjetivo do aplicador/intérprete da lei, extrapolando os limites das normas específicas em total afronta à própria essência do benefício, o qual, na condição de verdadeira imunidade, deve ser interpretado de maneira ampla e não restritiva. [...]" Acórdão: 9202-003.105. Número do Processo: 35884.003885/2006-89. Data de Publicação: 23.04.2014.

Sobre a diferenciação de cargos, salários, ou até setores, o CARF considera válida cláusula do acordo coletivo que prevê expressamente que os ocupantes de cargos gerenciais teriam as suas metas definidas em ajustes específicos e individuais, os quais prevaleceriam sobre as cláusulas gerais do acordo coletivo, desde que o instrumento faça referência à existência destes ajustes individuais.(68)

Tento em vista essas decisões do CARF, podemos concluir que: a) no acordo de PLR as partes possuem ampla liberdade de pactuação sobre as métricas de apuração e seu escalonamento em setores ou cargos, seja pela diferenciação da meta em si, dos valores ou de ambos; b) inexiste previsão legal quanto à exigência de pagamento de PLR equitativo aos funcionários, sendo possível a previsão de valores diferenciados; e c) empregados hiperssuficientes podem estipular individualmente suas métricas fora do plano geral de PLR.

2.6.3.3. Previsão de metas em documento apartado do plano de PLR

Com relação à previsão de metas em documentos apartados não existe, legalmente, impedimento, porém, em alguns casos foi ressalvado pelos conselheiros do CARF que (i) tal documento não pode ser elaborado unilateralmente pelo empregador e, ou, (ii) o instrumento de negociação deve prever que as metas serão, ou foram, indicadas em documento apartado.

---

(68) "Ementa(s): [...] PARTICIPAÇÃO NOS LUCROS E RESULTADOS. EXISTÊNCIA DE ACORDOS PRÓPRIOS INDIVIDUAIS PREVENDO REGRAS CLARAS E OBJETIVAS E METAS PARA PAGAMENTO DA VERBA. MAIOR ESPECIFICIDADE EM RELAÇÃO À PARTE DOS EMPREGADOS. PREVISÃO E REMISSÃO AO ACORDO COLETIVO. VALIDADE. NÃO INCIDÊNCIA DE CONTRIBUIÇÕES. Constatando-se que a empresa concedeu Participação nos Resultados com base em Acordo Coletivo, não há se falar em incidência de contribuições previdenciárias, ainda que a contribuinte tenha instrumentalizado aludido regramento para parte dos empregados, ocupantes de cargos de gerência, diretoria e superintendência, em instrumentos individuais próprios, contendo regras claras e objetivas, metas e demais condições para o pagamento da verba, mormente quando fora devidamente informado aos beneficiários. Acrescenta-se que o próprio Acordo Coletivo firmado com o respectivo Sindicato previa a formalização de referidos acordos próprios individuais para tais funcionários, tendo ocorrido, inclusive, remissão expressa nestes últimos ao instrumento negocial base, não havendo se falar em ausência de regras claras e objetivas, e metas, ou mesmo ausência de arquivamento no Sindicato, uma vez que aludidos atos individuais encontravam-se contidos na regra matriz da PR. [...]" Acórdão: 2401-003.882. Número do Processo: 10980.726726/2012-85. Data de Publicação: 18.03.2015.

O CARF[69], partindo da premissa de que as regras para distribuição não precisam estar previstas no próprio instrumento de negociação, mas este necessariamente deve mencionar o documento onde estão revelados as metas e os critérios que devem ser cumpridos, concluiu ser devida a incidência das contribuições previdenciárias. No caso analisado, o programa de metas não havia sido mencionado no acordo, que apenas continha a indicação, de forma genérica, das diretrizes que poderiam ser consideradas na definição das regras de pagamento da PLR.

De acordo com o CARF, "um ato unilateral da empresa, impondo aos empregados determinadas condições para o recebimento de uma verba", não atende aos requisitos legais estabelecidos na Lei n. 10.101/00, ainda que as condições sejam comunicadas ao sindicato por meio de ofício. O CARF considerou que a mera comunicação ao sindicato não substitui a exigência legal de que o plano "seja instituído por comissão escolhida pelas partes, integrada, também, por um representante indicado pelo sindicato da respectiva categoria ou convenção ou acordo coletivo".

Assim, ainda que o ofício "estabeleça regras aos empregados, como condição para obtenção do benefício, a empresa não demonstra qualquer participação dos empregados ou do sindicato da categoria na elaboração de tais normas", motivo pelo qual o CARF concluiu pela ausência de um acordo bilateral.

Para o incentivo à produtividade, é possível - e às vezes até é preciso - relegar a pormenorização e o detalhamento aos instrumentos empresariais internos, seja para se evitar a exposição das estratégias sigilosas, seja porque a individualização, setor a setor ou função a função, é demasiadamente extensa, principalmente em grandes empresas, que ostentam um

---

(69) "Ementa(s): [...] PARTICIPAÇÃO NOS LUCROS OU RESULTADOS - PLR. INEXISTÊNCIAS DE REGRAS CLARAS E OBJETIVAS QUE TRATEM DO DIREITO AO PAGAMENTO. DESATENDIMENTO À NORMA DE REGÊNCIA. INCIDÊNCIA DE CONTRIBUIÇÕES. A previsão de regras claras e objetivas nos instrumentos de negociação efetuada entre empresa e trabalhadores, que permitam aos empregados aferirem o cumprimento das exigências para percepção da participação nos lucros e resultados - PLR, é exigida pela Lei n. 10.101/2000, sendo que sua ausência leva à incidência de contribuições sociais sobre as verbas pagas a esse título. A menção genérica a diretrizes que nortearão o estabelecimento das regras de pagamento da PLR não representa o cumprimento do requisito legal. [...]" Acórdão: 2401-003.604. Número do Processo: 16327.001292/2010-35. Data de Publicação 14.11.2014.

quadro de dezenas de milhares de trabalhadores em inúmeras funções ou setores, o que já foi reconhecido como válido pelo CARF.[70]

Assim podemos concluir pelas decisões do CARF que: a) pode existir documento apartado com as métricas para valoração do PLR, desde que informado sobre sua existência no acordo coletivo de PLR; e b) desde que seja feito em conjunto com o sindicato, vedada a criação unilateral deste documento, sob pena de nulidade.

2.6.3.4. Possibilidade de aferição das metas

A Lei n. 10.101/2001 exige que dos instrumentos decorrentes da negociação deverão constar regras claras e objetivas quanto à fixação dos direitos substantivos da participação e das regras adjetivas, inclusive mecanismos de aferição das informações pertinentes ao cumprimento do acordado.

Quanto aos mecanismos de aferição, existem momentos em que eles foram considerados irregulares pelo CARF, como quando (i) os mecanismos de aferição foram considerados subjetivos ou (ii) os documentos comprobatórios da aferição não foram apresentados pelo contribuinte.

---

(70) "Ementa(s): [...] PARTICIPAÇÃO NOS LUCROS OU RESULTADOS. LIVRE ESTABELECIMENTO DE CONDIÇÕES. EXIGÊNCIA LEGAL RESTRITA À CLAREZA E OBJETIVIDADE DAS REGRAS. INSTRUÇÕES APARTADAS QUE SE LIMITEM À EXECUTORIEDADE DO PACTO. A Lei n. 10.101/00 exige que os instrumentos decorrentes da negociação de participação nos lucros ou resultados ostentem regras claras e objetiva, mas não impõe que as regras sejam sempre exaustivas, vedando qualquer detalhamento à parte, pois tal conclusão iria de encontro ao objetivo de incentivar a produtividade, que tem um caráter coletivo, mas também individual, exigindo, assim, um nível de detalhamento e pormenorização por vezes incompatível ou inconveniente a um pacto coletivo. Para o incentivo à produtividade, é possível - e às vezes até é preciso - relegar a pormenorização, o detalhamento aos instrumentos empresariais internos, seja para se evitar a exposição das estratégias sigilosas, seja porque a individualização, setor a setor ou função a função, é demasiadamente extensa, principalmente em grandes empresas, que ostentam um quadro de dezenas de milhares de trabalhadores em inúmeras funções ou setores. O que se vedou foi a discricionariedade, o subjetivismo e a obscuridade. Compete à fiscalização, todavia, descaracterizar a PLR, se verificar a fraude ou a ilicitude, em caso de não formalização do detalhamento, de sua inobservância ou quando carreguem em si critérios subjetivos ou obscuros de mensuração dos resultados. A delegação jamais pode ser utilizada como instrumento de tergiversação, de fraude, de transgressão ou de modificação do pacto celebrado. Deve se restringir a dar executoriedade àquilo que foi pactuado, face à variabilidade de particularidades e ao resguardo do sigilo empresarial, que deixa de ser exposto à concorrência (art. 155, §§ 1° e 2°, da Lei n. 6.404/76). [...]" Acórdão: 2302-003.586. Número do Processo: 16682.721085/2013-02. Data de Publicação: 12.02.2015.

Dentro desse contexto, os mecanismos de avaliação individual do empregado também têm sido alvo de controvérsias, especialmente nos casos em que (i) não são apresentados os documentos demonstrando a aferição realizada ou (ii) os métodos utilizados são considerados insuficientes pelas autoridades fiscais.

Quanto aos documentos demonstrando a aferição do cumprimento do acordo, o CARF entende que a ausência de apresentação pelo contribuinte dos documentos em que conste a aferição dos resultados alcançados com vistas ao pagamento da PLR não descaracteriza o plano, desde que o pagamento seja respaldado em regras claras e objetivas, sendo cabível a imposição de multa por descumprimento de obrigação acessória, seguida do lançamento das contribuições por arbitramento(71).

2.6.3.5. *Prazo para a celebração do acordo*

Inicialmente, convém informar que o CARF, na maior parte dos casos em que discutiu sobre o prazo para assinatura e depósito, decidiu que a negociação pode ocorrer durante o período de apuração da PLR, restando apenas, utilizando-se de razoabilidade, estipular até quando será considerado válido o acordo.

O CARF entende que "os instrumentos de acordo (entre as partes ou coletivo) (...) devem estar assinados e arquivados na entidade sindical até o último dia do semestre anterior ao encerramento do período a que se refiram os lucros ou resultados". No entanto, abriu-se a possibilidade de que o prazo limite para a assinatura e arquivamento do instrumento de acordo passe para o "último dia do trimestre anterior ao encerramento do período a que se refiram os lucros ou resultados", se a empresa comprovar "que as negociações estavam em curso e que os

---

(71) "Ementa(s): [...] PARTICIPAÇÃO NOS LUCROS OU RESULTADOS. EXISTÊNCIA DE REGRAS CLARAS E OBJETIVAS CONCERNENTES AO PAGAMENTO DA VERBA. FALTA DE APRESENTAÇÃO DOS DOCUMENTOS DE AFERIÇÃO DAS METAS PARA PAGAMENTO DE PLR. DESCONSIDERAÇÃO DO ACORDO. IMPOSSIBILIDADE. A falta de apresentação dos documentos em que conste a aferição dos resultados alcançadas com vistas ao pagamento da PLR, não descaracteriza o plano, quando este contiver as regras claras e objetivas exigíveis para pagamento do benefício. Sendo cabível, nestas situações, a imposição de multa por descumprimento de obrigação acessória, seguida do lançamento das contribuições por arbitramento. [...]" Acórdão: 2401-003.112. Número do Processo: 16682.720575/2011-11. Data de Publicação: 06.11.2013.

empregados tinham amplo conhecimento de sua proposta quanto aos lucros ou resultados a serem atingidos".[72]

Ademais, "diante da ausência de expressa determinação legal e da necessidade de o intérprete garantir o atingimento das finalidades da norma imunizadora e de sua respectiva regulação", seria preciso estabelecer prazos que passassem "pelo teste da razoabilidade" e aqueles referidos acima atenderiam a este requisito ao assegurarem "os três primeiros meses do ano – normalmente um período difícil – para que as partes se reúnam, os interessados tenham três meses para iniciar e avançar nas negociações e três meses adicionais para sua total conclusão". Assim, "exigir a assinatura do acordo antes de iniciado o período atenderia apenas a uma das finalidades da norma regulamentadora – combater a fraude, mas acabaria por criar um significativo obstáculo para a concessão da PLR".[73]

Logo, preferencialmente, o processo todo deve ser concluído no ano anterior ao de vigência de acordo. Assim, para o ano de 2023, por

---

(72) "Ementa(s) Assunto: Obrigações Acessórias Período de apuração: 01.05.2007 a 31.05.2007. PARTICIPAÇÃO NOS LUCROS E RESULTADOS. DATA DE ASSINATURA E ARQUIVAMENTO DO ACORDO NO SINDICATO DA CATEGORIA. Diante da ausência de expressa determinação legal e da necessidade de o intérprete garantir o atingimento das finalidades da norma imunizadora e de sua respectiva regulação, a razoabilidade impõe que os instrumentos de acordo (entre as partes ou coletivo) que versem sobre pagamentos de Participação nos Lucros ou Resultados a empregados devem estar assinados e arquivados na entidade sindical até o último dia do semestre anterior ao encerramento do período a que se refiram os lucros ou resultados. Caso a empresa comprove que as negociações estavam em curso e que os empregados tinham amplo conhecimento de sua proposta quanto aos lucros ou resultados a serem atingidos, o prazo limite para a assinatura e arquivamento do instrumento de acordo passa para o último dia do trimestre anterior ao encerramento do período a que se refiram os lucros ou resultados. [...]" Acórdão: 2301-003.477. Número do Processo: 10680.721280/2010-15. Data de Publicação: 22.08.2013.

(73) "Ementa(s): [...] PARTICIPAÇÃO NOS LUCROS E RESULTADOS. DATA DE ASSINATURA E ARQUIVAMENTO DO ACORDO NO SINDICATO DA CATEGORIA. Diante da ausência de expressa determinação legal e da necessidade de o intérprete garantir o atingimento das finalidades da norma imunizadora e de sua respectiva regulação, a razoabilidade impõe que os instrumentos de acordo (entre as partes ou coletivo) que versem sobre pagamentos de Participação nos Lucros ou Resultados a empregados devem estar assinados e arquivados na entidade sindical até o último dia do semestre anterior ao encerramento do período a que se refiram os lucros ou resultados. Caso a empresa comprove que as negociações estavam em curso e que os empregados tinham amplo conhecimento de sua proposta quanto aos lucros ou resultados a serem atingidos, o prazo limite para a assinatura e arquivamento do instrumento de acordo passa para o último dia do trimestre anterior ao encerramento do período a que se refiram os lucros ou resultados. [...]" Acórdão: 2301-002.627. Número do Processo: 14485.000150/2007-15. Data de Publicação: 18.08.2012.

exemplo, o processo deve ser concluído até 31.12.2022. Todavia, caso seja inviável, recomenda-se que as metas sejam conhecidas e registradas até 31.12 do ano anterior ao de vigência do acordo, pois desta forma todos os empregados terão conhecimento prévio do que é esperado e poderão iniciar os trabalhos a partir de janeiro. Neste caso, recomenda-se que o processo de negociação, assinatura e arquivamento do acordo de PLR seja concluído até o último dia do trimestre anterior ao encerramento do período a que se refiram os lucros ou resultados, sob pena de nulidade do acordo.

2.6.3.6. *Periodicidade de pagamento*

É vedado o pagamento de qualquer antecipação ou distribuição de valores a título de participação nos lucros ou resultados da empresa mais de 2 (duas) vezes no mesmo ano civil e em periodicidade inferior a 1 (um) trimestre civil.[74]

A reforma trabalhista de 2017, em seu art. 611-A da CLT, veio dizer que o "negociado" prevalece sobre o "legislado" em matéria de PLR, o que autorizaria concluir que seria possível, por negociação coletiva, distribuir PLR em periodicidade inferior a um semestre civil, logo, mais do que duas vezes ao ano. Contudo, este tema ainda não foi apreciado pelo CARF e pela jurisprudência trabalhista, portanto, recomendamos cautela.

2.6.3.7. *Substituição da remuneração*

Conforme dispõe o art. 3º da Lei n. 10.101/2000, a PLR não substitui ou complementa a remuneração devida a qualquer empregado, não se lhe aplicando o princípio da habitualidade. O que a lei aqui quer vedar é que a empresa, que antes pagava parcelas com natureza salarial, pretenda substituir tais parcelas atribuindo-lhe o nome de PLR.

Nessa mesma linha, as decisões do CARF ressaltam que, tendo a PLR o intuito de incentivar o empregado a melhorar seu desempenho funcional, não pode ser utilizada "em substituição ou complementação da remuneração devida ao empregado pelo seu desempenho ordinário e habitual, decorrente, meramente, do contrato de trabalho.[75]

---

(74) Art. 3º, §§ 2º e 3º da Lei n. 10.101/2000 com redação alterada pela Lei n. 12.832/2013.

(75) Acórdão: 2302-003.342. Número do Processo: 16682.721030/2012-11. Data de Publicação: 13.10.2014.

Aos olhos do CARF, a inobservância da periodicidade de pagamentos prevista pelo art. 3º, § 2º da Lei n. 10.101/00 acaba por violar "o espírito da PLR, que é o de não substituir salário". Assim, a obrigatoriedade de os pagamentos serem realizados com a periodicidade mínima de um semestre e no máximo duas vezes por ano foi instituída justamente visando a mitigar o risco de os empregadores pagarem PLR como forma de substituição ou complementação de salário.[76]

A reforma trabalhista de 2017 trouxe maior amplitude do "negociado" sobre o "legislado" em seu art. 611-A da CLT, ao dispor a preponderância do ajustado sobre a lei na matéria da PLR. A amplitude da negociação coletiva de trabalho igualmente está sendo apreciada pelo STF (Tema 1.046 de repercussão geral). Contudo, não há, até o momento, decisões judiciais ou do CARF autorizando a distribuição/pagamento de PLR em periodicidade inferior a um semestre civil.

2.6.3.8. *Aprendizes e estagiários*

De acordo com os arts. 6º e 7º da Instrução Normativa n. 146/2018, do Ministério do Trabalho e Emprego, contrato de aprendizagem é o contrato de trabalho especial, ajustado por escrito e por prazo determinado não superior a dois anos, em que o empregador se compromete a assegurar ao aprendiz, inscrito em programa de aprendizagem, formação técnico-profissional metódica compatível com o seu desenvolvimento físico, moral e psicológico, e o aprendiz se compromete a executar com zelo e diligência as tarefas necessárias a essa formação.

Logo, aprendizagem, mesmo sendo um contrato especial que envolve trabalho e estudo, ainda é um contrato de trabalho, o que atrai para o aprendiz todos os direitos inerentes a um empregado. Excluir o aprendiz do rol dos beneficiários no caso de celebração de acordo de PLR seria desprestigiar o princípio da condição mais favorável, que norteia as relações de trabalho e, especificamente no caso dos aprendizes, previsto no art. 59 do Decreto n. 9.579/2018.[77]

---

(76) Acórdão: 2302-003.139. Número do Processo: 10805.723654/2012-45. Data de Publicação: 30.07.2014.

(77) "Art. 59. Ao aprendiz, exceto se houver condição mais favorável, será garantido o salário mínimo-hora. Parágrafo único. Para fins do disposto neste Capítulo, entende-se por condição mais favorável aquela estabelecida no contrato de aprendizagem ou prevista em convenção ou acordo coletivo de trabalho, em que se especifique o salário mais favorável ao aprendiz e o piso regional de que trata a Lei Complementar n. 103, de 14 de julho de 2000."

Contudo, as convenções e os acordos coletivos apenas estenderão suas cláusulas sociais ao aprendiz quando expressamente previsto e desde que não excluam ou reduzam o alcance dos dispositivos tutelares que lhes são aplicáveis. Assim, para que o aprendiz tenha direito ao recebimento da PLR, este direito deve estar expresso no instrumento coletivo negociado (art. 69 do Decreto n. 9.579/2018).

Com relação ao estagiário, o entendimento é diverso.

Estágio é ato educativo escolar supervisionado, desenvolvido no ambiente de trabalho, que visa a preparação para o trabalho produtivo de educandos que estejam frequentando o ensino regular em instituições de educação superior, de educação profissional, de ensino médio, da educação especial e dos anos finais do ensino fundamental, na modalidade profissional da educação de jovens e adultos.

Nos dois modelos de contrato (aprendizagem e estágio), os jovens conseguem adquirir experiência para ingressar no mercado de trabalho. Contudo, mesmo que os objetivos dos contratos sejam correlatos, não são sinônimos. O estágio é uma prática educativa, enquanto a aprendizagem é uma modalidade especial de trabalho.

Como a PLR somente é paga a empregados, não é conveniente estender este benefício aos estagiários. Ao fazê-lo, a empresa atrai um alto risco[78], pois tratar o estagiário como empregado, aproximando-o da situação dos empregados, estendendo-lhe direitos destes, poderá invalidar o contrato de estágio.[79]

---

(78) Registre-se a seguinte decisão do CARF: "IRPJ. PLR. REQUISITOS LEGAIS. ESTAGIÁRIOS. DEDUTIBILIDADE. IMPOSTO SOBRE A RENDA DE PESSOA JURÍDICA – IRPJ. ANO-CALENDÁRIO: 2007. IRPJ. PARTICIPAÇÃO NOS LUCROS OU RESULTADOS (PLR). DEDUTIBILIDADE. Existindo regras claras e objetivas que fixam o direito do trabalhador a PLR, além de cumpridos os demais requisitos legais, não há que se falar em glosa das despesas incorridas a este título. A exigência de outras condições, não veiculadas no texto legal, como a necessidade de pagamentos uniformes e comprovação individual de fórmula matemática de suporte, extrapola os limites legais, razão pela qual deve ser desconsiderada. IRPJ. PARTICIPAÇÃO NOS LUCROS OU RESULTADOS (PLR) A ESTAGIÁRIOS. DEDUTIBILIDADE. Pagamentos feitos a estagiários no bojo do programa de PLR, ainda que questionável em face da restrição legal de que os beneficiários devem ser empregados, devem ser tratados para fins fiscais como pagamentos remuneratório de trabalho, constituindo gasto necessário e, portanto, dedutível. (Proc. 16682.720122/2012-76, Ac. 1201001.903, Rec. Voluntário, CARF, 1ª S, 2ª C, 1ª TO, j. 21.09.2017)."

(79) A Cartilha de Estágio do Ministério do Trabalho e Emprego não aborda diretamente o tema: "**49. A critério da parte concedente podem ser concedidos outros benefícios ao estagiário?** Sim.

Conforme Lei n. 11.788/08, ao estagiário somente são devidos os seguintes direitos: bolsa-auxílio, auxílio-transporte e recesso remunerado (art. 12 da Lei n. 11.788/08), além do seguro contra acidentes pessoais (art. 9, IV da Lei n. 11.788/08).

2.6.4. Isenção de encargos previdenciários e trabalhistas. Pagamento progressivo e escalonado de imposto de renda

Conforme o disposto no art. 15, § 6º da Lei n. 8.036/1990 e na alínea "j" do § 9º do art. 28 da Lei n. 8.212/1991, a participação nos lucros ou resultados da empresa, quando paga ou creditada de acordo com lei específica, não tem incidência da contribuição previdenciária (INSS) e de Fundo de Garantia por Tempo de Serviço (FGTS).

Todavia, se o pagamento for realizado em desacordo com a Lei n. 10.101/2000 e as regras aqui apresentadas, o valor terá natureza salarial e, consequentemente, sofrerá as incidências de encargos trabalhistas e previdenciários.

Com relação ao Imposto de Renda, após alteração da Lei n. 10.101/00 pela Lei n. 12.832/13, os valores da tabela progressiva anual constante do Anexo da Lei n. 10.101/00 serão reajustados no mesmo percentual de reajuste da Tabela Progressiva Mensal do Imposto de Renda incidente sobre os rendimentos das pessoas físicas. Assim, do referido imposto, os valores recebidos de até R$ 6 mil estarão isentos, criando, a partir desse valor, uma tabela progressiva de alíquotas variando entre 7,5% e 27,5%.

VALOR DO PLR ANUAL (EM R$)	ALÍQUOTA	PARCELA A DEDUZIR DO IR (EM R$)
de 0,00 a 6.000,00	0%	-
de 6.000,01 a 9.000,00	7,5%	450,00
de 9.000,01 a 12.000,00	15%	1.125,00
de 12.000,01 a 15.000,00	22,5%	2.025,00
acima de 15.000,00	27,5%	2.775,00

2.6.5. Conclusão

A Lei n. 10.101/00 que regulamentou a participação nos lucros e resultados em nosso ordenamento jurídico está fundamentada em dois

A eventual concessão de benefícios relacionados a transporte, alimentação e saúde, entre outros, não caracteriza vínculo empregatício para todos os fins da legislação trabalhista e previdenciária (§ 1º do art. 12 da Lei n. 11.788/2008)".

princípios basilares expressos em seu art. 1º: «integração entre o capital e o trabalho» e «incentivo à produtividade».

O primeiro tem inspiração sociológica, pois apresenta um meio de democratização do ambiente de trabalho ao permitir que o empregado participe do lucro daquilo que seu trabalho ajudou a produzir. O segundo, claramente assentado em ideal econômico, que visa a majoração da competitividade entre as empresas por meio do crescimento de sua qualidade/produtividade ao incluir o empregado como favorecido direto pelo sucesso da empresa. Logo, a PLR possui um conjunto ideário misto, em que empresas e empregados se beneficiam mutuamente.

Caso as empresas optem pela celebração de um acordo de PLR, incorporarão ao seu universo organizacional de gestão partilhada. O relacionamento com os empregados demandará regras mais democráticas, já que a estipulação das metas, que aumentarão a produtividade e a qualidade, deve, obrigatoriamente, envolver os empregados, seja diretamente ou representados pelo sindicato.

Logo, podemos concluir que é uma verba singular, pois sua existência demanda obrigatoriamente a participação de todos os envolvidos em uma relação de emprego, o capital e o trabalho, a empresa e o empregado.

Por fim, cabe lembrar que a adoção da PLR, mesmo não sendo obrigatória, apresenta-se como um fator determinante para a competitividade empresarial, não só pela melhora de sua produtividade, mas porque seu pagamento é decisivo na contratação e permanência de profissionais talentosos, que terão ganhos pelo trabalho desempenhado e participarão ativamente do sucesso da empresa por meio dos lucros ou resultados recebidos.

A participação dos empregados nos lucros da empresa, no Brasil, ainda apresenta pontos nebulosos ainda não resolvidos a contento pela jurisprudência, fator de grave insegurança jurídica. Os propósitos da lei são interessantes: às empresas, constitui uma forma de remuneração estratégica e melhoria de competitividade no mercado; e aos empregados, como um ganho adicional desvinculado da remuneração e com incentivos fiscais.

O aprimoramento do instituto, em nosso país, depende, contudo, de duas mudanças estruturais. A primeira é o estabelecimento de diretrizes unificantes entre a Justiça do Trabalho e a Justiça Federal sobre o tema, pois nem sempre o entendimento trabalhista coincide com o dos auditores fiscais do INSS, fato que pode desestimular o instituto entre os envolvidos. A segunda é a de uma reforma sindical que garanta sindicatos verdadeiramente livres, genuínos e representativos de suas bases, inclusive com enraizamento no local de trabalho, desenvolvendo uma estratégia de participação na gestão da empresa, tudo com o intuito de maior proximidade, acesso a balanços, direito de informação nas negociações coletivas e boa-fé entre os interlocutores sociais.

2.7. Modelo de acordo de PLR

ACORDO COLETIVO DE PARTICIPAÇÃO NOS LUCROS OU RESULTADOS 2023

Pelo presente instrumento particular, os abaixo assinados, de um lado, **EMPRESA**, neste ato representada por seus representantes legais, e **SINDICATO**, neste ato representado por seu Presidente, resolvem firmar o presente Acordo Coletivo de Trabalho para implementar e regulamentar o programa de Participação nos Lucros ou Resultados para o ano de **2023**, com fundamento no art. 7°, incisos XI e XXVI, da Constituição Federal e na Lei n. 10.101/2000, nos termos das cláusulas adiante expostas.

1. Definição e Objetivos

A fim de aumentar o compromisso dos empregados com os resultados da Companhia, fortalecer a cultura de resultados e a meritocracia, bem como atrair e desenvolver talentos, a empresa implementa o presente Acordo Coletivo de Participação nos Lucros ou Resultados ("Acordo de PLR"), com fundamento legal no art. 7º, inciso XI da Constituição Federal e Lei n. 10.101/200.

2. Elegibilidade

São elegíveis ao Plano a totalidade dos Empregados contratados por prazo indeterminado, na forma de Empregados nos termos da legislação trabalhista ("Empregados"), inclusive aqueles que vierem a ser contratados durante a vigência deste Plano, observados os limites e condições estabelecidos neste instrumento.

3. Da proporcionalidade

3.1 Os empregados admitidos, demitidos e os demissionários, durante o período de apuração, os empregados afastados pelo INSS, com ou sem remuneração, receberão na mesma data que os empregados ativos na proporção 1/12 (um doze avos) por mês trabalhado, desde que tenham completado um período mínimo e contínuo de 15 (quinze) dias de serviço ativo no período do programa.

3.2 Entende-se para fins de proporcionalidade que a proporção será de 1/12 (um doze avos) para cada mês laborado, sendo certo que será considerado mês a fração igual ou superior a 15 (quinze) dias.

3.3 Considera-se como de serviço ativo, para efeito desta cláusula, o período de gozo das férias, bem como o temporário efetivado e sem interrupção entre o contrato de temporário e de trabalho efetivo.

3.4 Empregados afastados por licença não remunerada são elegíveis ao recebimento da PLR de forma proporcional ao tempo efetivamente trabalhado no ano de 2023, considerando-se a fração igual ou superior a 15 dias trabalhados no mês.

3.5 Não serão computadas, para aplicação da proporcionalidade do pagamento as ausências por licença saúde, licença-maternidade, licença adoção, auxílio-doença ou auxílio-doença acidentário.

3.6 Os Empregados dispensados deverão manter seus dados bancários, contatos e endereços atualizados junto à Empresa. A não observância desta obrigação pelo Empregado não significará nenhuma responsabilização da Empresa por qualquer dano ou prejuízo causado ao Empregado.

4. Parâmetros de Cálculo e Avaliação

A empresa somente distribuirá os seus resultados por meio deste Plano se alcançadas as metas comuns que são definidas e divulgadas a cada início de exercício ou período de apuração.

O valor a ser pago a cada empregado levará em consideração o salário mensal referente ao mês de dezembro de **2023**.

4.1. Para funcionários gestores e não gestores: 50% do valor total destinado ao pagamento da PLR 2020 será distribuído a todos os funcionários, de acordo com o cumprimento das metas financeiras da Empresa, sendo: o atingimento de 100% do Lucro Operacional (EBITDA) previsto para o ano de 2023; o atingimento de 100% da Receita Líquida prevista para o ano de 2023 e; o atingimento de 100% do Lucro Líquido previsto para o ano de 2023.

O saldo de 50% do valor total destinado ao pagamento da PLR 2023 será distribuído a todos os funcionários, de acordo com o resultado do programa de avaliação de desempenho de 2023, com a seguinte composição:

(a) Gestores: 16,66% de critérios relacionados a competências comportamentais; 16,66% de critérios relacionados ao desempenho da equipe no ano de acordo com a avaliação do superior imediato; e, 16,68% de critérios relacionados ao desempenho individual de acordo com a avaliação do superior imediato.

(b) Não-gestores: 25% de critérios relacionados a competências comportamentais; e, 25% de critérios relacionados ao desempenho individual de acordo com a avaliação do superior imediato.

4.2 Importante destacar que tais metas, acordadas entre as partes, são específicas, mensuráveis e factíveis.

4.3 Especificamente em relação às metas financeiras, cujo valor está arquivado em documento próprio e em posse da área de recursos humanos da empresa (por se tratar de informação estratégica), foram divulgadas aos trabalhadores no mês de janeiro de 2023 e estão baseadas no EBITDA.

4.4 Para os fins desse ACORDO, considera-se EBITDA uma medida de desempenho financeiro, que reflete a geração operacional de caixa da companhia. O Ebitda significa em português "Lucros antes de juros, impostos, depreciação e amortização". Esse é o resultado das vendas líquidas, subtraídos os custos e despesas operacionais, sem desconto dos impostos e despesas financeiras.

4.5 Já no que diz respeito às metas individuais e por equipes para avaliação do desempenho, foram levadas em consideração as especificidades do cargo/função/responsabilidade de cada um dos trabalhadores, dentro da sua área de atuação. O valor e o peso de cada uma das metas são distintos entre os trabalhadores, especialmente quando não possuem o mesmo cargo, função ou responsabilidade. Estas metas encontram-se anexas ao presente acordo.

4.6 O racional do ACORDO é o de realizar a distribuição de valores de PLR com base no atingimento de metas coletivas e individuais, prestigiando-se o trabalho em equipe, a perenidade do negócio e a meritocracia.

4.7 A definição do valor da PLR pago a cada um dos trabalhadores estará diretamente relacionada ao atingimento das metas. O quadro abaixo relaciona o "nível de atingimento das metas" estipuladas no anexo deste acordo com o "valor da PLR":

Nível de atingimento das metas	Valor da PLR individual
Abaixo do nível 100	Não há pagamento de PLR.
Atingimento do Nível 100	60% (sessenta por cento) do valor da remuneração fixa recebida no mês de dezembro de 2022.
Atingimento do Nível 300	170% (cento e setenta por cento) do valor da remuneração fixa recebida no mês de dezembro de 2022.
Atingimento do Nível 500	255% (duzentos e cinquenta e cinco por cento) do valor da remuneração fixa recebida no mês de dezembro de 2022.

5. Data de pagamento

O pagamento da PLR ocorrerá após apuração do resultado individual, de acordo com o programa de avaliação de desempenho de 2023, e será feito em 31.03.2024.

6. Natureza da PLR

O presente Programa de PLR não integra o contrato de trabalho do empregado, e, por ser desvinculado da remuneração, não constitui base de incidência de nenhum encargo trabalhista ou previdenciário e estará sujeito às deduções determinadas por lei.

7. Vigência

7.1 O presente Programa de PLR terá vigência entre 01.01.2023 e 31.12.2023.

7.2 Os direitos e obrigações implementados por meio do Programa de PLR possuem eficácia restrita ao período de vigência do presente instrumento, não aderindo, em qualquer hipótese, aos contratos de trabalho dos empregados por ele beneficiados, mesmo após o término deste período.

8. Condições Gerais

8.1 Na hipótese de Legislação Superveniente, quer seja por meio de Medida Provisória, quer seja por meio da promulgação de Lei Ordinária, Lei Complementar, Decreto, bem como por decisão da Justiça do Trabalho, sentença normativa, convenção coletiva, acordo judicial ou extrajudicial, que venha a alterar as disposições legais, a forma ou as regras de aplicação do Programa de Participação nos Lucros ou Resultados, os valores previstos neste acordo serão devidamente compensados, não obrigando a empresa a pagamentos adicionais ou cumulativos aos aqui ajustados.

8.2 O processo de prorrogação, denúncia ou revogação total ou parcial do presente Acordo ficará subordinado às normas estabelecidas pelo art. 615 da CLT.

8.3 Eventuais dúvidas relativas ao presente Acordo serão dirimidas por meio de negociações entre a empresa e o Sindicato, formalizando-se um termo assinado por ambas as partes.

8.4 Na hipótese de Convenção Coletiva ou Acordo proferido em Dissídio Coletivo estabelecer vantagem superior a título de participação nos resultados e/ou produtividade, deverá prevalecer o teor deste Acordo por mais específico, conforme art. 620 da CLT.

E por estarem de pleno acordo e para que produza seus regulares efeitos jurídicos, as partes datam e assinam o presente "Acordo coletivo de Participação nos Lucros ou Resultados **2023**" (PLR **2023**), em 3 (três) vias de igual teor e forma.

Cidade, 1 de dezembro de 2022.

____

EMPRESA

____

SINDICATO

3

CONTRATOS

3.1. O contrato de trabalho e as fraudes nas contratações por meio de contratos civis

Marcos de Oliveira Cavalcante

3.1.1. Introdução

O direito existe para regular, com Justiça, as relações humanas.

Essa regulação, em última etapa, se dá por meio das Constituições de cada Estado-país. As normas que se podem extrair das constituições, num Estado Democrático de Direito, são o consenso possível da vida harmoniosa. Mas, como sabemos, os bens da vida são finitos e os desejos humanos infinitos. Sempre haverá choque entre pessoas, sempre haverá conflito. Por isso o Direito existe em dupla atividade: uma de caráter preventivo: regulação; e outra de caráter sancionador: solução de litígios. Não é diferente na seara das relações de trabalho.

Num modo de produção Capitalista, de um lado haverá um tomador de serviços, que por meio da sua **livre-iniciativa**[80] buscará o lucro e

(80) Neste sentido, o próprio art. 1º da Constituição de 1988: "Art. 1º A República Federativa do Brasil, formada pela união indissolúvel dos Estados e Municípios e do Distrito Federal, constitui-se em Estado Democrático de Direito e tem como fundamentos: (...) IV – os valores sociais do trabalho

acumulação; de outro lado o prestador de serviço, que buscará a melhor remuneração pela força de trabalho empreendida[81].

Nas palavras de **Nívia Rodrigues de Souza**[82]: "A Constituição Federal consagra os valores sociais do trabalho e da livre-iniciativa como fundamentos do Estado, e estabelece, ainda, o trabalho como direito social, que se traduz na busca e construção da dignidade da pessoa humana. Dessa maneira, o presente trabalho se debruça sobre o fenômeno da *pejotização*, meio fraudulento que algumas empresas recorrem visando ao pagamento de menos impostos e direitos trabalhistas, e que tem sido alvo de discussões doutrinárias e jurisprudenciais que o classifica como burla ao contrato de trabalho, uma vez que o empregador, que assim procede, o faz com o intuito de não caracterizar a relação de emprego do trabalhador. Nesses casos, a Justiça Trabalhista tem reconhecido a fraude, determinando a correta anotação na Carteira de Trabalho do contrato havido entre as partes, cominando ainda o pagamento das verbas trabalhistas e contribuições previdenciárias, além de eventual indenização por danos morais e materiais".

Uma das questões mais tormentosas nas relações de trabalho, à luz do Direito do Trabalho no Brasil, é saber como (1) contratar corretamente aquele que vai prestar serviços e (2) remunerar de forma eficiente e eficaz (do ponto de vista econômico) e dentro da lei (ponto de vista jurídico) um trabalhador, trazendo para a empresa uma relação contratual estável e a possibilidade de auferir lucro, enfim, de poder "tocar o negócio" como o empresário entende ser melhor[83].

O princípio da livre-iniciativa não é absoluto, pois encontra na regulamentação estatal seus limites e ainda no valor social do trabalho. É importante para o sistema Capitalista (e não há outro melhor ou possível) que o empresário possa livremente organizar, produzir e obter lucro com sua produção, no entanto, isso deve ser feito dentro da Lei e se, por conta da Lei, não se pode auferir todo o lucro desejado, se por conta da

---

e da livre-iniciativa; e neste sentido, foi promulgada a Lei n. 13.874, de 2019 sobre Declaração de Direitos de Liberdade Econômica".

(81) Também a Constituição dedica todo o Capítulo II dos Direitos Sociais ao tema – arts. 6º a 11.

(82) Pejotização como fraude à relação de emprego. Disponível em: http://www.fasb.edu.br/revista/index.php/cic/article/view/393. Acesso em: ago. 2021.

(83) Ainda na Constituição de 1988, todo o Título VII – Da Ordem Econômica e Financeira, arts. 170-181.

lei há limitações de ordem financeira, não pode haver espaço para má-fé. Como alertam Süssekind, Maranhão, Vianna e Teixeira Lima, citados por Eduardo Antônio Kremer Martins[84]: "o contrato de trabalho, como qualquer outro, deve ser executado de boa-fé". É imprescindível que em qualquer ato jurídico não estejam embutidos vícios. Importante observar que as relações de trabalho instaladas de modo a não configurar relações de emprego são coibidas pela CLT em seu art. 9º: "Art. 9º Serão nulos de pleno direito os atos praticados com o objetivo de desvirtuar, impedir ou fraudar a aplicação dos preceitos contidos na presente Consolidação". Dessa forma, embora a boa-fé seja um princípio cujo debate não se esgota, por se mostrar bastante subjetivo, é nulo todo ato crivado pela má-fé".

Não se pode conseguir com má-fé aquilo que a lei proíbe, especialmente considerando ser o contrato de trabalho um contrato de prestação de serviços, onde uma pessoa coloca-se à disposição de outrem e merece ter os seus direitos respeitados. A fraude é má-fé e má-fé tem que ser abolida das relações sociais.

A contratação de pessoa jurídica para prestação de serviços não representa ou configura, por si só, ilegalidade. Só haverá fraude quando ela revela, na análise do contexto fático, os elementos caracterizadores da relação de emprego e, neste sentido, já se revela o de maior intensidade – a subordinação jurídica trabalhista -, e aponta para a fraude perpetrada pelo empregador com vistas a fugir de obrigações trabalhistas, previdenciárias e até tributárias.

O objetivo deste rápido estudo é apresentar, de forma prática, a conformação do contrato de trabalho e diferenciá-lo das demais formas de prestações de serviço e mostrar quais elementos podem ser utilizados para caracterizar uma verdadeira relação de emprego ou um verdadeiro contrato de natureza civil moldados à forma da Lei. Ou quando estamos frente a uma tentativa de fraude à legislação trabalhista.

Nas referências bibliográficas, em nota de rodapé e ao final, apresentamos material suficiente para o leitor se aprofundar nas bases doutrinárias teóricas do Direito do Trabalho, pois, como dissemos acima, aqui

---

(84) Disponível em: <https://docs.google.com/document/d/1IsmabYVyB3wGPgIr1ikkoCr7CiUM6uCgzli-sZXkgVA/edit>. Acesso em: ago. 2021. Vide importante indicação bibliográfica citada neste texto.

nos propomos a uma apresentação simples e prática sobre contrato de trabalho e fraude, inclusive com modelo de um contrato civil paradigmático do que pode ser feito dentro da lei, desde que haja, por certo, boa-fé.

3.1.2.Contrato de trabalho e contratos afins

De forma prática e objetiva, o que importa efetivamente neste assunto é diferenciar quando existe um contrato de trabalho ou estamos diante de contratos de natureza civil.

O contrato de trabalho se caracteriza pelo fato do trabalhador realizar determinada atividade. Mas não é o único. Vários outros contratos de natureza civil podem ter como objeto a realização de atividade. Por isso podemos considerar a existência de um gênero: contratos de atividade e o contrato de trabalho como uma de suas espécies. Há vários outros contratos de atividade.

Surgem dificuldades em muitas situações em se distinguir qual a real figura jurídica: se é um contrato de trabalho de um outro contrato (de atividade) que lhe seja afim. Veja-se, sobre o tema, trabalho do Ministro Mauricio Godinho Delgado, em que escreve: "Em distintos segmentos do direito há exemplos marcantes de contratos de atividade[(85)]. No Direito Civil, as figuras contratuais da prestação de serviços (locação de serviços), da empreitada e ainda do mandato; no Direito Agrário/Direito Civil, as variadas figuras de parceria agrícola e pecuária; no Direito Comercial, a figura da representação mercantil. No plano do Direito Civil e Comercial, em conjunto, pode-se ainda mencionar a figura contratual da sociedade. A área jurídica trabalhista apresentaria, ainda, contratos de atividade diferenciados entre si: o mais relevante é o contrato empregatício, embora se possa mencionar também o contrato de trabalho avulso[(86)].

Apenas de forma enumerativa, podemos citar vários contratos de atividade, com diferentes tipos de trabalhadores, sobre os quais se debruçam juízes trabalhistas, em longas instruções processuais, para descobrirem sua real natureza e se foram usados como fraude a descaracterizar

(85) Aos iniciantes, recomendo a videoaula do professor Aldemiro Dantas, sobre o tema. Disponível em: <https://www.youtube.com/watch?v=Nh7DF76eecU>. Acesso em: ago. 2021.

(86) Disponível em: <https://www.trt3.jus.br/escola/download/revista/rev_61/Mauricio_Delgado.pdf>. Acesso em: ago. 2021.

um contrato de trabalho: trabalhador autônomo, trabalhador eventual, trabalhador avulso e trabalhador voluntário(87).

3.1.3. Contrato de trabalho. Caracterização

Como é de conhecimento até popular, contrato de trabalho é aquele no qual o trabalhador coloca sua força de trabalho à disposição de um tomador de serviços (empregador) de forma pessoal, não eventual e remunerada(88). Por sua vez, o empregador paga o seu salário diretamente e dirige a prestação pessoal de serviços. Essa direção na prestação (pessoal) de serviços se dá por meio de um elemento típico **só existente no contrato de trabalho que é a subordinação jurídica trabalhista**. Tais elementos caracterizadores da relação de emprego estão dispostos nos arts. 2º e 3º da CLT, não alterados, seja pela Constituição de 1988, seja por qualquer alteração legislativa posterior.

Em outras palavras e num rápido resumo:

Pessoa física – O serviço deverá ser prestado sempre por pessoa física (linguagem tributária) ou natural (linguagem do direito civil). O empregado não pode ser pessoa jurídica, pois o Direito do Trabalho objetiva tutelar apenas a pessoa física. Evidentemente que a apresentação de um contrato firmado por pessoa jurídica é uma das formas mais comuns de se perpetrar fraude. A este fenômeno deu-se o nome de **pejotização**(89).

Pessoalidade – Outro requisito importante é a pessoalidade na prestação de serviço, ou seja, o serviço deverá ser prestado pessoalmente pelo empregado, não podendo este ser substituído por outro empregado. A pessoalidade nesse sentido significa que aquele empregado, seja João ou Maria, é esperado para realização da prestação de serviços não eventuais. Ele não pode ser substituído por uma outra pessoa, exatamente porque se conta com a sua presença física naquele trabalho. Qualquer substituição eventual, por outro empregado ou por um prestador eventual de

---

(87) *Vide* sobre o tema a excelente obra: CALVO, Adriana. *Manual de direito do trabalho*. 4ª ed. São Paulo: Saraiva Educação, 2019. p. 88/116. Já há edição posterior.

(88) Para estudantes, fica a indicação da aula-vídeo sobre conceito de contrato de trabalho. Disponível em: <https://www.youtube.com/watch?v=YVU_8rF8tRI>.

(89) Quanto a este tópico exclusivamente, vide *Pejotização* como fraude à relação de emprego, em: http://www.fasb.edu.br/revista/index.php/cic/article/view/393, em bom texto de Nívea Rodrigues de Souza. Acesso em: ago. 2021.

serviços, se dará para um determinado serviço a ser realizado. A pessoalidade aqui significa que aquele trabalhador é esperado no dia a dia da relação de prestação de serviços. No entanto, **é importante destacar que os contratos civis de prestação de serviços podem ter cláusula de pessoalidade e de exclusividade**, podem ter cláusula para que uma determinada pessoa, de novo, seja João ou José, cumpra aquele serviço, como, por exemplo, uma prestação de serviços médicos, onde se exige determinado médico-cirurgião.

Não eventualidade – O terceiro requisito ou elemento configurador da relação de emprego é a não eventualidade. Conforme esse requisito, para que seja caracterizada a relação de emprego, o trabalhador deverá prestar serviço com habitualidade, de forma contínua ou não, desde que não seja eventual. É possível, portanto, que um trabalhador tenha sua carteira assinada com vínculo de emprego trabalhando uma, duas, três, quatro vezes por semana, ou ainda 4 ou 5 vezes por mês[(90)]. O relevante é que, apesar de não ser contínuo, tem uma previsão do que se vai trabalhar. Por exceção, existe um tipo de contrato de trabalho chamado **intermitente** em que o trabalho é efetivamente eventual. Mas, repita-se, só neste tipo de contrato. Ressaltamos mais uma vez, quanto a elemento típico e exclusivo, que a não eventualidade, embora considerada um requisito da relação de emprego, não é exclusiva do contrato de emprego. Mesmo um contrato civil pode prever a prestação de serviço de forma não eventual. Portanto, este tipo de requisito não é o mais importante, nem exclusivo, para eventual verificação de fraude ao contrato de trabalho.

Onerosidade – Para que se caracterize a relação de emprego, o empregado deverá trabalhar em favor de outrem, e este trabalho será compensado com um salário. Sendo prático sobre o tema, é muito difícil, quase impossível se verificar uma prestação de trabalho que não seja remunerada, quando se trata de contrato de emprego, porque o trabalhador precisa daquele dinheiro para o seu sustento próprio e de sua

---

(90) Uma menção que deve ser feita, pela característica diferente no contrato de trabalho, é o contrato de trabalho do empregado doméstico, que resta descaracterizado, por força de lei, se não houver, no mínimo, três dias trabalhados na semana. Neste sentido: A PEC das Domésticas – Lei n. 150/2015, que dispõe sobre o contrato de trabalho doméstico, em seu art. 1º, diz que: "Ao empregado doméstico, assim considerado aquele que presta serviços de forma contínua, subordinada, onerosa e pessoal e de finalidade não lucrativa à pessoa ou à família, no âmbito residencial destas, por mais de 2 (dois) dias por semana, aplica-se o disposto nesta Lei".

família. É possível falar-se em contratos gratuitos, como, por exemplo, aquele para a prestação de serviço voluntário durante os jogos olímpicos ou outras situações desta natureza. Mas, em termos de prestação normal de serviço, a onerosidade é praticamente existente em todos os contratos, mas também não é um requisito exclusivo, porque quase todos os demais contratos de prestação de serviço de forma civil também preveem algum tipo de remuneração.

Subordinação[(91)] – É considerado **o principal requisito para caracterizar a relação de emprego**, também é visto como um estado de dependência, ou seja, o empregado está sob ordens do empregador. A caracterização do vínculo empregatício se dá pela subordinação jurídica, ou seja, existe a vinculação do empregado ao poder empregatício (sendo estes poderes: diretivo, disciplinar, fiscalizatório e regulamentar). Por fim, conforme leciona o Ministro do TST, Mauricio Godinho Delgado, os cinco elementos fáticos jurídicos componentes da relação de emprego estão dispostos na CLT, nos arts. 2º e 3º, e devem estar presentes de forma cumulativa para que haja o reconhecimento do vínculo empregatício (DELGADO, Mauricio Godinho. *Curso de direito do trabalho*. 14ª ed. São Paulo: LTr, 2015, p. 299).[(92)]

3.1.4. Importância da caracterização da real subordinação jurídica trabalhista e fraude

Estar subordinado significa evidentemente obedecer a ordens, significa obedecer às diretrizes dadas pelo empregador, mas, "Na verdade, a subordinação própria do contrato de trabalho é mais do que a necessidade de o trabalhador seguir certas regras na prestação do serviço, ainda quando impostas pelo beneficiário do trabalho, titular do empreendimento. **Compreende a prerrogativa**, de que se investe o tomador de serviço, em decorrência da relação de emprego, **de modular, a cada passo ou quando queira, segundo as conveniências do negócio – observados,**

(91) Sobre o assunto, especificamente, o brilhante artigo do professor Estêvão Mallet (da USP), A subordinação como elemento do contrato de trabalho, inclusive sua riquíssima bibliografia e pesquisa. Disponível em: <https://scholar.google.com/scholar_url?url=https://www.revistas.usp.br/rfdusp/article/download/67944/70552&hl=pt=-BR&sa=T&oi=gsb-gga&ct=res&cd1=&d-10992800107355704906&ei=-f8rYbmgOoWImwGIt6GYAg&authuser=1&scisig=AA-GBfm1uCuKXMdrAxSMJTb8NcCjwSRV2sw>. Acesso em: ago. 2021.

(92) Também indico a aula-vídeo sobre subordinação. Disponível em: <https://www.youtube.com/watch?v=0TuJ30kWGyc>. Acesso em: ago. 2021.

é óbvio, os limites legais e contratuais próprios –, a atividade exercida pelo trabalhador, determinando o trabalho a ser feito, a forma, o local e o momento de sua realização, **bem como fiscalizando**, durante a prestação de serviço, o cumprimento das ordens dadas **e, quando pertinente, sancionando o descumprimento delas**"[(93)]. (grifado)

Pois bem. Remetido o leitor, à nota de rodapé, ao enfoque doutrinário, de profunda intensidade dogmática (recomenda-se a leitura) e nos termos do objetivo deste capítulo (praticidade e simplicidade), passa-se ao que se pode verificar nos casos concretos, o que significa subordinação jurídica de emprego: é a prerrogativa do empregador em dizer **como fazer** aquela atividade contratada. A cada dia o empregador pode determinar, fiscalizar e até punir o trabalhador com advertências, suspensão e resolução do contrato de trabalho, se for o caso. NENHUM OUTRO TIPO DE CONTRATO DE ATIVIDADE POSSUI ESTA CARACTERÍSTICA. Na análise do caso concreto. Em termos gerais, é impossível enunciar regra geral, em razão das inúmeras possibilidades na vida real. Só o estudo casuísta pode determinar se determinada relação é empregatícia ou não.

É possível enunciar, porém, a seguinte regra prática:

> ➡ **Se determinado contrato de prestação de serviço for feito com a possibilidade do tomador poder dizer <u>como fazer diariamente suas atividades</u>, inclusive com fiscalização e (eventual) punição, este contrato, embora formalmente realizado sob a ótica civil, é um contrato de trabalho.**

Por isso, na formulação dos contratos civis, quanto mais o tomador de serviço quiser a especificação do tipo de trabalho a ser realizado, deverá constar nas cláusulas deste (contrato civil) cada detalhe, cada dia, cada horário e como devem ser realizados os serviços. Portanto, a diferença é que em um contrato de trabalho o empregador pode enunciar diariamente como o empregado deve fazer e em razão do seu **direito de variação *(jus variandi)*** modificar, de um dia para outro, de semana para outra, de um mês para outro, como o empregado vai continuar realizando seu serviço. Nos contratos civis, o *como fazer* deve estar inserido nas cláusulas do contrato. Esse é o ponto essencial, é o ponto fundamental do que se está a dizer.

---

(93) Vide nota anterior.

O fato de ter sido celebrado um contrato por escrito não é empecilho (e nunca foi) para a caracterização judicial da relação de emprego, ante a previsão legal (art. 9º da CLT), é um princípio: *da primazia da realidade* segundo o qual o que efetivamente vale em termos de contrato de trabalho é o que ocorreu na vida real e não em documentos assinados pelas partes.

A qualificação do contrato, neste sentido, é irrelevante, pois o que efetivamente será decidido pelo Poder Judiciário é se a subordinação jurídica existente era do tipo trabalhista ou apenas vinculada a uma cláusula contratual civil. Ainda no dizer de Estêvão Mallet: "A natureza da relação determina-se pela realidade da prestação de serviço, não pela forma jurídica ou denominação dada ao vínculo". Na clássica e sintética formulação de Mario de la Cueva, sempre lembrada, "*la realidad no se niega por una declaración*". A assertiva dispensa mais longa demonstração, já que muito bem assentada em doutrina, na legislação comparada e em jurisprudência, mesmo estrangeira, a ponto de a Corte de Cassação francesa haver assinalado, certa feita: "*l'existence d'une relation de travail ne dépend ni de la volonté exprimée par les parties ni de la dénomination qu'elles ont donnée à leur convention mais des conditions de fait dans lesquelles est exercée l'activité des travailleurs*". Os tribunais norte-americanos não divergem. A Court of Appeal da Califórnia, por exemplo, decidiu que, "*the parties' label is not dispositive and will be ignored if their actual conduct establishes a different relationship*". Aliás, dado o seu caráter geral, o enunciado vale até no direito comum, de modo a permitir que se afirme que a real natureza de um contrato ou acordo "sobrepõe-se à falsa denominação que lhe tenha sido atribuída"[94].

A fraude ocorre quando um tomador de serviços, do pequeno empresário com seu açougue e 2 empregados, ao grande banqueiro, com seus milhares de trabalhadores, "celebra" contratos (de qualquer tipo de prestação de serviços) com outra denominação. Nesse caso, evidentemente, o tomador de serviços agiu de má-fé.

3.1.5. Terceirização, o STF e fraude

Ditando a orientação jurisprudencial de décadas, o TST firmou entendimento de que, em havendo a prestação de serviços por pessoa física, a uma outra pessoa física ou jurídica deve ser presumida como uma relação

---

(94) *Vide* nota n. 5.

típica de emprego (arts. 2º e 3º da CLT). No entanto, por outro lado, admite aquele tribunal superior que pode haver uma relação contratual diversa, de natureza civil, cabendo então ao tomador de serviço o ônus de comprovar a licitude de tal contratação.

Também o Tribunal Superior do Trabalho firmou o entendimento, traduzido na Súmula n. 331 daquela corte, que a terceirização só seria ilícita na atividade-fim da empresa, porquanto haveria uma subordinação jurídica trabalhista estrutural. Esta subordinação estrutural significa a mera inserção do trabalhador na atividade-fim da empresa. Seguindo esta tradição, desde o Enunciado n. 256 daquela corte, o TST entendia, ou entende (?), que só haveria a possibilidade de terceirização nas hipóteses legais previstas ou nas atividades-meio do tomador de serviço[95].

Vale transcrever a ementa do voto proferido[96] pelo Ministro Roberto Barroso, nos quais os limites da terceirização são definidos pelo STF, antes mesmo da edição da Lei n. 13.467/2017 (reforma trabalhista), em que inverte o eixo produzido pelo TST sobre o assunto até então:

> Ementa: DIREITO DO TRABALHO. ARGUIÇÃO DE DESCUMPRIMENTO DE PRECEITO FUNDAMENTAL. TERCEIRIZAÇÃO DE ATIVIDADE-FIM E DE ATIVIDADE-MEIO. CONSTITUCIONALIDADE.
> 1. A Constituição não impõe a adoção de um modelo de produção específico, não impede o desenvolvimento de estratégias empresariais flexíveis, tampouco veda a terceirização. Todavia, a jurisprudência trabalhista sobre o tema tem sido oscilante e não estabelece critérios e condições claras e objetivas, que permitam sua adoção com segurança. O Direito do Trabalho e o sistema sindical precisam se adequar às transformações no mercado de trabalho e na sociedade.
> 2. A terceirização das atividades-meio ou das atividades-fim de uma empresa tem amparo nos princípios constitucionais da livre-iniciativa e da livre concorrência, que asseguram aos agentes econômicos a liberdade de formular estratégias negociais indutoras de maior eficiência econômica e competitividade.
> 3. A terceirização não enseja, por si só, precarização do trabalho, violação da dignidade do trabalhador ou desrespeito a direitos previdenciários. **É o exercício abusivo da sua contratação que pode produzir tais violações.**

(95) Aula-vídeo sobre conceito básico de terceirização, em: https://www.youtube.com/watch?-v=93LKlc37le8, atentando-se, entretanto, para a evolução da matéria após o julgamento do STF. Acesso em: ago. 2021.

(96) Arguição de Descumprimento de Preceito Fundamental 324.

4. Para evitar tal exercício abusivo, os princípios que amparam a constitucionalidade da terceirização devem ser compatibilizados com as normas constitucionais de tutela do trabalhador, cabendo à contratante: i) verificar a idoneidade e a capacidade econômica da terceirizada; e ii) responder subsidiariamente pelo descumprimento das normas trabalhistas, bem como por obrigações previdenciárias (art. 31 da Lei n. 8.212/1993).
5. A responsabilização subsidiária da tomadora dos serviços pressupõe a sua participação no processo judicial, bem como a sua inclusão no título executivo judicial.
6. Mesmo com a superveniência da Lei n. 13.467/2017, persiste o objeto da ação, entre outras razões porque, a despeito dela, não foi revogada ou alterada a Súmula n. 331 do TST, que consolidava o conjunto de decisões da Justiça do Trabalho sobre a matéria, a indicar que o tema continua a demandar a manifestação do Supremo Tribunal Federal a respeito dos aspectos constitucionais da terceirização. Além disso, a aprovação da lei ocorreu após o pedido de inclusão do feito em pauta.
7. Firmo a seguinte tese: "1. É lícita a terceirização de toda e qualquer atividade, meio ou fim, não se configurando relação de emprego entre a contratante e o empregado da contratada. 2. Na terceirização, compete à contratante: i) verificar a idoneidade e a capacidade econômica da terceirizada; e ii) responder subsidiariamente pelo descumprimento das normas trabalhistas, bem como por obrigações previdenciárias, na forma do art. 31 da Lei n. 8.212/1993".
8. ADPF julgada procedente para assentar a licitude da terceirização de atividade-fim ou meio. Restou explicitado pela maioria que a decisão não afeta automaticamente decisões transitadas em julgado. (**Grifado**)

Como se pode ver no item (e parte em negrito), o STF deixa claro a possibilidade de uma contratação abusiva, vale também dizer fraudulenta, em terceirizações que busquem desvirtuar a aplicação da lei trabalhista.

O que se pode perceber com o referido julgamento na ADPF 324, pelo Supremo Tribunal Federal, é o desenvolvimento de uma outra mentalidade (racionalidade) no Direito do Trabalho no Brasil. É assunção de que a ordem econômica e os princípios da livre-iniciativa, livre concorrência e da propriedade erguem-se em novo patamar, numa justificativa de caráter econômico (prevendo – acertadamente ou não – geração de mais e melhores empregos), num típico movimento pendular entre a antiga disputa *liberalismo* versus *Estado de bem-estar social.*

Mas o que isso implica em termos jurídicos? De que compete ao empregador definir as formas jurídicas de contratação nas relações empresariais, pois se assentam em "princípios constitucionais da livre-iniciativa e da livre concorrência, que asseguram aos agentes econômicos a liberdade de formular estratégias negociais indutoras de maior eficiência econômica e competitividade" (item 2 da Ementa).

Nesta linha de raciocínio, o art. 442-B, da CLT, dispõe: "A contratação do autônomo, cumpridas por este todas as formalidades legais, com ou sem exclusividade, de forma contínua ou não, afasta a qualidade de empregado prevista no art. 3º desta Consolidação" (Incluído pela Lei n. 13.467, de 2017).[97]

Uma conclusão que parece evidente, portanto, é que as contratações civis, das mais diversas formas de contrato de prestação de serviços, em regra serão tidas por lícitas e válidas, cabendo ao prestador de serviços[98] o ônus da comprovação de que aquela contratação se deu de forma fraudulenta e foi feita por má-fé pelo tomador de serviços. Nas palavras do Ministro Barroso (item 1 da Ementa): "**O Direito do Trabalho e o sistema sindical precisam se adequar às transformações no mercado de trabalho e na sociedade**".

3.1.6. Conclusão

Podemos concluir de forma resumida e objetiva que:

1. As relações de trabalho no Brasil podem ser regidas por diferentes formas jurídicas formalizadas em diversos tipos de contrato de natureza trabalhista ou civil. Por meio de um contrato de emprego ou dos diversos contratos afins, vale dizer, contratos em que também haverá atividade de um prestador de serviços em prol de um tomador de serviços;

2. Haverá contrato de emprego sempre que o trabalhador atuar de forma subordinada. Tal subordinação deverá ter a intensidade jurídica prevista nos arts. 2º e 3º da CLT;

3. As contratações feitas por meio de contratos previstos fora da legislação trabalhista, em outras palavras, contratos civis, devem ser tidas por lícitas salvo prova em contrário.

---

(97) Com a edição da Portaria n. 348 de 2018 do tem, tentou-se regular este tópico, resgatando parágrafos do art. 442-B, que foram acrescentados pela MP 808, que perdeu validade em abril de 2018.

(98) *Vide* tópico n. 1 deste capítulo.

4. Compete aos agentes econômicos (empresários e empresas) a liberdade de escolha do tipo de relação jurídica e estratégias negociais que acharem mais adequadas ao seu tipo de negócio;

5. A liberdade de contratação e adequação negocial não é sinônimo de fraude, devendo sempre ser feita de boa-fé;

6. Ao optar por um contrato civil, o empresário subtrai a si mesmo a condição intensiva de uma direção dos serviços do trabalhador, noutras palavras, de uma subordinação jurídica trabalhista por parte do prestador de serviços;

7. Na elaboração de um contrato civil, todas as cláusulas referentes ao modo de realização dos serviços devem estar presentes, pois o prestador de serviços (trabalhador autônomo etc.) terá subordinação a tais cláusulas e não ao tomador de serviços.

Não cabe uma crítica política – com ou sem viés ideológico – sobre o tema no escopo deste trabalho. Seja pelo objetivo do mesmo, pelo espaço que ocuparia, ou até mesmo pela inconveniência, mas apenas a constatação de que houve uma inversão no sentido jurídico adotado, até então, pela doutrina e jurisprudência trabalhista sobre o assunto. No agitado, complexo e rápido mundo do trabalho, o futuro, em curto tempo, dirá do erro ou acerto de tal concepção.

Referências bibliográficas

BARROS, Alice Monteiro de. *Curso de direito do trabalho*. 11. ed. São Paulo: LTr, 2017.

CALVO, Adriana. *Manual de direito do trabalho*. 4ª ed. São Paulo: Saraiva Educação, 2019.

DELGADO, Mauricio Godinho. *Curso de direito do trabalho*. 13. ed. São Paulo: LTr, 2014.

GARCIA, Gustavo Filipe Barbosa. *Manual de direito do trabalho*. 10. ed. São Paulo: JusPodivm, 2018.

LIMA, Francisco Meton Marques de. *Elementos de direito do trabalho e processo trabalhista*. 14. ed. São Paulo: LTr, 2013.

MARTINS, Sérgio Pinto. *Direito do trabalho*. 30. ed. São Paulo: Atlas, 2014.

MAGANO, Octavio Bueno. *Primeiras lições de direito do trabalho*. 3. ed. São Paulo: RT, 2003. NASCIMENTO, Amauri Mascaro. *Curso de direito do trabalho*. 28. ed. São Paulo: Saraiva, 2014.

RUSSOMANO, Mozart Vitor. *Curso de direito do trabalho*. 9. ed. São Paulo. Juruá. 2012.

SILVA, Homero Batista Mateus. *Comentários à reforma trabalhista*. São Paulo: RT, 2017.

ANEXO[99]

3.1.7. O que deve constar no contrato de prestação de serviços

1. Identificação das partes

2. Cláusula de DECLARAÇÃO do prestador de serviços, de que exerce a profissão ... (corretor, médico etc.), com a citação da base legal do contrato (Código Civil e/ou legislação específica). E ainda que exercerá suas atividades sob suas próprias ordens, guiado pelas cláusulas do contrato, sem subordinação trabalhista.

3. Objeto do contrato. O que será feito. Especificar detalhadamente, procurando não deixar de fora qualquer atividade que será desenvolvida, pois é isso que balizará a realização dos serviços.

4. Que estrutura será oferecida pela Contratante para realização das atividades do Contratado, tais como, crachá, catálogos, listas de preços, especificações técnicas etc. Também, se for o caso, que instalações serão usadas.

5. Especificação detalhada da remuneração e sua forma de pagamento.

6. DETALHAMENTO de como as atividades deverão ser desenvolvidas, de acordo com as diversas possibilidades legais. Se a lei permite exclusividade e a Contratante assim deseja, deve deixar claro. Local do trabalho, eventuais horários (caso haja previsão legal), uso ou não de auxiliares etc.

7. Elenco das proibições. Daquilo que não pode ser feito, sob pena de resolução contratual.

8. Prazo: se for determinado, especificar. Se indeterminado, se caberá ou não prévia comunicação.

9. Declaração de ciência e vontade do Contratado de não estar celebrando um contrato de trabalho com vínculo de emprego:

O presente contrato não conferirá ao(a) PRIMEIRO(A) CONTRATANTE vínculo de emprego, vez se tratar de associação participativa ou parceria, renunciando este(a) por consciente, livre e espontânea vontade, a qualquer direito ou indenização sucedâneos de tal vínculo, por inexistente, ressalvados os direitos expressamente aqui previstos.

---

(99) Outra indicação de videoaula sobre a elaboração de contratos. Disponível em: https://www.youtube.com/watch?v=o5bWdxyacj0. Acesso em: ago. 2021.

10. Eleição de foro, caso a Contratante assim desejar.

11. Data, assinatura.

12. Nome e assinatura de 2 testemunhas, com qualificação completa.

3.2. Prestação de serviços terceirizados

Filipe Daniel Martins de Oliveira e Juliane Pascoeto Cavalini

3.2.1. Definição

O que é? Terceirização é a transferência de mão de obra **de uma empresa à outra, na qual a** empresa tomadora contrata a empresa prestadora de serviços , que irá dispor de seus empregados para executar parte de suas atividades.

Esta modalidade de contratação é vantajosa para a empresa contratante/tomadora que se utiliza da mão de obra oferecida pela empresa prestadora (terceirizada), sem precisar arcar diretamente com a formação especializada, execução de serviços, custos diretos referentes aos encargos dos colaboradores que a princípio são responsabilidade da empresa de terceirização.

Fonte [(100)]

O instituto da terceirização cria uma **relação triangular** entre a empresa prestadora de serviços, o empregado e a empresa tomadora de

(100) Disponível em: <http://regionalseguranca.com.br/por-que-a-terceirizacao-de-servicos-pode-ajudar-sua-empresa/>.

serviços, a qual realiza os pagamentos diretamente à prestadora, que é a empregadora responsável pelo colaborador terceirizado.

Legislação: http://www.planalto.gov.br/ccivil_03/leis/L6019.htm.[101]

As regras que tratam do instituto da terceirização estão previstas na Lei n. 6.019/1974, a qual era a antiga Lei do Trabalho temporária e convertida em Lei da Terceirização em 2017 pela Lei n. 13.429/2017.

Melhor explicitando, a Lei n. 6.019, de 3 de janeiro de 1974, foi alterada pela Lei n. 13.429/2017 de 31 de março de 2017, que incluiu os arts. 4º-A, 4º-B, 5º-A, 5º-B, 19, 19-B e 19-C, transformando a antiga Lei do Temporário na atual Lei de Terceirização.

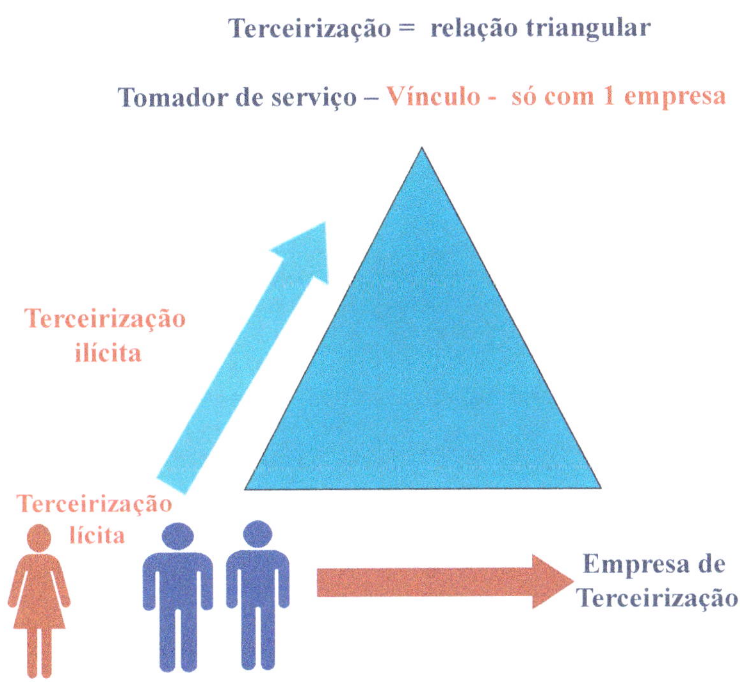

(101) BRASIL. Lei n. 6.019/1974. Disponível em:. <http://www.planalto.gov.br/ccivil_03/leis/L6019.htm>. Acesso em: 4 de set. 2021.

1.1 Origem: A princípio, a terceirização surgiu sob o fundamento da empresa tomadora de serviços poder contar com a contratação de uma empresa que fornecesse mão de obra especializada de um determinado serviço, o qual fugiria do objeto nuclear ou principal da empresa contratante, não sendo necessária ainda a preocupação na formação de profissional para atividade específica, sendo a princípio permitida a contratação nesta modalidade em serviços de vigilância, conservação e limpeza e terceirização na atividade-meio.

Na terceirização lícita, o empregado possui vínculo de emprego com a prestadora, mas executa os serviços em favor da tomadora, cujo pacto entre tomadora e prestadora precede de uma relação de caráter civil, sem prejuízo dos direitos trabalhistas dos empregados envolvidos.

3.2.2. Modalidades de terceirização

Quadro comparativo:

PRESTAÇAO DE SERVIÇOS A TERCEIROS	TEMPORÁRIO
Caráter permanente sem pessoalidade e sem subordinação Os prepostos da tomadora de serviços não podem dar ordens para os empregados da prestadora.	Substituição transitória de pessoal regular e permanente ou demanda complementar de serviços. Art. 58. do Decreto 10.854: A empresa tomadora de serviços ou cliente exercerá o poder técnico, disciplinar e diretivo sobre os trabalhadores temporários colocados à sua disposição. Não pode ultrapassar 180 + 90 dias – contínuos ou não
Atualmente pode ser na atividade-fim	Sempre pode ser na atividade-fim
Esta modalidade foi positivada em 2017 pela Lei n. 13.429/2017, mas já existia.	Positivada pela Lei n. 6.019/74.

Exemplos: vigilância, limpeza etc...	Exemplos: natal, páscoa, substituição de gestante ou de licenças médicas.
ILÍCITA SE HOUVER SUBORDINAÇÃO E PESSOALIDADE	ILÍCITA SE ULTRAPASSADO O PRAZO DE 180 DIAS PRORROGÁVEL POR 90 DIAS, CONSECUTIVOS OU NÃO. Também deverá estar inserido nas hipóteses: substituição transitória de pessoal regular e permanente ou demanda complementar de serviços.

3.2.3. Prestação de serviços a terceiros

O art. 4º-A dispõe:

Considera-se prestação de serviços a terceiro a transferência feita pela contratante da execução de quaisquer de suas atividades, inclusive sua atividade principal, à pessoa jurídica de direito privado prestadora de serviços que possua capacidade econômica compatível com a sua execução. (redação da pela Lei n. 13.429/74).

Analisando historicamente, a vedação que havia acerca da terceirização das atividades principais deixou de existir com a nova redação trazida pela Lei n. 13.429/2017 que, por meio do art. 5º-A, definiu quem poderá ser contratante e tomador de serviços na relação, ratificando a abrangência das atividades exercidas previstas no art. 5º-A:

Contratante é a pessoa física ou jurídica que celebra contrato com empresa de prestação de serviços relacionados a quaisquer de suas atividades, inclusive sua atividade principal. (Redação dada pela Lei n. 13.467, de 2017).

Extrai-se, de referido dispositivo, uma interpretação ampla das atividades que poderão ser objeto de terceirização, não havendo distinção entre atividade-meio ou fim, principal ou secundária, sendo permitida desta forma a terceirização dentro do objeto nuclear da empresa tomadora.

Importante destacar que, antes da reforma trabalhista, ante a falta de previsão legal em sentido amplo, bem como da aplicação da Lei n. 7.102/1983 no que tange determinados serviços, em relação às atividades terceirizadas, o Tribunal Superior do Trabalho editou a Súmula n. 331, III, permitindo a terceirização tão somente nas atividades-meio da empresa contratante e serviços de vigilância, conservação e limpeza.

No entanto, quando do julgamento do Tema 725 do STF, com efeito vinculante derivado do julgamento do RE 958252, de relatoria do Ministro Luiz Fux, o Supremo Tribunal Federal firmou a seguinte tese jurídica: "É lícita a terceirização ou qualquer outra forma de divisão do trabalho entre pessoas jurídicas distintas, independentemente do objeto social das empresas envolvidas, mantida a responsabilidade subsidiária da empresa contratante". Desta forma foi afastado o entendimento do inciso I da respectiva Súmula n. 331, consolidando que a terceirização até então "ilícita" não geraria vínculo direto com a tomadora, passando a existir a responsabilidade subsidiária da tomadora de serviços.

Tema 725 da repercussão geral do STF (RE- 958.252) e ADPF 324 - teor:

"É lícita a terceirização ou qualquer outra forma de divisão do trabalho entre pessoas jurídicas distintas, independentemente do objeto social das empresas envolvidas, mantida a responsabilidade subsidiária da empresa contratante."

Em conclusão, o judiciário especializado trabalhista continuou resistindo, por meio de alguns órgãos, à alteração trazida pela reforma trabalhista, mas a celeuma foi encerrada após o Supremo Tribunal Federal se posicionar em decisão vinculante por meio do Tema 725 de repercussão geral e ADPF 324.

3.2.4. Temporário

TEMPORÁRIO – 2 SITUAÇÕES:

1 – necessidade de substituição transitória de pessoal permanente; ou

2 – a demanda complementar de serviços. (Redação dada pela Lei n. 13.429, de 2017)

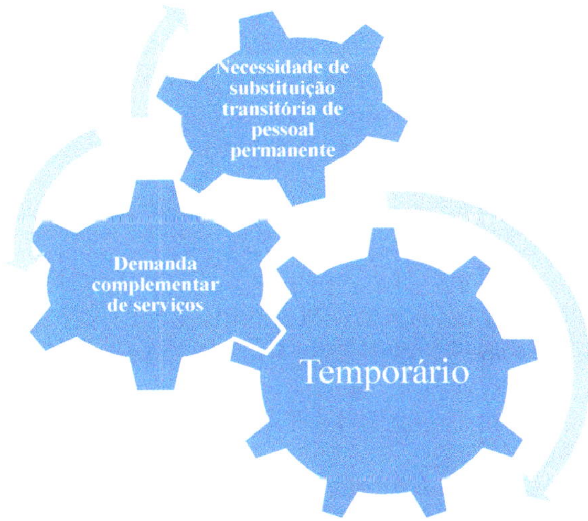

Considera-se complementar a demanda de serviços que seja oriunda de fatores imprevisíveis ou, quando decorrente de fatores previsíveis, tenha natureza intermitente, periódica ou sazonal.

Demanda complementar: 1 – fatores imprevisíveis.

2 – fatores previsíveis com natureza intermitente, periódica ou sazonal.

3.2.5. Responsabilidade solidária ou subsidiária?

O art. 5º-A, § 5º da Lei n. 6.019/74 dispõe sobre a responsabilidade subsidiária da tomadora de serviços, nos seguintes termos:

> § 5º A empresa contratante é subsidiariamente responsável pelas obrigações trabalhistas referentes ao período em que ocorrer a prestação de serviços, e o recolhimento das contribuições previdenciárias observará o disposto no art. 31 da Lei n. 8.212, de 24 de julho de 1991. (Incluído pela Lei n. 13.429, de 2017).

A responsabilidade subsidiária do tomador de serviços também está disciplinada no inciso IV da Súmula n. 331 do TST que assim dispõe:

> SÚMULA N. 331 TST – CONTRATO DE PRESTAÇÃO DE SERVIÇOS. LEGALIDADE (nova redação do item IV e inseridos os itens V e VI à redação) – Res. 174/2011, DEJT divulgado em 27, 30 e 31.05.2011.
> (...)
> IV – O inadimplemento das obrigações trabalhistas, por parte do empregador, implica a responsabilidade subsidiária do tomador dos serviços quanto àquelas obrigações, desde que haja participado da relação processual e conste também do título executivo judicial.

Responsabilidade	
Terceirização lícita	Terceirização ilícita
Subsidiária	Solidária
O art. 5º-A, § 5º da Lei n. 6.019/74 e Súmula n. 331, inciso IV (empresas privadas) Inciso V – administração pública	Art. 942 do Código Civil

Em suma: a empresa contratante será responsável subsidiariamente pela quitação de todas as verbas decorrentes do contrato de trabalho dos empregados da prestadora de serviços, incluindo os recolhimentos previdenciários (INSS) e depósitos do Fundo de Garantia por Tempo de Serviço (FGTS).

Conforme é sabido, a responsabilidade subsidiária somente obrigará a tomadora se a empresa terceirizada não cumprir as obrigações trabalhistas, diferentemente da responsabilidade solidária, que nivela a tomadora e prestadora no mesmo grau de responsabilidade, figurando ambas como responsáveis principais.

Órgãos públicos → a regra geral aplicada às **empresas privadas não contempla a Administração Pública.**

Súmula n. 331, inciso V do TST – Os entes integrantes da Administração Pública direta e indireta respondem:

Súmula n. 331, inciso V – redação incluída após o julgamento da ADC 16 pelo STF, em 2010. Subsidiariamente, nas mesmas condições do item IV, caso evidenciada a sua conduta culposa no cumprimento das obrigações da Lei n. 8.666, de 21.06.1993, especialmente na fiscalização do cumprimento das obrigações contratuais e legais da prestadora de serviço como empregadora. A aludida responsabilidade não decorre de mero inadimplemento das obrigações trabalhistas assumidas pela empresa regularmente contratada.

O art. 71 da Lei n. 8.666/93 (lei das licitações) dispõe que a inadimplência do contratado (terceirizado) não transfere à Administração Pública a responsabilidade por seu pagamento, salvo se tiver negligenciado na fiscalização do cumprimento das obrigações contratuais pela prestadora de serviços.

Esse tema foi objeto de discussão no STF, tendo o Plenário no julgamento do Recurso Extraordinário n. 760.931 submetido ao regime de repercussão geral, fixando a tese no Tema 246:

> *O inadimplemento dos encargos trabalhistas dos empregados do contratado não transfere automaticamente ao Poder Público contratante a responsabilidade pelo seu pagamento, seja em caráter solidário ou subsidiário, nos termos do art. 71, § 1º, da Lei n. 8.666/93 (Tema 246,* leading case: *RE-760.931, julgado em 26.4.2017 e publicado no DJe-206 de 12.9.2017).*

Em contraponto, a Subseção I Especializada em Dissídios Individuais do TST, no julgamento dos Embargos E-RR-925-07.2016.5.05.0281, em 12.12.2019 (DEJT de 22.5.2020), firmou o entendimento de que o Supremo Tribunal Federal, ao fixar tese no Tema n. 246, não se manifestou sobre as regras de distribuição do ônus da prova, por tratar-se de matéria infraconstitucional, transferindo ainda, ao ente público, o ônus de demonstrar que cumpriu todas as exigências legais de fiscalização do cumprimento das obrigações trabalhistas pela prestadora de serviços.

Temos ainda em discussão no Supremo Tribunal Federal o Tema 1.118 de Repercussão Geral, nos seguintes termos: "*Ônus da prova acerca de eventual conduta culposa da fiscalização das obrigações trabalhistas de prestadora de serviços, para fins de responsabilização subsidiária da Administração Pública, em virtude da tese firmada no RE 760.931 (Tema 246)*", sendo que, em tal decisão, para se obter a responsabilização do ente público, além da prestação de serviços seria ainda necessário ao colaborador terceirizado provar que houve conduta culposa da administração pública, como, por exemplo, no sentido de não fiscalizar que a empresa contratada descumpria as obrigações laborais.

Em que pesem referidos Temas, não estamos diante de uma jurisprudência pacífica, uma vez que o TST ainda mantém o posicionamento acerca do encargo de ente público em comprovar que cumpriu as exigências legais fiscalizatórias ao rigor da lei, e, assim, caberá a cada profissional na defesa das demandas que patrocina adaptar a melhor ao direito que lhe assistir.

3.2.6. Direito dos trabalhadores terceirizados

O art. 4º-C, da Lei n. 6.019/74, introduzido pela Lei n. 13.429/17, dispõe sobre o direito dos trabalhadores terceirizados, nos seguintes termos:

> São asseguradas aos empregados da empresa prestadora de serviços a que se refere o art. 4º-A desta Lei, quando e enquanto os serviços, que podem ser de qualquer uma das atividades da contratante, forem executados nas dependências da tomadora, as mesmas condições: (Incluído pela Lei n. 13.467, de 2017)
> I – relativas a: (Incluído pela Lei n. 13.467, de 2017)
> a) alimentação garantida aos empregados da contratante, quando oferecida em refeitórios; (Incluído pela Lei n. 13.467, de 2017)
> b) direito de utilizar os serviços de transporte; (Incluído pela Lei n. 13.467, de 2017)
> c) atendimento médico ou ambulatorial existente nas dependências da contratante ou local por ela designado; (Incluído pela Lei n. 13.467, de 2017)
> d) treinamento adequado, fornecido pela contratada, quando a atividade o exigir. (Incluído pela Lei n. 13.467, de 2017)
> II – sanitárias, de medidas de proteção à saúde e de segurança no trabalho e de instalações adequadas à prestação do serviço. (Incluído pela Lei n. 13.467, de 2017)
> § 1º Contratante e contratada poderão estabelecer, se assim entenderem, que os empregados da contratada farão jus a salário equivalente ao pago

aos empregados da contratante, além de outros direitos não previstos neste artigo. (Incluído pela Lei n. 13.467, de 2017)

§ 2º Nos contratos que impliquem mobilização de empregados da contratada em número igual ou superior a 20% (vinte por cento) dos empregados da contratante, esta poderá disponibilizar aos empregados da contratada os serviços de alimentação e atendimento ambulatorial em outros locais apropriados e com igual padrão de atendimento, com vistas a manter o pleno funcionamento dos serviços existentes. (Incluído pela Lei n. 13.467, de 2017).

A igualdade prevalece nos seguintes direitos supracitados quando da prestação de serviços nas dependências da empresa tomadora, no entanto, não há salvo disposição em contrário entabulada entre as partes, a garantia de equivalência salarial entre os respectivos empregados, conforme preceitua o respectivo § 1º do art. 4º-C, da respectiva lei de terceirização.

Em relação aos serviços prestados à Administração Pública, já houve edição de orientação jurisprudencial no sentido de garantir o direito de igualdade, equiparação salarial, entre os seus empregados e os empregados da terceirizada, que foi reconhecido na OJ 383 do TST da SDI1:

OJ 383. TERCEIRIZAÇÃO. EMPREGADOS DA EMPRESA PRESTADORA DE SERVIÇOS E DA TOMADORA. ISONOMIA. ART. 12, "A", DA LEI N. 6.019, DE 03.01.1974. (mantida) – Res. 175/2011, DEJT divulgado em 27, 30 e 31.05.2011

A contratação irregular de trabalhador, mediante empresa interposta, não gera vínculo de emprego com ente da Administração Pública, não afastando, contudo, pelo princípio da isonomia, o direito dos empregados terceirizados às mesmas verbas trabalhistas legais e normativas asseguradas àqueles contratados pelo tomador dos serviços, desde que presente a igualdade de funções. Aplicação analógica do art. 12, "a", da Lei n. 6.019, de 03.01.1974.

Em contrapartida, em sentido contrário, temos a Repercussão Geral decorrente do Tema 383 do STF, na qual os ministros da Suprema Corte decidiram que é inconstitucional a igualdade de direitos entre terceirizados e servidores da CEF, nos seguintes termos:

"Decisão: Em continuidade de julgamento, o Tribunal, por maioria, fixou a seguinte tese de repercussão geral (Tema 383): "A equiparação de remuneração entre empregados da empresa tomadora de serviços e empregados da empresa contratada (terceirizada) fere o princípio da livre-iniciativa, por se tratarem de agentes econômicos distintos, que não podem estar sujeitos a decisões empresariais

que não são suas". Votaram nesse sentido os Ministros Roberto Barroso, Redator para o acórdão, Cármen Lúcia, Nunes Marques e Luiz Fux (Presidente). Os Ministros Alexandre de Moraes, Gilmar Mendes e Dias Toffoli, que também deram provimento ao recurso em assentada anterior, fixaram tese diversa. Os Ministros Marco Aurélio (Relator), Ricardo Lewandowski, Edson Fachin e Rosa Weber, vencidos no mérito, fixaram tese nos termos de seus votos. Plenário, Sessão Virtual de 19.3.2021 a 26.3.2021."

O Tema 383 seguiu a tese proposta pelo Ministro Luís Roberto Barroso, nos seguintes termos:

> *"Exigir que os valores de remuneração sejam os mesmos entre empregados da tomadora de serviço e empregados da contratada significa, por via transversa, retirar do agente econômico a opção pela terceirização para fins de redução de custos (ou, ainda, incentivá-lo a não ter qualquer trabalhador permanente desempenhando a mesma atividade). Trata-se, portanto, de entendimento que esvazia o instituto da terceirização (ou que amplia desnecessariamente seu uso). E limita injustificadamente as escolhas do agente econômico sobre a forma de estruturar a sua produção."*

Não obstante, quando ainda havia a possibilidade de reconhecimento de vínculo diretamente com a empresa tomadora de serviços, a edição da Súmula n. 363 do Tribunal Superior do Trabalho, a qual mitigava o respectivo direito salarial do empregado em razão de eventual contratação irregular quando da prestação ao ente público, limitando a respectiva condenação ao valor do salário mínimo:

> *Súmula n. 363 do TST – CONTRATO NULO. EFEITOS (nova redação) – Res. 121/2003, DJ 19, 20 e 21.11.2003*
> *A contratação de servidor público, após a CF/1988, sem prévia aprovação em concurso público, encontra óbice no respectivo art. 37, II e § 2º, somente lhe conferindo direito ao pagamento da contraprestação pactuada, em relação ao número de horas trabalhadas, respeitado o valor da hora do salário mínimo, e dos valores referentes aos depósitos do FGTS.*

Temos, portanto, grandes desafios nos Tribunais diante de preceitos contrapostos, sendo certo que a colisão direta com a tese do STF incitará o interessado, nos termos do art. 896-C da CLT e art. 1.029 e seguintes do Código de Processo Civil, à interposição de recurso próprio.

3.2.7. Terceirização de ex-empregados – quarentena

Os arts. 5º-C e 5º-D dispõem sobre a quarentena para prestar serviços na qualidade de pessoa jurídica, ex-empregado ou trabalhador sem vínculo com a contratante.

Em outras palavras, a nossa legislação autoriza a contratação de ex-empregados ou trabalhador sem vínculo na qualidade de sócio ou titular da empresa prestadora de serviços, desde que respeitado o lapso de 18 (dezoito) meses antes do início.

A Lei n. 13.467/17 introduziu na Lei n. 6.019/74 os arts. 5º-C e 5º-D. Vejamos:

> *Art. 5º-C. Não pode figurar como contratada, nos termos do art. 4º-A desta Lei, a pessoa jurídica cujos titulares ou sócios tenham, nos últimos dezoito meses, prestado serviços à contratante na qualidade de empregado ou trabalhador sem vínculo empregatício, exceto se os referidos titulares ou sócios forem aposentados. (Incluído pela Lei n. 13.467, de 2017).*
>
> *Art. 5º-D. O empregado que for demitido não poderá prestar serviços para esta mesma empresa na qualidade de empregado de empresa prestadora de serviços antes do decurso de prazo de dezoito meses, contados a partir da demissão do empregado. (Incluído pela Lei n. 13.467, de 2017).*

Conforme se verifica, não poderá ser contratada na qualidade de prestadora de serviços, empresa cujos sócios ou titulares tenham sido empregados ou trabalhadores sem vínculo da contratante/tomadora, nos últimos 18 (dezoito) meses.

Ou seja, o ex-empregado ou empregado sem vínculo poderá abrir uma empresa e prestar serviços à sua antiga empregadora ou tomadora, desde que aguarde a quarentena de 18 (dezoito) meses para legitimar e tornar lícita a contratação, podendo a contratada invocar o reconhecimento de um contrato de trabalho preexistente, refletindo em riscos e passivo elevado.

Nos termos do art. 5º-D, ainda, não poderá pelo período de 18 (dezoito) meses nem ao menos o empregado demitido daquela empresa prestar serviços para sua antiga empregadora como empregado da empresa prestadora.

Ambas as situações buscam tanto evitar a "pejotização" do antigo empregado, bem como situações nas quais o empregado é demitido e posteriormente recontratado mediante empresa interposta em condição mais precarizada, com menos direitos, salários e até mesmo pertencendo a outra categoria.

A lei também traz uma exceção à regra, ou seja, os empregados aposentados não precisam cumprir a quarentena prevista no art. 5º-C quando forem sócios ou titulares da empresa prestadora de serviços.

A seguir novamente transcrito:

> *Art. 5º-C. Não pode figurar como contratada, nos termos do art. 4º-A desta Lei, a pessoa jurídica cujos titulares ou sócios tenham, nos últimos dezoito meses, prestado serviços à contratante na qualidade de empregado ou trabalhador sem vínculo empregatício, exceto se os referidos titulares ou sócios forem aposentados. (Incluído pela Lei n. 13.467, de 2017). g.n.*

Também não precisarão cumprir a quarentena de 18 (dezoito) meses os ex-empregados cuja rescisão contratual houver ocorrido por acordo ou pedido de demissão do próprio empregado.

3.2.8. Incidente de recurso repetitivo. Aspectos processuais da terceirização

O TST[102], por meio da Seção Um de Dissídios Individuais do Tribunal Superior do Trabalho, aprovou, por maioria de votos, a instauração de incidente de recursos de revista repetitivo. O objetivo é discutir aspectos processuais em recursos contra decisões em que foi reconhecida a ilicitude da terceirização. Processo: IncJulgRREmbRep-1000-71.2012.5.06.0018 e RR-664-82.2012.5.03.0137.

As questões jurídicas consistem em:

1º) Nos contratos de terceirização de serviços, qual a natureza jurídica do litisconsórcio formado: facultativo ou necessário? Simples ou unitário?

---

(102) Disponível em: <https://br.video.search.yahoo.com/yhs/search;_ylt=AwrCmnSCZjVhwhAAEwof7At.;_ylu=Y29sbwNiZjEEcG9zAzEEdnRpZAMEc2VjA3BpdnM-?p=terceiriza%C3%A7%C3%A3o+tst&type=8150&param1=n&param2=20190710&param3=AVG+Secure+Browser%7C92.2.11577.161&param4=17%7CBR%7C2.6.130%7C1.23.0.675&hsimp=yhs-securebrowser&hspart=avg&ei=UTF-8&fr=yhs-avg-securebrowser#id=2&vid=6d6af2e1b2ff49f1a9c7a8cba6ea2572&action=view>.

2º) Quais os efeitos produzidos nos autos que resultam da renúncia do autor ao direito em que se funda a ação em relação a apenas uma das empresas, especialmente a prestadora de serviços?

3º) Nos casos de terceirização de serviços, há legitimidade recursal da empresa que não integrou a lide?

4º) Nos processos examinados em juízo de retratação, quais os efeitos produzidos quando apenas uma das rés interpôs o recurso extraordinário?[103]

3.2.9. Conclusão

Em suma, no que tange à terceirização conforme demonstrado, a sua permissibilidade e os efeitos decorrentes da mesma foram objeto de diversas alterações legislativas, devendo ser observadas as mais recentes em relação à ampliação das hipóteses de contratação permitidas por lei, as quais eram regulamentadas por meio da Súmula n. 331 do Colendo Tribunal Superior do Trabalho.

Em relação aos seus efeitos, é de se ressaltar que a mesma abre um debate principiológico entre a liberdade de contratação e ainda o princípio da dignidade da pessoa humana, uma vez que, via de regra, os empregados terceirizados possuem direitos e remuneração mitigada em relação aos contratados diretamente, não havendo, salvo disposição contrária entre as partes, previsão de equivalência salarial, o que em tese pode gerar eventual precarização do empregado terceirizado. No entanto, quando da análise do instituto da terceirização em outros países, bem como o direito comparado, depreende-se que a terceirização ampla é uma tendência, permitindo-se às prestadoras e tomadoras exercerem seu livre direito de contratação direcionando seus esforços e contratações diretas em cargos estratégicos, deixando a empresa de terceirização responsável pela gestão de seus empregados, fornecimento de serviços especializados, cumprimento das obrigações e encargos legais, ressaltando que, conforme explicitado, a empresa contratante dos serviços terceirizados sempre deve estar atenta ao cumprimento da legislação por parte da

---

(103) Tribunal Superior do Trabalho. Disponível em: https://www.tst.jus.br/-/tst-fixar%C3%A1-tese-jur%C3%ADdica-sobre-aspectos-processuais-em-recursos-que-tratam-de-terceiriza%C3%A7%C3%A3o. Acesso em: 4 set. 2021.

empresa de terceirização, sob pena de ter que arcar de forma subsidiária com todos os direitos do empregado decorrentes desta relação.

3.2.10. Modelo

INSTRUMENTO PARTICULAR DE PRESTAÇÃO DE SERVIÇOS DE VIGILÂNCIA

Pelo presente instrumento particular, em que são partes:

SERVIÇOS DE SEGURANÇA VIGILÂNCIA XYZ, pessoa jurídica de direito privado, sediada na Rua>>>>>, n. >>, CEP >>>>>>, nesta Capital do Estado de São Paulo, inscrita no CNPJ/MF sob o n. >>>>>>>> e na Inscrição Estadual: >>>>>>>>, neste ato representada por seu representante legal Sra. Fulana de tal, brasileira, casada, empresária, doravante designada simplesmente **CONTRATADA**, e;

CONDOMÍNIO BOA VIDA, sediado na Avenida >>>>>, n. >>>>>, CENTRO – CEP >>>>>> – São Paulo/SP, inscrita no CNPJ/MF sob o nº >>>>>>>>> , neste ato designada simplesmente **CONTRATANTE**, assinado neste ato pelo síndico Sr. XPTQ portador do CPF/MF sob o n. >>>>>>> e RG n. >>>>>> SSP/>>.

Tem, entre si, justo e contratado, o presente **CONTRATO DE PRESTAÇÃO DE SERVIÇOS DE VIGILÂNCIA**, que reger-se-á pelas cláusulas e condições abaixo descritas:

CLÁUSULA PRIMEIRA – DO OBJETO

O presente contrato tem por objeto a prestação pela **CONTRATADA** à **CONTRATANTE**, de serviços de Vigilância Especializada que se regerá pela legislação civil aplicável, bem como, pelas cláusulas seguintes e condições de preço, forma e termo de pagamento a seguir descritas.

Parágrafo Primeiro

A Prestação de Serviço de Vigilância será efetuada nas dependências da **CONTRATANTE**, na Avenida >>>>>, n. >>>, apto >>>>, CENTRO, São Paulo/SP.

Parágrafo Segundo

A **CONTRATADA** declara para os fins e efeitos de direito, estar credenciada junto aos órgãos públicos responsáveis pela prestação de serviços desta natureza, bem como estar apta ao cumprimento das obrigações, ora avençadas aos quais deverão ser prestadas com total observância à legislação vigente, quer na esfera federal, estadual e/ou municipal, sob pena de responsabilidade trabalhista e criminal, o que se dará sempre em caráter exclusivo.

Parágrafo Terceiro

A **CONTRATADA** disponibilizará para a prestação de serviços de vigilância, ?? funcionários devidamente registrados que realizarão as seguintes escalas:

- 1 POSTO 24 HORAS DE VIGILANTE DE SEGUNDA FEIRA A DOMINGO.
- 1 POSTO 24 HORAS DE VIGILANTE LÍDER DE SEGUNDA-FEIRA A DOMINGO.
- 1 POSTO DIURNO DE VIGILANTE PARA RENDIÇÃO.

CLÁUSULA SEGUNDA – VALOR E CONDIÇÕES DE PAGAMENTO

Os serviços contratados serão executados de forma indireta sob o regime de empreitada por preço global.

A **CONTRATANTE** pagará à **CONTRATADA** quantia mensal de R$???????? (????????), a serem pagos todo dia ?? de cada mês, mediante a apresentação da Nota Fiscal respectiva.

Parágrafo Primeiro

A **CONTRATADA** autoriza desde já a **CONTRATANTE** a efetuar as devidas retenções na fonte, dos tributos e contribuições incidentes sobre o valor do seu faturamento mensal, além de comprometer-se a promover diretamente os recolhimentos que lhe couber.

Parágrafo Segundo

A **CONTRATANTE** se obriga a efetuar o pagamento das faturas apresentadas no prazo e condições estabelecidas no presente contrato.

Havendo atrasos, sujeitar-se-á ao pagamento de multa de 2% (dois por cento) sobre o valor da prestação de serviços, correção monetária pelo índice do IGPM/FGV e juros de 1% ao mês, *"pro rata die"*.

CLÁUSULA TERCEIRA – DO REAJUSTE DE PREÇOS

O valor contratado será reajustado anualmente pelo índice IPC-FIPE ou, na falta desse, outro legalmente aplicável à data do efetivo reajuste.

CLÁUSULA QUARTA – DAS OBRIGAÇÕES E RESPONSABILIDADES DA CONTRATADA

Constituem obrigações da **CONTRATADA**:

a. Assumir todos os encargos e responsabilidades que decorram do objeto do presente contrato, inclusive fiscais, obedecendo integralmente aos termos aqui elencados e à legislação vigente, com exceção dos impostos que são destacados na nota, conforme legislação em vigor.

b. Contratar, em seu nome, as pessoas que empregar, orientando-as para os serviços a que serão destinadas, responsabilizando-se inteiramente perante o **CONTRATANTE**, por seus salários e demais encargos trabalhistas de acordo com a legislação vigente, excluindo expressamente a **CONTRATANTE** de qualquer ônus e responsabilidade.

c. Respeitar, no que se refere a todos os seus empregados utilizados nos serviços ora contratados, a legislação vigente sobre o trabalho e a previdência social, por cujos tributos e encargos responderá unilateralmente, em toda a sua plenitude, não assumindo o **CONTRATANTE** qualquer obrigação, nem se responsabilizando pela relação de emprego entre a **CONTRATADA** e seus funcionários, que serão utilizados na execução dos serviços ora contratados, os quais não se subordinarão a espécie alguma de vínculo ou dependência do **CONTRATANTE**, uma vez que é única e exclusivamente empregados da **CONTRATADA**.

d. Os empregados e/ou prepostos da **CONTRATADA** deverão obedecer aos regulamentos e normas de segurança e higiene do estabelecimento da **CONTRATANTE**, onde serão prestados os serviços.

e. A **CONTRATADA** fornecerá aos seus empregados equipamento(s) e uniformes regularizados(s), de acordo com legislação vigente.

f. Por solicitação escrita da **CONTRATANTE**, a **CONTRATADA** se obriga a afastar imediatamente das dependências daquela, empregado cuja conduta for julgada inconveniente, devendo substituí-lo no prazo de 5 (cinco) dias úteis.

g. A **CONTRATADA** deverá manter fiscalização e supervisão periódica do local onde se encontra o seu empregado/vigilante.

h. Deverá, a **CONTRATADA**, manter um supervisor ou coordenador que se reportará à contratante na ocorrência de quaisquer infortúnios ou ocorrências nas dependências desta última, além de manter regulamento interno disciplinar e advertir por escrito, suspender e tomar outras medidas de correção, sempre que houver conduta ilícita por parte dos seus empregados, inclusive dispensando quando for o caso os seus empregados por justa causa, o que deverá ser comunicado sempre à **CONTRATANTE**.

i. A **CONTRATADA** compromete-se a cobrir toda e qualquer ausência de profissional, horas e dias contratados, quer por falta, afastamento, férias, doenças, etc., por funcionários do mesmo nível profissional, dos funcionários substituídos, sendo que em caso de não cobertura a **CONTRATADA** deverá conceder o desconto na fatura no valor proporcional ao período de ausência do profissional, porém respeitando a tolerância estabelecida neste contrato.

j. A **CONTRATADA** deverá dar ciência à **CONTRATANTE** de qualquer anormalidade que se verifique na execução dos serviços, prestando esclarecimentos sempre que solicitado, obrigando-se a atender de imediato as solicitações e determinações da **CONTRATANTE**.

k. Responder por toda e qualquer demanda trabalhista e/ou cível, movida por seus funcionários e/ou motivada por esta prestação de serviços como reclamações trabalhistas, indenizações por acidentes de trabalho, reparação de danos, além de outros, não podendo em hipótese alguma transferir este encargo ao **CONTRATANTE**.

l. A CONTRATADA não poderá transferir no todo ou em parte este contrato sem prévia autorização da CONTRANTANTE, mantendo em quaisquer circunstâncias as responsabilidades e obrigações assumidas.

CLÁUSULA QUINTA – DAS OBRIGAÇÕES E RESPONSABILIDADES DA CONTRATANTE

Constituem obrigações da **CONTRATANTE**:

a. A **CONTRATANTE** deverá comunicar à **CONTRATADA** de qualquer anormalidade que se verifique na execução dos serviços.

b. Propiciar condições de trabalho aos empregados e/ou prepostos da **CONTRATADA**, instruindo a mesma sobre as peculiaridades, normas e regulamentos a serem cumpridos.

c. A **CONTRATANTE** deverá fornecer local para a troca de roupas do(s) funcionário(s) da **CONTRATADA**, bem como banheiro para atender as suas necessidades.

d. Efetuar o pagamento dos serviços contratados dentro das condições estipuladas neste instrumento.

e. Fica estabelecido que a **CONTRATANTE** não poderá ter como seu funcionário, direta ou indiretamente, qualquer ex-funcionário da **CONTRATADA**, ainda que para outras funções durante ou após a vigência do presente contrato, cujo desligamento tenha ocorrido há menos de 6 (seis) meses, sendo que o não cumprimento desta cláusula acarretará à **CONTRATANTE** um pagamento a título de multa no valor do custo do empregado aliciado, valor este correspondente a 6 (seis) meses do último recibo de pagamento do ex-funcionário da **CONTRATADA**.

f. Assegurar aos empregados da **CONTRATADA** as mesmas condições de trabalho em relação aos seus empregados no que tange a:

i. alimentação garantida aos empregados da contratante, quando oferecida em refeitórios;

ii. direito de utilizar os serviços de transporte;

iii. atendimento médico ou ambulatorial existente nas dependências da contratante ou local por ela designado;

iv. treinamento adequado, fornecido pela contratada, quando a atividade o exigir.

v. sanitárias, de medidas de proteção à saúde e de segurança no trabalho e de instalações adequadas à prestação do serviço;

g. Cumprir rigorosamente as cláusulas aqui pactuadas com zelo, pres teza e solicitude.

CLÁUSULA SEXTA – DO EQUIPAMENTO FORNECIDO PELA CONTRATADA

A **CONTRATADA** fornecerá para ser parte integrante na execução da prestação de serviços de vigilância na empresa **CONTRATANTE**, 3 (três) rádio comunicadores e todos os seus acessórios, de propriedade da **CONTRATADA**, para contato direto com a base operacional da **CONTRATADA**, não tendo a **CONTRATANTE** qualquer responsabilidade pela guarda dos materiais fornecidos pela **CONTRATADA**.

Parágrafo Primeiro

A **CONTRATADA** poderá a qualquer momento, de acordo com a sua vontade e/ou necessidade, trocar ou modificar o equipamento fornecido, descrito nesta cláusula, para a execução da prestação de serviços objeto deste contrato.

Parágrafo Segundo

Todo e qualquer material e/ou equipamento de propriedade da **CONTRATADA** será para o seu uso exclusivo na empresa **CONTRATANTE**, devendo ser utilizado única e exclusivamente para a prestação de serviços objeto deste contrato, não podendo com isso ser emprestado, cedido ou entregue a qualquer pessoa a não ser aos agentes da **CONTRATADA**.

Parágrafo Terceiro

A **CONTRATANTE** deverá ceder uma tomada para o carregamento da bateria do equipamento de comunicação da **CONTRATADA**, quando for necessário.

CLÁUSULA SÉTIMA – OBRIGAÇÕES TRABALHISTAS – FISCAIS – PREVIDENCIÁRIAS

A **CONTRATADA** se compromete a enviar mensalmente à**CONTRATANTE** junto com a nota fiscal, os comprovantes de recolhimentos previdenciários e fundiários, remuneração e controles de jornada de seus funcionários, sob pena de retenção do pagamento da fatura do mês respectivo, até a devida comprovação do adimplemento em aberto, sem prejuízo da CONTRATANTE utilizar o valor retido para honrar com créditos trabalhistas e previdenciários em aberto.

Parágrafo Primeiro

A **CONTRATADA** se compromete ainda a enviar os instrumentos coletivos vigentes da categoria, podendo o não envio implicar na retenção mencionada na presente Cláusula.

Parágrafo Segundo

A **CONTRATADA** é empregadora, inexistindo entre seus prepostos e/ou empregados e a **CONTRATANTE** qualquer vínculo empregatício, obrigando-se a isentar a **CONTRATANTE** de qualquer fato que lhe venha a ser imputado ou, a indenizar a **CONTRATANTE** de tudo o que vier a ser compelido a pagar em razão de ações judiciais, eventuais autos de infração emitidos pela Delegacia Regional do Trabalho por prepostos da **CONTRATADA**, ou ainda que se refira à própria **CONTRATADA**.

CLÁSULA OITAVA – DA RESCISÃO

As partes poderão rescindir a qualquer momento o presente contrato, sem justa causa, por meio de simples comunicação por escrito, com antecedência de 45 (quarenta e cinco) dias.

Parágrafo Primeiro

A rescisão somente poderá ocorrer após o prazo mínimo inicial de 90 (noventa) dias, a partir da data da assinatura do presente contrato, sob pena de arcar a parte que rescindiu o contrato com o valor dos meses até completar 90 (noventa) dias.

Parágrafo Segundo

As partes de comum acordo e para fins do disposto no parágrafo único do art. 473 do Código Civil, Lei n. 10.406/2002, declaram os prazos estipulados nesta cláusula e seus parágrafos suficientes para a recuperação de eventuais investimentos feitos por força do presente instrumento, bem como para encerramento das atividades decorrentes deste contrato, sem ônus para as partes contratantes.

Parágrafo Terceiro

As cláusulas do presente instrumento poderão ser alteradas, através de aditamento firmado entre as partes, sempre por escrito.

Parágrafo Quarto

Toda e qualquer comunicação que envolva responsabilidade contratual, somente terá validade se efetuada por escrito, endereçadas para os endereços mencionados no preâmbulo deste contrato e recebidas mediante protocolo.

Parágrafo Quinto

Qualquer das partes poderá considerar rescindido o presente contrato, de pleno direito, independentemente de qualquer aviso, interpelação ou notificação judicial ou extrajudicial, seja a que título for, caso haja infração contratual, por qualquer delas. Caso seja constatado dano à parte inocente, caberá a esta o respectivo ressarcimento pela outra parte dos prejuízos ocasionados, e se necessário ingressar nas vias judiciais para ver seu direito reconhecido, arcando a parte infratora com o pagamento dos honorários advocatícios na base de 20% (vinte por cento), além da sucumbência.

Parágrafo Sexto

A não comprovação do pagamento de obrigações trabalhistas e previdenciárias pela prestadora contratada é justo motivo para rescisão do contrato de trabalho sem aviso prévio ou multa. Em quaisquer outras circunstâncias, que uma das partes venha a infringir cláusulas deste contrato, independentemente de perdas e danos, e sem prejuízo das demais cominações previstas neste instrumento, ficará sujeita ao pagamento de multa equivalente a 20% do valor de um mês de prestação de serviços, assim contratado.

CLÁUSULA NONA – DA VIGÊNCIA DO CONTRATO

O prazo de vigência do presente contrato será indeterminado, contados de sua assinatura, tendo início em **??/??/????**, ressalvadas as demais condições estabelecidas no presente contrato.

Parágrafo Único

O presente contrato substitui todo e qualquer ajuste ou instrumento firmado anteriormente, versando sobre o mesmo objetivo que obriga as partes de seus eventuais sucessores até a conclusão das obrigações estabelecidas.

CLÁUSULA DÉCIMA – CONDIÇÕES GERAIS

Todo e qualquer tributo, tais como, impostos, taxas, contribuições fiscais, notadamente o INSS, decorrentes da presente prestação de serviços, será de exclusiva responsabilidade da **CONTRATADA**, ressalvados os impostos destacados na nota fiscal.

Parágrafo Primeiro

Na hipótese de aplicação de multas ou demais penalidades imputadas pelos órgãos competentes, em razão do recolhimento incompleto ou inferior de encargos trabalhistas, previdenciários e fiscais, fica a **CONTRATADA** obrigada a realizar os respectivos pagamentos, isentando totalmente o **CONTRATANTE** de qualquer responsabilidade.

Parágrafo Segundo

Fica estabelecido que, por força deste contrato, não haverá entre o **CONTRATANTE** e os profissionais que a **CONTRATADA** designar para execução dos serviços, qualquer relação empregatícia, ficando o **CONTRATANTE** isento de qualquer responsabilidade ou obrigação pelos salários dos profissionais, encargos trabalhistas, sociais, previdenciários, fiscais e/ou tributários, ações cíveis, decorrentes da relação empregatícia entre a **CONTRATADA** e seus profissionais, ainda que decorrentes de reclamação trabalhista.

Parágrafo Terceiro

Todas as diretrizes, mensagens e orientações dirigidas aos profissionais deverão ser formuladas exclusivamente pela **CONTRATADA**, podendo a **CONTRATANTE**, caso seja de seu interesse, solicitar à **CONTRATADA** eventual alteração nas mesmas.

Parágrafo Quarto

A **CONTRATANTE** poderá, a qualquer tempo, fiscalizar a execução dos serviços contratados, devendo, se for constatada qualquer anormalidade, comunicar à **CONTRATADA**, que então procederá à sua adequação aos serviços contratados, no prazo máximo de 48 (quarenta e oito) horas.

CLÁUSULA DÉCIMA PRIMEIRA – NOVAÇÃO

A tolerância de qualquer das partes quanto a quaisquer eventuais infrações às cláusulas ou condições deste contrato não será considerada novação ou alteração tácita do mesmo, mas sim mera liberação, podendo ser cobrado o cumprimento das obrigações a qualquer tempo.

CLÁUSULA DÉCIMA SEGUNDA – FORO

Os contratantes elegem o Foro da Capital do Estado de São Paulo para dirimir as questões decorrentes do presente contrato, com renúncia expressa de qualquer outro, por mais privilegiado que seja.

E por estarem justos e acertados, assinam o presente contrato em 3 (três) vias de igual teor, perante as duas testemunhas abaixo, rubricando as demais folhas do mesmo, após terem lido, atentamente, todas as Cláusulas nele constantes.

Cidade e data,............................

____

CONDOMÍNIO BOA VIDA - CONTRATANTE

____

SERVIÇOS DE SEGURANÇA E VIGILÂNCIA XYZ - CONTRATADA

TESTEMUNHAS:

1.____________________________

Nome:

RG.

2.__________________________

Nome:

RG.

3.3. Intermitente

Selma Carloto e Wanderlei Lagoas

3.3.1. Introdução

Esta modalidade de contrato, que podemos considerar mais como "modalidade de jornada", foi criada pela reforma trabalhista.

O contrato de trabalho intermitente foi positivado no art. 443 da CLT, § 3º, que dispõe:

> *"Considera-se como intermitente o contrato de trabalho no qual a prestação de serviços, com subordinação, não é contínua, ocorrendo com alternância de períodos de prestação de serviços e de inatividade, determinados em horas, dias ou meses, independentemente do tipo de atividade do empregado e do empregador, exceto para os aeronautas, regidos por legislação própria."*

O empregado terá a possibilidade de realizar atividades de maneira esporádica, com intervalos de trabalho intercalados e com períodos de inatividade.

A alternância poderá dar-se em horas, dias ou meses, não podendo perdurar por anos, como a própria CLT traz a resposta.

Este poderá incidir em qualquer modalidade de trabalho, independe do tipo de atividade do empregado e do empregador.

Exceção: os aeronautas, os quais são regidos por legislação própria.

O art. 452 A da CLT dispõe:

O contrato de trabalho intermitente deve ser celebrado por escrito e deve conter especificamente o valor da hora de trabalho, que não pode ser inferior ao valor horário do salário mínimo ou àquele devido aos demais empregados do estabelecimento que exerçam a mesma função em contrato intermitente ou não. (Incluído pela Lei n. 13.467, de 2017)

§ 1º **O empregador convocará, por qualquer meio de comunicação eficaz, para a prestação de serviços, informando qual será a jornada, com, pelo menos, três dias corridos de antecedência. (Incluído pela Lei n. 13.467, de 2017)**

§ 2º **Recebida a convocação, o empregado terá o prazo de um dia útil para responder ao chamado, presumindo-se, no silêncio, a recusa.** (Incluído pela Lei n. 13.467, de 2017)

§ 3º **A recusa da oferta não descaracteriza a subordinação para fins do contrato de trabalho intermitente.** (Incluído pela Lei n. 13.467, de 2017)

§ 4º **Aceita a oferta para o comparecimento ao trabalho, a parte que descumprir, sem justo motivo, pagará à outra parte, no prazo de trinta dias, multa de 50% (cinquenta por cento) da remuneração que seria devida, permitida a compensação em igual prazo.** (Incluído pela Lei n. 13.467, de 2017)

§ 5º **O período de inatividade não será considerado tempo à disposição do empregador, podendo o trabalhador prestar serviços a outros contratantes.** (Incluído pela Lei n. 13.467, de 2017)

§ 6º **Ao final de cada período de prestação de serviço, o empregado receberá o pagamento imediato das seguintes parcelas:** (Incluído pela Lei n. 13.467, de 2017)

I – remuneração; (Incluído pela Lei n. 13.467, de 2017)

II – férias proporcionais com acréscimo de um terço; (Incluído pela Lei n. 13.467, de 2017)

III – décimo terceiro salário proporcional; (Incluído pela Lei n. 13.467, de 2017)

IV – repouso semanal remunerado; e (Incluído pela Lei n. 13.467, de 2017)

V – adicionais legais. (Incluído pela Lei n. 13.467, de 2017)

§ 7º **O recibo de pagamento deverá conter a discriminação dos valores pagos relativos a cada uma das parcelas referidas no § 6º deste artigo.** (Incluído pela Lei n. 13.467, de 2017)

§ 8º **O empregador efetuará o recolhimento da contribuição previdenciária e o depósito do Fundo de Garantia do Tempo de Serviço, na forma da lei, com base nos valores pagos no período mensal e fornecerá ao empregado comprovante do cumprimento dessas obrigações.** (Incluído pela Lei n. 13.467, de 2017)

§ 9º A cada doze meses, o empregado adquire direito a usufruir, nos doze meses subsequentes, um mês de férias, período no qual não poderá ser convocado para prestar serviços pelo mesmo empregador. (Incluído pela Lei n. 13.467, de 2017)

Comentários

Jornada: o trabalhador intermitente não terá jornada fixada previamente em seu contrato de trabalho, não obstante seja um trabalhador com vínculo empregatício.

Convocação: o empregador deverá convocar o trabalhador, por qualquer meio de comunicação eficaz, que poderá ser *e-mail*, WhatsApp, entre outros, para a prestação de serviços, informando no momento da convocação qual será a jornada, com, pelo menos, três dias corridos de antecedência.

Resposta do empregado: recebida a convocação, o empregado terá o prazo de um dia útil para responder ao chamado e no silêncio presume-se a recusa, a qual não descaracteriza a subordinação para fins do contrato de trabalho intermitente.

Descumprimento da convocação aceita: aceita a oferta para o comparecimento ao trabalho pelo trabalhador, se este vier a descumprir, sem justo motivo, deverá pagar, no prazo de trinta dias, multa de 50% (cinquenta por cento) da remuneração que seria devida, permitida a compensação em igual prazo.

Se o empregador convocar o trabalhador intermitente e desistir da mesmo, após aceitação, da mesma forma, pagará o mesmo importe a título de multa.

Período de inatividade: não será considerado tempo à disposição do empregador, podendo o trabalhador prestar serviços a outros contratantes, assim não poderá o empregador remunerar este período, sob pena de poder ser caracterizada a fraude, nos termos do art. 9º da CLT.

Pagamento: ao final de cada período de prestação de serviço, o empregado receberá o pagamento imediato de sua remuneração; férias proporcionais com acréscimo de um terço; décimo terceiro salário proporcional, repouso semanal remunerado e adicionais legais.

Quando a convocação for superior a um mês, **o pagamento das parcelas a que se referem o § 6º do presente artigo não poderá ser estipulado por período superior a um mês**, devendo ser pagas até o quinto dia útil do mês seguinte ao trabalhado, de acordo com o previsto no § 1º do art. 459 da CLT, como dispõe o art. 2º, § 2º da Portaria n. 349 do Ministério do Trabalho.

Férias: o empregado terá direito a usufruir um mês de férias a cada doze meses, nos doze meses subsequentes, período no qual não poderá ser convocado para prestar serviços pelo mesmo empregador. O empregado, mediante prévio acordo com o empregador, poderá usufruir suas férias, em até três períodos, nos termos dos §§ 1º e 3º do art. 134 da CLT, como dispõe o art. 2º, § 1º da Portaria n. 349 do Ministério do Trabalho.

Resilição do contrato: no momento da resilição do contrato de trabalho intermitente, por iniciativa do empregador, este já recebeu as parcelas proporcionais de férias + 1/3 e 13º salário, mas fará jus à multa de 40% sobre o valor dos depósitos efetuados na conta vinculada do trabalhador e o aviso prévio será calculado com base na média dos valores recebidos pelo empregado no curso do contrato de trabalho intermitente, nos últimos doze meses ou período menor de trabalho, sendo considerados apenas os meses durante os quais o empregado tenha recebido parcelas remuneratórias no intervalo dos últimos doze meses ou o período de vigência do contrato de trabalho intermitente, se este for inferior.

STF: O contrato de trabalho intermitente está tendo a sua constitucionalidade questionada no Supremo Tribunal Federal, por meio das Ações Diretas de Inconstitucionalidade (ADI) 5826, 5829 e 6154. Até o presente momento foram proferidos três votos, sendo o primeiro do Ministro relator, Edson Fachin, o qual votou pela inconstitucionalidade do trabalho intermitente e dois votos dos Ministros Nunes Marques e Alexandre de Moraes, que votaram pela sua constitucionalidade. O Ministro Nunes Marques ponderou que o trabalho intermitente não apresenta supressão de direitos trabalhistas, sendo constitucional, assegurando o pagamento das férias, 13º, DSR, recolhimentos previdenciários, FGTS, adicionais, nos termos do § 6º do presente artigo e inclusive garante o valor do salário-hora do empregado nesta modalidade, sendo este um empregado com contrato de trabalho escrito e registro com valor do salário-hora, não podendo ser inferior ao valor horário do salário mínimo ou àquele devido aos demais empregados do estabelecimento que exerçam a mesma função em contrato intermitente ou não, nos termos do *caput* deste artigo. O Ministro Alexandre de Moraes sustentou não haver qualquer vedação constitucional à ruptura com as formas tradicionais de contratação trabalhista, desde que sejam observados os direitos sociais constitucionais. Segundo o mesmo, não obstante o legislador tenha inovado ao estabelecer um arranjo estrutural distinto do conhecido modelo tradicional, foram respeitados todos os direitos previstos nos arts. 6º e 7º da Constituição Federal de 1988, conciliando-os com a necessidade de uma nova forma de contratação de acordo com o momento atual que deve ser levado em consideração.

O Ministro Relator Edson Fachin, ao votar pela inconstitucionalidade do contrato de trabalho intermitente, sustentou que a Constituição Federal não impede, de forma expressa, a criação do contrato de trabalho intermitente, mas que para que esta modalidade de relação trabalhista seja válida, é necessário assegurar-se a proteção aos direitos fundamentais trabalhistas, como a garantia de remuneração não inferior ao salário mínimo e que este não garante os direitos fundamentais sociais trabalhistas, já que não fixa horas mínimas de trabalho nem rendimentos mínimos, ainda que estimados. Neste momento, o julgamento encontra-se suspenso em razão de pedido de vista da Ministra do STF Rosa Weber.

TST: AGRAVO DE INSTRUMENTO – RITO SUMARÍSSIMO – TRABALHO INTERMITENTE – TRANSCENDÊNCIA JURÍDICA – VIOLAÇÃO DO ART. 5º, II, DA CF. Tratando-se de matéria nova a relativa ao trabalho intermitente, reconhece-se a transcendência jurídica do recurso de revista, e constatando-se a recusa do Regional na aplicação da nova Lei n. 13.467/17 à modalidade intermitente de contratação, a hipótese é de reconhecimento de violação do art. 5º, II, da CF, em processo submetido ao rito sumaríssimo. Agravo de instrumento provido. II) RECURSO DE REVISTA – RITO SUMARÍSSIMO – TRABALHO INTERMITENTE – MATÉRIA NOVA – TRANSCENDÊNCIA JURÍDICA – VIOLAÇÃO DO ART. 5º, II, DA CF – DESRESPEITO PATENTE À LEI N. 13.467 /17, QUE INTRODUZIU OS ARTS. 443, § 3º, E 452-A NA CLT. 1. Constitui matéria nova no âmbito deste Tribunal, a ensejar o conhecimento de recurso de revista com base em sua transcendência jurídica (CLT, art. 896-A, § 1º, IV), aquela concernente ao regramento do trabalho intermitente, introduzido em nosso ordenamento jurídico pela Lei n. 13.467/17. 2. Discutida a matéria em recurso oriundo de processo submetido ao rito sumaríssimo, apenas por violação direta de dispositivo constitucional se pode conhecer do apelo, nos termos do § 9º do art. 896 da CLT. 3. É pacifica a jurisprudência do TST no sentido de que, excepcionalmente, pode-se conhecer de recurso de revista em rito sumaríssimo por violação ao princípio da legalidade insculpido no art. 5º, II, da CF, como forma de controle jurisdicional das decisões dos TRTs que deixarem flagrantemente de aplicar dispositivo legal que rege a matéria em debate (Precedentes de todas as Turmas, em variadas questões). 4. *In casu*, o 3º Regional reformou a sentença, que havia julgado improcedente a reclamatória, por entender que o trabalho intermitente "deve ser feito somente em caráter excepcional, ante a precarização dos direitos do trabalhador, e para atender demanda intermitente em pequenas empresas" e que "não é cabível ainda a utilização de contrato intermitente para atender posto de trabalho efetivo dentro da empresa". 5. Pelo prisma da doutrina pátria, excessos exegéticos assomam tanto nas fileiras dos que pretendem restringir o âmbito de aplicação da nova modalidade contratual, como nas dos que defendem sua generalização e maior flexibilidade, indo mais além do que a própria lei prevê. 6. Numa hermenêutica estrita, levando em conta a literalidade dos arts. 443, § 3º, e 452-A da CLT, que introduziram a normatização do trabalho intermitente no Brasil, tem-se como "intermitente o contrato de trabalho no qual a prestação de serviços, com subordinação, não é contínua, ocorrendo com alternância de períodos de prestação de serviços e de inatividade, determinados em horas, dias ou meses, independentemente do tipo de atividade do empregado e do empregador, exceto para os aeronautas, regidos por legislação própria" (§ 3º). Ou seja, não se limita a determinadas atividades ou empresas, nem a casos excepcionais. Ademais, fala-se em valor horário do salário mínimo ou daquele pago a empregados contratados sob modalidade distinta de contratação (CLT, art. 452-A). 7. Contrastando a decisão regional com os comandos legais supracitados, não poderia ser mais patente o desrespeito ao princípio da legalidade. O 3º Regional, refratário, como se percebe, à reforma trabalhista, cria mais parâmetros e limitações do que aqueles impostos pelo legislador ao trabalho intermitente, malferindo o princípio da legalidade, erigido pelo art. 5º, II, da CF como baluarte da segurança jurídica. 8. Ora, a introdução de regramento para o trabalho intermitente em nosso ordenamento jurídico deveu-se à necessidade de se conferir direitos básicos a uma infinidade de trabalhadores que se encontravam na informalidade (quase 50% da força de trabalho do país), vivendo de "bicos", sem carteira assinada e sem garantia de direitos trabalhistas fundamentais. Trata-se de uma das novas modalidades contratuais existentes no mundo, flexibilizando a forma de contratação e remuneração, de modo a combater o desemprego. Não gera precarização, mas segurança jurídica a trabalhadores e empregadores, com regras claras, que estimulam a criação de novos postos de trabalho. 9. Nesses termos, é de se acolher o apelo patronal, para restabelecer a sentença de improcedência da reclamatória trabalhista. Recurso de revista conhecido e provido.(104)

---

(104) TST – RECURSO DE REVISTA – RR 104540620185030097 (TST). Disponível em: https://
www.jusbrasil.com.br/busca?q=%22Ora%2C+a+introdu%C3%A7%C3%A3o+de+regramento+pa-
ra+o+trabalho+intermitente+em+nosso+ordenamento+jur%C3%ADdico+deveu-se+%C3%A0+ne-
cessidade+de+se+conferir+direitos+b%C3%A1sicos+a+uma+infinidade+de+trabalhadores+que+-
se+encontravam+na+informalidade+%28quase+50%25+da+for%C3%A7a+de+trabalho+do+pa%-
C3%ADs%29%2C+vivendo+de+%E2%80%9Cbicos%E2%80%9D%2C+sem+carteira+assinada+e+-
sem+garantia+de+direitos+trabalhistas+fundamentais.+Trata-se+de+uma+das+novas+modalida-
des+contratuais+existentes+no+mundo%2C+flexibilizando+a+forma+de+contrata%C3%A7%-
C3%A3o+e+remunera%C3%A7%C3%A3o%2C+de+modo+a+combater+o+desemprego.+N%-
C3%A3o+gera+precariza%C3%A7%C3%A3o%2C+mas+seguran%C3%A7a+jur%C3%ADdica+a+-
trabalhadores+e+empregadores%2C+com+regras+claras%2C+que+estimulam+a+cria%C3%A7%-
C3%A3o+de+novos+postos+de+trabalho.%E2%80%9D. Acesso em: 19 set. 2021.

3.4. Contrato de trabalho de diretores de S.A.

Adriana Calvo

3.4.1. Teoria

Nas últimas décadas, as formas de recrutamento dos dirigentes das sociedades comerciais passaram por diversas fases: o dirigente-fundador, o dirigente-sucessor e o dirigente profissional.

Os dois primeiros tipos de dirigentes são típicos administradores patrimoniais de empresas constituídas sob a forma de sociedade de pessoas.

Já o administrador profissional surgiu com a Sociedade Anônima, que trouxe um novo modelo de sociedade (sociedade de capitais) e de administração (propriedade desvinculada da administração).

A princípio, esse novo tipo de dirigente não-proprietário passou a ser recrutado externamente à companhia e a questão controvertida era sobre a natureza jurídica do contrato deste tipo de trabalhador.

A doutrina trabalhista dividiu-se em 2 (duas) vertentes para explicar este tipo de contrato de trabalho:

Clássica (teoria organicista)	Teoria moderna
Defende a inexistência de vínculo de emprego e sim de relação **estritamente** societária.	Sustenta que não há qualquer impedimento de celebração de contrato de trabalho entre o diretor estatutário e a sociedade anônima.

Robortella[105] defende a existência de uma relação exclusivamente societária amparada pela legislação das sociedades anônimas: +9+*"Diretores da sociedade, sujeitos apenas ao Conselho de Administração, com os mais amplos poderes de gestão, não podem ser confundidos com o trabalhador subordinado. É necessário oferecer segurança jurídica e imprimir coerência ao sistema, mediante harmonização das normas tutelares trabalhistas com o novo direito de empresa do Código Civil de 2002"*.

Com o crescimento das companhias e o aumento da sua complexidade administrativa, passou a ser recorrente o recrutamento de empregados internamente à sociedade para exercer a função de administrador profissional.

Quanto à natureza jurídica do vínculo do diretor estatutário com a sociedade anônima, quando já mantinha relação de emprego, a evolução da doutrina trabalhista foi curiosa e dividiu-se em 4 (quatro) correntes:

A primeira corrente doutrinária sustentava que as duas posições de diretor e empregado eram incompatíveis, considerando a extinção do contrato de trabalho (Mozart Victor Russomano e José Martins Catharino).

Em seguida, a doutrina passou a entender que, enquanto o empregado estivesse exercendo o cargo de diretor estatutário, havia suspensão do contrato de trabalho (Délio Maranhão e Arnaldo Süssekind).

Logo após, como era difícil explicar a suspensão para assegurar certos direitos a esse empregado, admitiu-se que não se tratava de suspensão, mas, sim, de interrupção (Evaristo de Moraes).

---

(105) ROBORTELLA, Luiz Carlos Amorim. Direito de empresa e direito do trabalho. São Paulo: *Revista da AASP*: Seis décadas de CLT e o novo Código Civil. Ano XXIII, julho de 2003, n. 70, p. 54.

Por último, a 4ª corrente defendia que a elevação do empregado ao cargo de diretor estatutário não altera o seu *status* de empregado, sendo possível a manutenção do contrato de trabalho (José Antero de Carvalho e Octavio Bueno Magano).

A teoria da suspensão do contrato de trabalho foi vencedora em 1988, sendo editada a Súmula n. 269 do Tribunal Superior do Trabalho que possui uma única ressalva para a manutenção do vínculo de emprego: a existência de subordinação jurídica inerente à relação de emprego.

Nesse sentido, veja ementa a seguir:

VÍNCULO DE EMPREGO. DIRETOR. RECONHECIMENTO. Os depoimentos corroboram a tese exordial de que o demandante não tinha poderes de mando e gestão, era subordinado aos Diretores e tinha horário a cumprir, restando evidente a fraude perpetrada pelas reclamadas. (TRT-1 – RO: 00104833220145010039 RJ, Relator: Maria das Gracas Cabral Viegas Paranhos, Data de Julgamento: 13.12.2017, Segunda Turma, Data de Publicação: 02.02.2018)

Ressalte-se que a Súmula n. 269 do TST não se refere expressamente às sociedades limitadas e não regula a situação dos diretores contratados externamente à sociedade, que nunca foram empregados.

Na atualidade, discute-se a necessidade da reconstrução dogmática do Direito do Trabalho, principalmente no tocante à evidente do seu critério definidor: a subordinação jurídica.

3.4.2. Prática

A seguir, serão enumeradas algumas dicas práticas para a gestão de contratos de diretores de sociedade anônima.

a) Contrato de trabalho X contrato de administração

Se o diretor for empregado da S.A., o seu contrato de trabalho deverá ser suspenso, com a respectiva anotação desta condição na sua CPTS e celebrado contrato de administração.

Vale ressaltar que a Súmula n. 269 do TST recomenda a suspensão e não a extinção do contrato de trabalho, portanto, o diretor não tem nenhum direito a receber verbas rescisórias neste momento.

Lembre-se que somente após o término do mandato do diretor estatutário e se não houver intenção de continuação do vínculo de emprego é que deverá ser efetivada a rescisão do contrato de trabalho com o respectivo pagamento de verbas rescisórias.

Vale ressaltar que se a empresa não seguir os procedimentos legais recomendados, ou seja, rescindir o contrato de trabalho e não suspendê-lo, o juiz poderá entender que houve fraude trabalhista e tal fato poderá ser levado em conta pelo juiz para reconhecer o vínculo de emprego durante tal período.

Se o diretor nunca foi empregado da S.A., a empresa deverá celebrar diretamente um contrato de administração com o objetivo de regulamentar suas condições de trabalho, tais como: valor do *pro labore*, benefícios, prazo do mandato, poderes estatutários, eventual indenização na dispensa etc...

É importante que tal condição de **diretor não-empregado** seja desde o primeiro momento da contratação comunicada ao executivo, sob pena de inviabilizar a contratação por ausência de informação adequada.

É muito comum as empresas estrangeiras oferecem propostas de emprego por meio de carta oferta, utilizando termos trabalhistas, tais como: o termo salário, criando a expectativa de que a contratação seria no modelo de vínculo de emprego.

b) Salário x *pro labore*

A Lei n. 6.404/1976 dispõe que: "*compete à Assembleia Geral estabelecer o valor da remuneração dos administradores, bem como os seus benefícios e verbas de representação*".

A Assembleia Geral pode definir, em termos globais, o montante a ser distribuído entre cada um, ou aprovar, desde logo, a distribuição individual para cada um dos diretores.

O termo utilizado para designar a remuneração dos diretores tem sido "*pro labore*" que significa: "pelos serviços prestados".

Desta forma, quando se tratar de empregado eleito membro do conselho de administração ou da diretoria da S.A. para a qual trabalha, a cessação do pagamento dos seus salários, decorrente da suspensão do contrato de trabalho, deverá ser compensada pela fixação adequada da sua remuneração como administrador.

Logo, pode ser considerado indício de fraude trabalhista quando a diferença entre o salário do diretor e novo valor de *pro labore* é insignificante. Por exemplo: salário de R$ 12.000,00 e *pro labore* de R$ 12.500,00 (o aumento da remuneração em R$ 500,00 não compensará para o diretor a perda de alguns diretores trabalhistas).

Sugerimos que o valor de *pro labore* seja definido no contrato de administração executado com o diretor estatutário, além dos benefícios a serem gozados pelo mesmo (assistência médica, auxílio veículo, previdência privada etc.).

Não recomendamos a concessão de direitos tais como: *pro labore* anual com 1/3 (similar a férias); 13º *pro labore* em dezembro (similar ao 13º salário) e outros benefícios similares a direitos trabalhistas.

Este sistema misto (*pro labore* com alguns direitos trabalhistas) pode levar o juiz a concluir pela fraude trabalhista (art. 9º da CLT).

Lembre-se, o diretor estatutário é o mais alto cargo de gestão da empresa, portanto, o valor do seu *pro labore* deve ser efetivamente atrativo para o executivo, sem que seja necessário adicionar nenhum outro direito similar aos direitos trabalhistas de empregados celetistas.

Vale ressaltar que o único direito trabalhista que o diretor estatutário não empregado pode gozar é o direito ao FGTS, que é optativo.

Parte da jurisprudência trabalhista defende que, ainda que o diretor estatutário seja optante pelo sistema do FGTS, ele não terá direito também à indenização do FGTS (40%) em caso de destituição ou renúncia, conforme ementa a seguir:

DIRETOR NÃO EMPREGADO. DESTITUIÇÃO DO CARGO ANTES DO TÉRMINO DO MANDATO. FGTS. MULTA DE 40% INDEVIDA. Na hipótese, o reclamante pretende a equiparação da destituição antecipada do mandato de diretor não empregado à rescisão antecipada sem justa causa do contrato de trabalho por prazo determinado, para fins de incidência da multa de 40% (quarenta por cento) sobre os depósitos do FGTS. Contudo, não há aplicar essa multa ao caso dos autos, uma vez que o reclamante exercia a função de diretor não empregado, podendo ser destituído da função a qualquer momento, não havendo falar em equiparação da destituição à demissão sem justa causa (precedentes). Recurso de revista conhecido e desprovido. (TST – RR: 17901020125090006, Relator: José Roberto Freire Pimenta, Data de Julgamento: 15.03.2017, 2ª Turma, Data de Publicação: DEJT 17.03.2017)

c) Rescisão do contrato do diretor estatutário

A regra geral é que se o diretor estatutário não empregado renunciar ao cargo ou se for destituído, somente terá direito aos dias trabalhados no mês da dispensa (saldo de *pro labore).*

É possível que a Assembleia Geral ou o Conselho de Administração delibere sobre uma eventual verba de indenização na dispensa de diretores estatutários.

Contudo, caso tal indenização não tenha sido deliberada e for espontaneamente concedida por outro diretor da empresa, este poderá responder pelo exercício de tal ato.

Desta forma, é recomendável que no momento da contratação do diretor estatutário seja discutida eventual indenização em caso de renúncia ou destituição, com respectiva aprovação pelos órgãos societários da empresa.

Além disso, qualquer verba paga ao diretor estatutário referente ao término do seu mandato não tem natureza trabalhista e não poderá ser eventualmente compensada em uma ação trabalhista com pedido de vínculo de emprego, por ter natureza jurídica distinta.

Lembre-se que se o diretor for ex-empregado, o seu contrato de trabalho estava suspenso, portanto, quando do término do seu mandado, a empresa deverá proceder o retorno ao seu *status* de empregado.

Se o empregado não tiver mais a intenção de permanecer na empresa, deverá pedir demissão, tendo direito às suas respectivas verbas rescisórias, sem o cômputo do período que exercer o seu mandato como diretor.

Se a empresa não tiver mais a intenção de permanecer com o diretor como seu empregado, poderá dispensá-lo sem justa causa, tendo o diretor direito às suas respectivas verbas rescisórias, sem o cômputo do período que exercer o seu mandato como diretor.

2.4.3. Modelo de contrato de prestação de serviços de administração

CONTRATO DE PRESTAÇÃO DE SERVIÇOS DE ADMINISTRAÇÃO DE EMPRESAS – DIRETOR NÃO EMPREGADO

Pelo presente **CONTRATO DE PRESTAÇÃO DE SERVIÇOS DE ADMINISTRAÇÃO DE EMPRESAS – DIRETOR NÃO EMPREGADO** ("Contrato"), a parte XXXXXXXXXXX, sociedade limitada com sede na Rua XXXXXX, XXX, XXXX, XXXXXXXXX, Cidade e Estado de São Paulo, inscrita no CNPJ/MF sob o n. XXXXXXXXXXXX, por seu representante legal infra-assinado, doravante designada simplesmente "**Sociedade**"; e **XXXXXXXXXXXX**, (nacionalidade), (estado civil), (profissão), residente e domiciliado à Rua XXXXXX, n. XX, apartamento XX, Bairro de XXXX, cidade de São Paulo, Estado de São Paulo, CEP XXXX, portador da carteira de Identidade RG n. XXXXXXX, e inscrito no CPF/MF sob o n. XXXXXXXXX, doravante designado simplesmente "**DIRETOR (NÃO EMPREGADO)**", têm entre si justo e acordado o presente Contrato, mediante as cláusulas e condições abaixo articuladas:

CLÁUSULA 1: O **DIRETOR (NÃO EMPREGADO)** será eleito para o cargo de Diretor Comercial da **SOCIEDADE** no Brasil, na forma da Lei das Sociedades Anônimas.

1.1 O **DIRETOR (NÃO EMPREGADO)** reconhece e concorda que deve responsabilidade fiduciária e lealdade à **SOCIEDADE** no cumprimento de suas funções, e que atuará de forma coerente com os melhores interesses da **SOCIEDADE**.

1.2 O **DIRETOR (NÃO EMPREGADO)** deverá dedicar seus maiores esforços e todo o seu tempo exclusivamente para fins de promover os interesses da **SOCIEDADE**; e cumprir suas obrigações conforme aqui estabelecido.

1.3 O **DIRETOR (NÃO EMPREGADO)** executará os serviços ora contratados, em estrita obediência às condições gerais, instruções, diretrizes e políticas definidas pela administração da **SOCIEDADE**, sendo responsável, nos termos do estatuto social, pelo (descrever funções e atividades) da **SOCIEDADE**.

CLÁUSULA 2: O **DIRETOR (NÃO EMPREGADO)**, para o cumprimento de suas obrigações e deveres, estará investido dos poderes necessários para a prática dos atos de gestão que lhe competirem, na forma e limites traçados pelo estatuto social da **SOCIEDADE** e pela legislação em vigor, reconhecendo e declarando, expressamente, o **DIRETOR (NÃO EMPREGADO)**, sob as penas da lei, que exerce cargo exclusivamente estatutário sem vínculo de emprego.

2.1 O **DIRETOR (NÃO EMPREGADO)** se obriga a cumprir com as disposições previstas no estatuto social e nas políticas globais da **SOCIEDADE**, bem como na Lei n. 7.404/76 e regulamentos aplicáveis.

2.2 O **DIRETOR (NÃO EMPREGADO)** será responsável por quaisquer atos ou decisões tomadas na administração da **SOCIEDADE** (i) em violação a este Contrato e/ou ao estatuto social da **SOCIEDADE** e/ou das leis brasileiras, ou (ii) por atos deliberados de prejuízo aos interesses da **SOCIEDADE** ou às sociedades sob seu controle.

2.3 O **DIRETOR (NÃO EMPREGADO)**, com base no estatuto social e nas condições gerais, instruções, diretrizes e políticas definidas pela administração da **SOCIEDADE**, dentro da sua ampla autonomia na administração da **SOCIEDADE**, deverá praticar os atos necessários ou convenientes à administração da **SOCIEDADE**, para tanto dispondo ele, entre outros poderes, dos necessários para:

- *descrever poderes*

CLÁUSULA 3: A **SOCIEDADE** pagará ao **DIRETOR (NÃO EMPREGADO)**, a título de *pro labore*, durante o prazo deste contrato, o montante global de 12 (doze) parcelas anuais no valor de R$ XXXXXXX (XXXXX) por mês, pagamento único que englobará todos os serviços prestados à **SOCIEDADE**.

3.1 As alterações quanto à ocasião e o montante do *pro labore* ficarão a critério da **SOCIEDADE**, sendo o **DIRETOR (NÃO EMPREGADO)** devidamente notificado com antecedência de no mínimo 30 (trinta) dias.

3.2 O *pro labore* previsto no "*caput*" desta cláusula será reajustado anualmente, mediante negociação por escrito entre as partes, para estabelecer valores compatíveis a valores de mercado para uma posição similar, assegurado no mínimo um reajuste equivalente à variação positiva do IGP-M verificada no período (cujo percentual deverá ser aprovado pelo conselho ou em reunião de Diretoria por todos).

3.3. O **DIRETOR (NÃO EMPREGADO)** também será elegível:

(i) participação e de seus dependentes legais em plano de saúde compatível com sua posição, cuja cobertura e administradora serão de escolha da **SOCIEDADE**;

(ii) seguro de vida em grupo limitado a R$ XXXXXX (XXXXX mil reais);

(iii) telefone celular corporativo fornecido pela **SOCIEDADE**, sendo a respectiva utilização limitada conforme as diretrizes e normas definidas pela **SOCIEDADE**;

(iv) garantia de um descanso anual de 30 (trinta) dias a ser solicitado pelo **DIRETOR (NÃO EMPREGADO)**, com antecedência mínima de 30 (trinta) dias e desde que não haja prejuízo à **SOCIEDADE**;

(v) em caso de acidente do trabalho ou doença funcional, inclusive para seus dependentes, de 6 (seis) meses de manutenção da complementação do valor do *pro labore* pelo pagamento do teto do INSS e garantia do presente contrato pelo prazo de 6 (seis) meses, bem como manutenção do mesmo plano de saúde durante 1 (um) ano;

(vi) ao recebimento de um *pro labore* anual variável, em valor bruto de até 30% (trinta por cento) de seu *pro labore* anual fixo, desde que observadas as condições e preenchidas as metas preestabelecidas pela **SOCIEDADE**.

3.4. Os impostos e contribuições sociais aplicáveis serão descontados do *pro labore* fixo e variável indicados nesta cláusula 3, na forma da legislação em vigor.

3.5. O **DIRETOR (NÃO EMPREGADO)** desde já autoriza a **SOCIEDADE** a descontar de seus *pro labores* qualquer valor a título de danos e/ou prejuízos por ela causados ao patrimônio e ao nome da **SOCIEDADE**, causados por culpa, e, no caso de dolo, após sentença judicial transitado em julgado.

CLÁUSULA 4: No valor do *pro labore* ajustado na cláusula 3 acima, estão incluídos os serviços e honorários devidos na hipótese de nomeação do **DIRETOR (NÃO EMPREGADO)**, se necessário, para ocupar posições estatutárias em outras empresas que eventualmente venham a ser criadas para o cumprimento dos mesmos objetivos empresariais da **SOCIEDADE**.

4.1. O **DIRETOR (NÃO EMPREGADO)** deverá dedicar todos os seus esforços para a boa gestão da **SOCIEDADE**, razão pela qual se obriga a não prestar qualquer tipo de serviço relacionado ao objeto deste Contrato para quaisquer outras empresas ou indivíduos, sem o consentimento prévio da **SOCIEDADE**.

CLÁUSULA 5: DA CONFIDENCIALIDADE, SIGILO E USO DE *SOFTWARE*:

5.1. Em nenhuma hipótese o **DIRETOR (NÃO EMPREGADO)** deverá, direta ou indiretamente, durante e após o término da vigência de seu Contrato, qualquer que seja a causa, transmitir ou revelar a qualquer pessoa, empresa, sociedade ou negócio, nem usar por conta própria e/ ou em benefício próprio ou de terceiros, sem a prévia aprovação escrita da **SOCIEDADE**, qualquer informação recebida durante seu relacionamento com a **SOCIEDADE** e suas empresas afiliadas, ou recebida de qualquer empresa direta ou indiretamente relacionada com a mesma ou de alguma forma a ela pertinente, no que diz respeito a clientes da **SOCIEDADE** ou terceiros, bem como dados sobre estratégias operacionais ou negócios, preços, operações financeiras ou comerciais e serviços da **SOCIEDADE** ou de terceiros, fornecidas ao **DIRETOR (NÃO EMPREGADO)** ou obtidas por ele durante a vigência de sua relação com a **SOCIEDADE**, inclusive o uso, reprodução ou duplicação de programas de *software* ou quaisquer outros dados ou informações relativos aos negócios ou atividades da **SOCIEDADE** ou de terceiros. O **DIRETOR (NÃO EMPREGADO)** concorda que todos esses dados e informações serão recebidos e tratados como informações confidenciais. Os sistemas de comunicação da **SOCIEDADE** não serão considerados particulares ou sigilosos, nem da esfera privativa do **DIRETOR (NÃO EMPREGADO)**, que não deve esperar privacidade ou intimidade ao utilizar esses meios de comunicação. Qualquer utilização dos sistemas de comunicação da **SOCIEDADE**, incluindo a internet e *e-mail*, poderá ser monitorada pela **SOCIEDADE**, por amostragem, visando, estritamente, ao cumprimento das regras e políticas da **SOCIEDADE**.

5.2. As obrigações de sigilo e confidencialidade referidas nesta cláusula sobreviverão ao término deste Contrato, qualquer que seja a causa.

5.3. As obrigações de sigilo e confidencialidade referidas nesta cláusula não devem se aplicar nos casos de: (i) ordem judicial ou de autoridade competente para revelar alguma informação ou (ii) que a informação já seja pública no momento da revelação.

CLÁUSULA 6: NÃO SOLICITAÇÃO

O **DIRETOR (NÃO EMPREGADO)** concorda e se compromete, durante a vigência deste Contrato e por um período de 12 (doze) meses após o seu término, direta ou indiretamente, seja na capacidade de acionista, sócio, administrador, consultor ou de outra forma, a não:

– Empregar, contratar ou tentar empregar ou contratar qualquer pessoa que, nos 12 (doze) meses anteriores e posteriores ao término deste Contrato, tenha sido um empregado ou contratado da Sociedade, das suas sociedades coligadas, ou de qualquer outra sociedade do mesmo grupo econômico; assessorar tal oferta de emprego ou retenção, ou tentar persuadir, visando a contratação ou emprego ou, de outro modo, induzir ou encorajar o referido contratado ou empregado a rescindir o seu vínculo com a Sociedade ou com qualquer outra empresa do mesmo grupo econômico.

Para os fins específicos desta cláusula, a contratação, pelo **DIRETOR (NÃO EMPREGADO)**, ou qualquer outra empresa, direta ou indiretamente, com o suporte do **DIRETOR (NÃO EMPREGADO)**, de qualquer indivíduo que se enquadre na definição acima estará sujeita às restrições aqui estabelecidas, mesmo se tal contratação for formalizada de forma diferente daquela adotada pela Sociedade em relação ao mesmo indivíduo, incluindo, mas não se limitando, à contratação de qualquer indivíduo como prestador de serviços e não como empregado.

CLÁUSULA 7: DAS ATIVIDADES COMPETITIVAS

O **DIRETOR (NÃO EMPREGADO)** concorda que, quer durante a vigência deste contrato, quer durante o prazo de até 12 (doze) meses, imediatamente subsequentes ao término deste contrato, conforme determinado e informado à época pela Sociedade, por qualquer razão, no território nacional no qual o **DIRETOR (NÃO EMPREGADO)** tenha prestado os seus serviços, não utilizará o conhecimento adquirido no exercício de suas funções como Diretor da Sociedade em qualquer trabalho ou atividade, direta ou indiretamente, seja como dono, sócio, representante, consultor ou empregado, nem ajudará ou terá interesse que concorram diretamente ou indiretamente com a empresa em que trabalhou durante a vigência deste contrato, podendo, todavia, trabalhar livremente em atividades não concorrentes às da Sociedade, mediante a notificação por escrito à Sociedade.

7.1. Para o objetivo da cláusula acima relacionado com a não-competição após o término da vigência deste Contrato, na hipótese de término do Contrato por qualquer motivo, as partes acordam que a Sociedade terá o direito de solicitar ao **DIRETOR (NÃO EMPREGADO)** para não competir, conforme as condições da cláusula acima.

7.2. Na hipótese da Sociedade desejar exercer essa opção, a Sociedade terá o prazo máximo de 10 (dez) dias úteis, após a data do término deste Contrato, para enviar uma notificação ao **DIRETOR**

(NÃO EMPREGADO) informando quanto à intenção da Sociedade de exercer esta opção.

7.3. O exercício da opção da Sociedade para que o **DIRETOR (NÃO EMPREGADO)** cumpra com a obrigação de não competir estará condicionado ao pagamento de uma indenização no valor equivalente a 85% do último *pro labore* mensal bruto do **DIRETOR (NÃO EMPREGADO)**, para cada mês de não competição. Esse valor não inclui qualquer pagamento adicional e/ou variável que tenha sido feito ao **DIRETOR (NÃO EMPREGADO)** durante a vigência deste Contrato.

7.3.1. Qualquer quantia paga em decorrência da cláusula 7.3. acima será devolvida pelo **DIRETOR (NÃO EMPREGADO)** devidamente corrigida, e nenhum pagamento futuro será devido pela Sociedade em virtude de qualquer violação pela Sra. Adriana Mota à cláusula de não-competição.

CLÁUSULA 8: TITULARIDADE DE INVENÇÕES OU CRIAÇÕES

Em decorrência do Contrato ora ajustado com a Sociedade e em consideração ao *pro labore* ajustado, o **DIRETOR (NÃO EMPREGADO)** declara e reconhece expressamente que todas as criações, que significarão todas as descobertas, invenções, *know-how*, pesquisas, bem como demais informações, incluindo as de caráter sigiloso, os processos, produtos, fórmulas, métodos e aperfeiçoamentos ou partes destes, *designs*, expressões de propaganda, marcas e/ou sinais distintivos, todas as derivações, melhorias e aperfeiçoamentos relacionados direta ou indiretamente aos negócios da Sociedade (doravante, simplesmente "Criações"), concebidas, desenvolvidas ou, de outro modo, criadas pelo **DIRETOR (NÃO EMPREGADO)**, sozinho ou em cooperação com outros e, de qualquer forma, relacionadas (i) à Sociedade, e/ou (ii) aos produtos comercializados pela Sociedade, e/ou (iii) às informações confidenciais e/ou de propriedade da Sociedade, e/ou (iv) ao seu Contrato com a Sociedade ou às atividades **do DIRETOR (NÃO EMPREGADO)**, durante o curso do seu Contrato com a Sociedade, quer patenteáveis ou não, quer sujeitos ao **DIRETOR (NÃO EMPREGADO)** proteção de direitos autorais ou não, quer reduzidos à forma tangível, postos em prática ou não (elaborados ou não nas dependências da Sociedade ou, ainda, revelados pelo **DIRETOR (NÃO EMPREGADO)** à Sociedade, em conjunto com todos os produtos ou serviços que representam fisicamente tais Criações, são e serão de propriedade e uso exclusivos da Sociedade, sendo direito desta, a seu exclusivo critério, e sem qualquer obrigação de compensar o **DIRETOR (NÃO EMPREGADO)** a explorar economicamente tais Criações, licenciar e/ou ceder a terceiros os direitos sobre estas, de forma exclusiva e sem qualquer espécie de restrição ou limitação, em especial no que se refere à forma de utilização, exploração, distribuição ou circulação das Criações. O **DIRETOR (NÃO EMPREGADO)** também concorda que não criará, utilizará e/ou autorizará o uso de terceiros, tanto durante quanto após o término do seu Contrato, de qualquer Criação.

8.1. O **DIRETOR (NÃO EMPREGADO)** se obriga a não reclamar, a qualquer tempo, as Criações como sendo de sua propriedade e/ou titularidade.

8.2. Para todos os fins de direito, o **DIRETOR (NÃO EMPREGADO)** ratifica ceder à Sociedade todos os direitos patrimoniais, direitos de uso e propriedade sobre toda e qualquer Criação, assegurando a não utilizá-las e/ou contribuir para seu uso por terceiros com os quais venha a se relacionar, a qualquer tempo, exceto se autorizado previamente, por escrito, pelas quotistas majoritárias da Sociedade. A cessão dos direitos patrimoniais, direitos de uso e de propriedade sobre as Criações à Sociedade é válida para dentro e fora do território nacional, de forma irretratável, exclusiva, incondicional, total e definitiva, conferindo à Sociedade o direito de utilizar tais Criações (e/ou os direitos ora cedidos), em conjunto ou não com outras obras, bem como modificar, traduzir, editar, publicar, exibir, reproduzir, adaptar, distribuir, explorar, transmitir e/ou divulgar tais Criações e/ou permitir que terceiros o façam, a qualquer tempo, de forma incondicional, e utilizar as mesmas (e/ou os direitos ora cedidos) em qualquer processo, meio ou técnica, tais como, reprográfica, fotográfica, vídeo-fonográfica, fonográfica, comunicação de dados via cabo, radiodifusão (rádio e televisão), através de satélite ou qualquer outro processo eletromagnético ou digital inclusive para exploração *online*, disponibilizada na internet.

8.2.1. Fica previamente acordado entre as partes que é permitida à Sociedade a reprodução incondicional de quaisquer Criações, mesmo que não esteja em absoluta consonância com a obra original, dispensando, também, a citação do nome do **DIRETOR (NÃO EMPREGADO)** como autor, sempre que a lei permitir.

8.3. Em decorrência do ora ajustado neste Contrato, inclusive pelo *pro labore* ajustado acima, o **DIRETOR (NÃO EMPREGADO)** concorda em não reclamar ou pleitear qualquer compensação à Sociedade em razão da cessão ora pactuada e/ou pelo uso das Criações pela Sociedade.

8.4. Na eventualidade do **DIRETOR (NÃO EMPREGADO)** ser considerado, por força de lei ou outra disposição qualquer, detentor de quaisquer dos direitos de que tratam os parágrafos acima com relação às Criações, o **DIRETOR (NÃO EMPREGADO)** desde já acorda (i) em cooperar com a Sociedade e a assessorá-la, gratuitamente, na obtenção e manutenção de qualquer proteção governamental que esta vier a intentar para tais Criações, e a assinar todos os documentos que a Sociedade venha a exigir para esse fim, e (ii) em firmar todo e qualquer documento necessário ao efetivo cumprimento dos termos, condições e garantias no presente pactuados, inclusive em ceder para a Sociedade, gratuitamente, todos os direitos patrimoniais de autor, patentes e outros direitos exclusivos que o **DIRETOR (NÃO EMPREGADO)** possui ou venha a ser considerado possuidor com respeito a essas Criações.

CLÁUSULA 9: NÃO-DIFAMAÇÃO E NÃO INTERFERÊNCIA: O **DIRETOR (NÃO EMPREGADO)** declara e assegura que não fará, a qualquer tempo, direta ou indiretamente, pessoalmente ou através de qualquer pessoa física e/ou sociedade, corporação ou outra entidade, qualquer comentário a qualquer pessoa que importe em demérito para a Sociedade, suas sócias, afiliadas, administradores, empregados, representantes ou qualquer outra empresa do mesmo grupo econômico em relação a qualquer circunstância ou fato.

CLÁUSULA 10: INDEPENDÊNCIA DAS CLÁUSULAS: O **DIRETOR (NÃO EMPREGADO)** concorda que as cláusulas 5, 6, 7, 8 e 9 deste Contrato ("Cláusulas Restritivas") são justificáveis em relação às suas condições.

10.1. Qualquer termo, cláusula ou disposição deste Contrato que não tenha validade ou não seja aplicável, ficará sem efeito, sem com isto invalidar ou tornar inaplicáveis as cláusulas e disposições restantes.

CLÁUSULA 11: VIGÊNCIA E TÉRMINO: O Contrato entrará em vigor na data de nomeação do **DIRETOR (NÃO EMPREGADO)** no estatuto social da Sociedade e permanecerá em vigor por prazo indeterminado.

11.1. A Sociedade poderá destituir o **DIRETOR (NÃO EMPREGADO)** de seu cargo de administrador estatutário da Sociedade a qualquer tempo, com aviso prévio de 30 dias, nos termos de seu estatuto social e da legislação aplicável. (Que poderá ser indenizado? Aqui não está claro, quer dizer que, se for destituída, terá que trabalhar 30 dias?)

CLÁUSULA 12: DISPOSIÇÕES GERAIS

12.1. O presente Contrato é celebrado em caráter irretratável e irrevogável, obrigando ambas as Partes ao cumprimento do aqui disposto, podendo ser modificado somente por escrito, com mútuo consentimento.

12.2. Não constituirá novação contratual ou renúncia a falta de aplicação pelas partes do pactuado em qualquer cláusula deste Contrato, relativamente a qualquer violação ou descumprimento das obrigações assumidas pela outra parte, em atendimento a circunstâncias especiais.

12.3. Nenhuma disposição do presente Contrato poderá ser interpretada como renúncia, por qualquer das partes, de qualquer direito a elas assegurado, em qualquer tempo, pela legislação aplicável a este Contrato.

12.4. No caso de descumprimento, pelo **DIRETOR (NÃO EMPREGADO)**, dos termos e condições pactuados nas cláusulas 5, 6, 7 e 8 acima ("Cláusulas Restritivas"), fica assegurado à Sociedade o direito de reclamar perdas e danos comprovadamente causados.

CLÁUSULA 13: Este Contrato se sobrepõe a todos os entendimentos anteriores, escritos ou verbais, referentes à prestação de serviços ou às condições aqui estabelecidas, e não pressupõe alterações não escritas.

CLÁUSULA 14: IDIOMA: Este Contrato é firmado em português e em inglês. As partes concordam que a versão em idioma português deste Contrato prevalecerá para todos os fins de resolução de quaisquer controvérsias relacionadas a este.

CLÁUSULA 15: FORO: Fica eleito pelas partes o foro da Comarca de São Paulo como competente para dirimir as controvérsias oriundas do presente Contrato, com exclusão de qualquer outro, por mais privilegiado que seja.

POR ESTAREM ASSIM, JUSTAS E AVENÇADAS, as partes assinam o presente Contrato, em duas (2) vias idênticas, de mesmo teor e forma.

São Paulo, XX de outubro de 2021.

____

XXXXXXXXXXXXXXXXXXXXX

SOCIEDADE

XXXXXXXXXXXXXXXXXXXXXX

DIRETOR (NÃO EMPREGADO)

3.5. Teletrabalho

Fernanda Massote Leitão Alvarenga

3.5.1. Introdução

A Lei n. 13.467/17, conhecida como a Lei da reforma trabalhista, normatizou o teletrabalho, que é uma espécie de trabalho a distância, conforme será explanado.

Neste capítulo, serão demonstrados os elementos que configuram o teletrabalho, bem como os aspectos jurídicos que envolvem a jornada de trabalho e o seu controle.

3.5.2. Definição de teletrabalho

O saudoso professor Amauri Mascaro traz a definição de teletrabalho "*como aquele que não é realizado no estabelecimento do empregador, e sim fora dele, com a utilização dos meios de comunicação que o avanço das técnicas modernas põe à disposição do processo produtivo*". (2009, p. 825).

A CLT, em seu art. 75-B, apresenta os elementos que devem estar concomitantes para que seja configurado o teletrabalho:

> "Considera-se teletrabalho a prestação de serviços preponderantemente fora das dependências do empregador, com a utilização de tecnologias de informação e de comunicação que, por sua natureza, não se constituam como trabalho externo." (BRASIL, 1943)

Pela leitura do dispositivo legal acima transcrito, percebe-se que para configurar o teletrabalho é necessário que o trabalho seja realizado a distância e com o emprego de tecnologia.

3.5.3. Jornada de trabalho e controle

O teletrabalho, ou trabalho remoto, ganhou força com a pandemia, sendo uma das principais medidas possíveis adotadas pelas empresas como solução no enfrentamento da pandemia da Covid-19. Foram quebradas barreiras e "medos" atinentes ao bom desempenho do empregado trabalhador que atua de forma remota fora das dependências da empresa.

Recentemente, foi editada a Medida Provisória 1108, ao lado da 1109, trazendo-se maior segurança jurídica e a qual incluiu o modelo do regime híbrido de trabalho. O artigo 75-B da CLT possibilitou o teletrabalho, ou trabalho remoto, com um novo conceito, incluindo a prestação de serviços fora das dependências do empregador, de maneira preponderante ou não. Esta MP também traz maior segurança jurídica à empresa ao apenas excluir do capítulo de duração de trabalho o teletrabalhador que prestar serviços por produção ou tarefa.

Entre outras disposições, ainda, os empregadores deverão conferir prioridade aos empregados com deficiência e aos empregados e empregadas com filhos ou criança sob guarda judicial até quatro anos, na alocação em vagas, para atividades que possam ser efetuadas por meio do teletrabalho, ou de trabalho remoto e este não pode equiparar-se a telemarketing. Destaque-se que por se tratar de uma Medida Provisória precisa de votação para a sua inclusão em caráter definitivo à CLT.

Os empregados que trabalham na modalidade de teletrabalho, via de regra, não estão sujeitos ao controle de jornada, por isso não têm direito ao pagamento das horas extras prestadas, conforme art. 62, inciso III, da CLT.

> Art. 62. Não são abrangidos pelo regime previsto neste capítulo: (Redação dada pela Lei n. 8.966, de 27.12.1994)
> I – os empregados que exercem atividade externa incompatível com a fixação de horário de trabalho, devendo tal condição ser anotada na Carteira de Trabalho e Previdência Social e no registro de empregados; (Incluído pela Lei n. 8.966, de 27.12.1994)
> II – os gerentes, assim considerados os exercentes de cargos de gestão, aos quais se equiparam, para efeito do disposto neste artigo, os diretores e chefes de departamento ou filial. (Incluído pela Lei n. 8.966, de 27.12.1994)
> III – os empregados em regime de teletrabalho. (Incluído pela Lei n. 13.467, de 2017) (Vigência)
> Parágrafo único – O regime previsto neste capítulo será aplicável aos empregados mencionados no inciso II deste artigo, quando o salário do cargo de confiança, compreendendo a gratificação de função, se houver, for inferior ao valor do respectivo salário efetivo acrescido de 40% (quarenta por cento). (Incluído pela Lei n. 8.966, de 27.12.1994)

É necessário alertar que no Direito do Trabalho vigora o princípio da primazia da realidade. Neste princípio, a verdade dos fatos prevalece sobre qualquer contrato formal, ou seja, caso haja conflito entre o que está escrito e o que ocorre de fato, prevalece o que ocorre de fato. Se o empregador fiscalizar a jornada de trabalho do empregado, poderá assumir um risco de passivo trabalhista, por conta de eventual condenação ao pagamento de horas extras.

Vale lembrar que o legislador brasileiro apenas excluiu o direito ao pagamento das horas extras para os empregados em regime de teletrabalho que não possuem qualquer controle de jornada. Por outro lado, os empregados que são monitorados pelas empresas, com controle de *login* e *logout* por exemplo, não se incluem na exceção do art. 62, III, da CLT, em atenção ao princípio da primazia da realidade.

Nas lições do professor e Ministro Mauricio Godinho:

> "A presença ou não de controle e fiscalização pelo empregador é, desse modo, um marco distintivo fundamental entre as jornadas laborativas obreiras. Em consequência, o Direito do Trabalho diferencia entre jornadas controladas e não controladas.
>
> As primeiras (jornadas controladas), em que a prestação do trabalho é submetida a efetivo controle e fiscalização do

empregador, podem ensejar a prestação de horas extraordinárias, caso evidenciada a extrapolação da fronteira temporal regular da jornada padrão incidente sobre o caso concreto. As segundas (jornadas não controladas), em que a prestação do trabalho não é submetida a real controle e fiscalização pelo empregador, não ensejam o cálculo de horas extraordinárias, dado que não se pode aferir sequer a efetiva duração do trabalho no caso concreto." (DELGADO, 2009, p. 811)

Insta destacar que a jurisprudência tem entendido que são devidas as horas extras ao trabalhador em regime de teletrabalho quando há mínima possibilidade de fiscalizar a sua jornada de trabalho, vejamos:

HORAS EXTRAS. TELETRABALHO. Como corolário do desenvolvimento das tecnologias de informação e comunicação, constata-se a evolução nos modos de prestação do trabalho e, num misto de vantagens e desvantagens sob a ótica jus trabalhista, surgiu o teletrabalho. Assim, havendo a menor possibilidade de aferição da jornada trabalhada por esse empregado, ainda que de forma mista (em ambiente institucional e *home office*), as horas prestadas em sobrejornada devem ser devidamente remuneradas, na forma do art. 7º, XVI, da Constituição da República.
(TRT da 3ª Região; PJe: 0010132-05.2016.5.03.0178 (RO); Disponibilização: 13.03.2017, DEJT/TRT3/Cad.Jud, Página 80; Órgão Julgador: Segunda Turma; Redator: Rodrigo Ribeiro Bueno)

3.5.4. Conclusão

O regime de teletrabalho tem sido amplamente adotado pelas empresas, principalmente por conta das medidas de distanciamento social para controle da pandemia decorrente da Covid-19.

Como foi demonstrado, o art. 62, inciso III, da CLT, que exclui o controle de jornada do teletrabalhador, somente será aplicado quando não há a mínima possibilidade de controle de jornada. Caso o trabalhador comprove nos autos que o seu empregador possuía meios para fiscalizar a sua jornada, não pairam dúvidas que serão devidas as horas extras realizadas.

Dessa forma, para evitar risco de passivo trabalhista, recomenda-se que seja feito o controle de jornada obreiro, mesmo para o trabalhador em *home office*.

4

ESTABILIDADE

Selma Carloto / Wanderlei Lagoas

4.1. Estabilidade provisória

A estabilidade provisória é quando o empregador não pode dar por encerrado o contrato de trabalho por seu mero desejo, a não ser por motivo de força maior ou em razão de uma justa causa.

Este direito é garantido ao trabalhador quando ele se encontra em determinadas situações especiais que são determinadas na Legislação ou por meio de normas coletivas.

As principais formas de estabilidade provisória previstas no nosso ordenamento jurídico são:

- Dirigente sindical,
- Gestante,
- Cipeiro,
- Trabalhador acidentado.

Há também outras estabilidades especiais, tais como:

- O membro da Comissão de Conciliação Prévia (CCP),

- Dirigente de cooperativa,
- Membro do Conselho Nacional da Previdência Social (CNPS),
- Membro do Conselho Curador do FGTS,
- Empregado em fase de alistamento militar.

Fonte: https://pixabay.com/.

CF/88, art. 10. Até que seja promulgada a lei complementar a que se refere o art. 7º, I, da Constituição:
II – fica vedada a dispensa arbitrária ou sem justa causa: do empregado eleito para cargo de direção de comissões internas de prevenção de acidentes, desde o registro de sua candidatura até um ano após o final de seu mandato;
b) da empregada gestante, desde a confirmação da gravidez até cinco meses após o parto.

Fonte: https://kleyd.jusbrasil.com.br/artigos/313313852/a-garantia-de-emprego-do--dirigente-sindical.

4.1.1. Dirigente sindical

Estabilidade provisória de origem constitucional é a do dirigente sindical.

É vedada a dispensa do empregado sindicalizado a partir do registro da candidatura a cargo de direção ou representação sindical e, se eleito, ainda que suplente, até 1 (um ano) após o final do mandato, salvo se cometer falta grave nos termos da lei (CF, art. 8º, VIII).

Fonte: https://pixabay.com/.

Súmula n. 369

DIRIGENTE SINDICAL. ESTABILIDADE PROVISÓRIA.

I – É assegurada a estabilidade provisória ao empregado dirigente sindical, ainda que a comunicação do registro da candidatura ou da eleição e da posse seja realizada fora do prazo previsto no art. 543, § 5º, da CLT, desde que a ciência ao empregador, por qualquer meio, ocorra na vigência do contrato de trabalho. (redação do item I alterada na sessão do Tribunal Pleno realizada em 14.09.2012)
II – O art. 522 da CLT, que limita a sete o número de dirigentes sindicais, foi recepcionado pela Constituição Federal de 1988.
III – O empregado de categoria diferenciada eleito dirigente sindical só goza de estabilidade se exercer na empresa atividade pertinente à categoria profissional do sindicato para o qual foi eleito dirigente.
IV – Havendo extinção da atividade empresarial no âmbito da base territorial do sindicato, não há razão para subsistir a estabilidade.
V – O registro da candidatura do empregado a cargo de dirigente sindical durante o período de aviso prévio, ainda que indenizado, não lhe assegura a estabilidade, visto que inaplicável a regra do § 3º do art. 543 da Consolidação das Leis do Trabalho.
Súmula n. 197
Supremo Tribunal Federal.
O empregado com representação sindical só pode ser despedido mediante inquérito em que se apure a falta grave.

4.1.2. Gestante

Fonte: https://pixabay.com/.

A empregada gestante tem estabilidade provisória desde a confirmação da gravidez até 5 (cinco) meses após o parto. (CF, ADCT, art. 10, II, *b*)

Não podemos nos esquecer que, em condições normais, esta estabilidade será de 120 dias corridos e, quando retorna ao trabalho, possui mais um mês, porém, é muito comum que a empregada, após o seu retorno, emende com as férias.

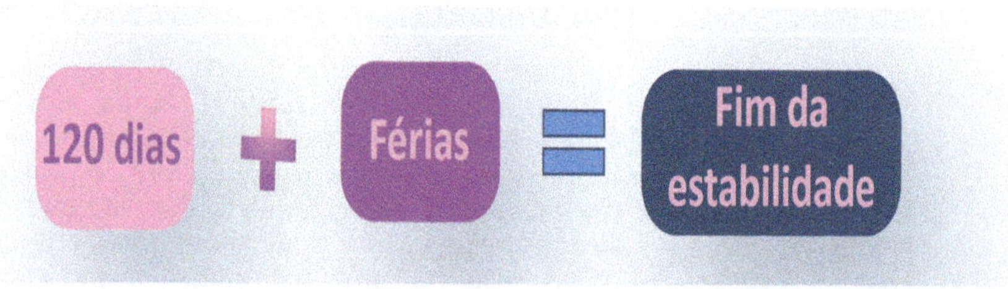

Há situações também de empresas que aderem ao Programa Empresa Cidadã e oferecem licença-maternidade de 180 dias corridos. Nesses casos, o período de estabilidade pode ser prorrogado em até 60 dias, dependendo do pedido da profissional ou da adesão voluntária da própria empresa.

Esta estabilidade tem início a partir da data da concepção da gravidez e vai até o 5º mês após o parto.

Fonte: https://pixabay.com/.

Súmula n. 244 do TST

Garantia de emprego à gestante – Reintegração, salários e vantagens.
I – O desconhecimento do estado gravídico pelo empregador não afasta o direito ao pagamento da indenização decorrente da estabilidade (art. 10, II, "b" do ADCT);
II – A garantia de emprego à gestante só autoriza a reintegração se esta se der durante o período de estabilidade. Do contrário, a garantia restringe-se aos salários e demais direitos correspondentes ao período de estabilidade;
III – A empregada gestante tem direito à estabilidade provisória prevista no art. 10, inciso II, alínea "b", do Ato das Disposições Constitucionais Transitórias, mesmo na hipótese de admissão mediante contrato por tempo determinado.

LEI N. 12.812, DE 16 DE MAIO DE 2013. ESTABILIDADE DA GESTANTE

AVISO PRÉVIO

Fonte: https://pixabay.com/.

Art. 391-A, CLT. A confirmação do estado de gravidez advindo no curso do contrato de trabalho, ainda que durante o prazo do aviso prévio trabalhado ou indenizado, garante à empregada gestante a estabilidade provisória prevista na alínea *b* do inciso II do art. 10 do Ato das Disposições Constitucionais Transitórias.
Parágrafo único. O disposto no caput deste artigo aplica-se ao empregado adotante ao qual tenha sido concedida guarda provisória para fins de adoção. (Incluído pela Lei n. 13.509, de 2017).

LC 146/14: nova regra sobre a estabilidade provisória da gestante no caso do seu falecimento: Estabilidade provisória se estende para guardião do filho de mãe falecida.

Agora, a estabilidade provisória da gestante, nos casos em que ocorrer o falecimento da genitora, será assegurada a quem detiver a guarda do seu filho.

Desta forma, durante o período da estabilidade (até cinco meses após o parto) fica vedada a dispensa arbitrária ou sem justa causa do empregado que detenha a guarda da criança.

A proposta que deu origem à lei (PLC 62/09), da ex-deputada Nair Lobo, foi aprovada no plenário do Senado no início deste mês. Na ocasião, diversos senadores destacaram que a medida assegura à pessoa que assume a guarda as condições necessárias para cuidar da criança.

LEI COMPLEMENTAR N. 146, DE 25 DE JUNHO DE 2014

Estende a estabilidade provisória prevista na alínea *b* do inciso II do art. 10 do ADCT à trabalhadora gestante, nos casos de morte desta, a quem detiver a guarda de seu filho.

Fonte: https://pixabay.com/.

A PRESIDENTA DA REPÚBLICA Faço saber que o Congresso Nacional decreta e eu sanciono a seguinte Lei Complementar:

Art. 1º O direito prescrito na alínea b do inciso II do art. 10 do Ato das Disposições Constitucionais Transitórias, nos casos em que ocorrer o falecimento da genitora, será assegurado a quem detiver a guarda do seu filho.

Estabilidade de gestante é assegurada a menor aprendiz dispensada durante licença-maternidade.

Fonte: https://pixabay.com/.

Uma menor aprendiz que ficou grávida no curso do contrato de trabalho e foi dispensada durante a licença-maternidade vai receber, a título de indenização, os salários e demais direitos correspondentes ao período da estabilidade garantida à gestante que não foi observado pelo Compre Mais Supermercados Ltda. A condenação foi imposta à empresa pela 8ª Turma do TST.

A menor começou a trabalhar no supermercado como aprendiz na função de empacotadora, em 04.2012, pelo prazo determinado de um ano. Permaneceu nessa função até o final de 09.2012, quando já grávida, passou a trabalhar no setor de hortifruti, na pesagem de produtos. Dando à luz em 2013, teve de devolver o uniforme e formalizar a extinção do contrato de trabalho durante a licença-maternidade.

Recurso: O recurso foi examinado na Oitava Turma sob a relatoria da ministra Dora Maria da Costa. A relatora lhe deu razão, esclarecendo que a estabilidade provisória é assegurada constitucionalmente à empregada gestante, "e tem por escopo maior a garantia do estado gravídico e de preservação da vida, independentemente do regime e da modalidade contratual" (art. 10, inciso II, alínea "b", do ADCT).

Segundo a magistrada, é nesse sentido o entendimento da jurisprudência do Tribunal (atual redação do item III da Súmula n. 244), que assegura à gestante a estabilidade provisória mesmo que o início da gravidez tenha ocorrido no período de vigência de contrato por prazo certo ou de experiência.

> **Decisão:** *afirmando que o contrato de aprendizagem é modalidade de contrato por prazo determinado e a ele se aplica a estabilidade à gestante, a relatora restabeleceu a sentença que condenou a empresa a pagar à menor aprendiz, a título de indenização, os salários e demais direitos correspondentes ao período de estabilidade. A decisão foi por unanimidade. Processo: RR-911-64.2013.5.23.0107.*

TST veta estabilidade de temporária – TESE FIRMADA

Fonte: https://pixabay.com/.

O Pleno do TST firmou em dia 18 de novembro de 2019 tese de que é inaplicável ao regime de trabalho temporário disciplinado pela Lei n. 6.019/74 a garantia de estabilidade provisória à empregada gestante prevista no art. 10, inciso II, alínea "*b*", do ADCT.

A decisão foi por maioria em julgamento de IAC suscitado pela SDI-1 na análise de recurso de uma auxiliar de indústria contra acórdão da 1ª Turma. A tese tem efeito vinculante, e pode ser aplicada em processos que ainda não transitaram em julgado. Processo: IAC 5639-31.2013.5.12.0051.

Prevaleceu o voto da ministra Maria Cristina Peduzzi, que divergiu do relator para indeferir a estabilidade. De acordo com S. Exa., somente um dos precedentes que fundamentaram o item III da Súmula n. 244 não se refere ao contrato de experiência, que tem disciplina na CLT e é diverso do contrato temporário, regido pela Lei n. 6.019/74.

"No contrato de experiência, existe a expectativa legítima por um contrato por prazo indeterminado. No contrato temporário, ocorre hipótese diversa – não há perspectiva de indeterminação de prazo."

4.1.3. CIPEIRO – Membro da CIPA

A CIPA (Comissão Interna de Prevenção de Acidentes) é regulamentada pela NR-5, do Ministério do Trabalho e Emprego, sendo formada por dois grupos, um designado pelo empregador e aqueles que são eleitos pelos empregados, sempre de forma proporcional, e devem atuar zelando pelo bem-estar e pela segurança dos trabalhadores.

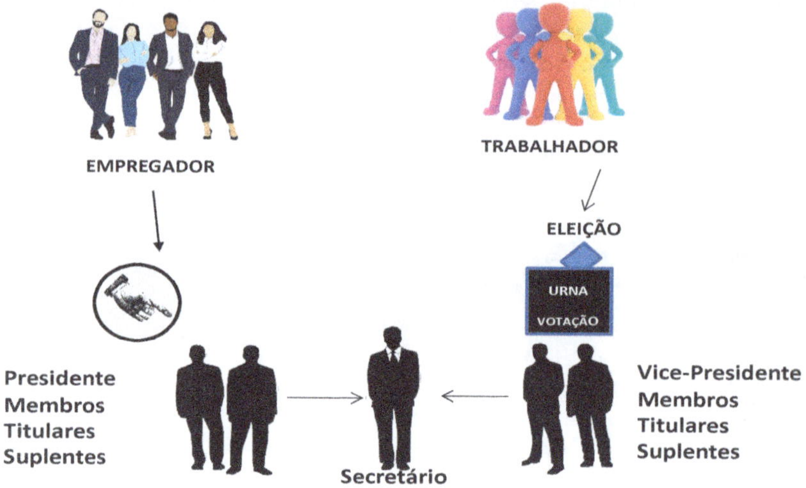

Fonte: https://pixabay.com/.

O empregado eleito para cargo de direção de comissões internas de prevenção de acidentes (CIPA) possui estabilidade desde o registro de sua candidatura até 1 (um) ano após o final de seu mandato (CF, ADCT, art. 10, II, *a*).

Como o funcionário integra a CIPA por 12 meses, a estabilidade é de dois anos. Entretanto, apenas os membros eleitos pelos funcionários (titulares e suplentes) ganham esse benefício de segurança. Contudo, membros designados pelo empregador, como o presidente da CIPA, não são contemplados.

Esta estabilidade na CIPA é extremamente necessária de modo a garantir que os trabalhadores que integram a comissão possam atuar com liberdade na prevenção de acidentes. Eles precisam exercer suas atividades sem que haja risco de coação ou pressão por parte do empregador, e devem ter a segurança de que não serão demitidos enquanto fizerem parte desse grupo.

Súmula n. 339 do TST

Fonte: https://pixabay.com/.

CIPA. SUPLENTE. GARANTIA DE EMPREGO. CF/1988 (incorporadas as Orientações Jurisprudenciais ns. 25 e 329 da SBDI-1) – Res. 129/2005, DJ 20, 22 e 25.04.2005

I – O suplente da CIPA goza da garantia de emprego prevista no art. 10, II, *"a"*, do ADCT a partir da promulgação da Constituição Federal de 1988. (ex-Súmula n. 339 – Res. 39/1994, DJ 22.12.1994 – e ex-OJ n. 25 da SBDI-1 – inserida em 29.03.1996)

II – A estabilidade provisória do cipeiro não constitui vantagem pessoal, mas garantia para as atividades dos membros da CIPA, que somente tem razão de ser quando em atividade a empresa. Extinto o estabelecimento, não se verifica a despedida arbitrária, sendo impossível a reintegração e indevida a indenização do período estabilitário. (ex-OJ n. 329 da SBDI-1 – DJ 09.12.2003)

4.1.4. Trabalhador acidentado

Fonte: https://pixabay.com/.

Em caso de acidente de trabalho, o empregado adquire a estabilidade; ocorre o mesmo quando ficar comprovada a existência de doença profissional gerada no trabalho, mesmo após a demissão.

A Previdência Social estabelece que o trabalhador tenha direito à estabilidade por acidente de trabalho no prazo de no mínimo um ano após o término de recebimento do benefício. Já o TST complementa com algumas regras, estabelecendo que o afastamento por mais de 15 dias é uma exigência fundamental para a autorização da estabilidade na empresa.

Súmula n. 378

Fonte: https://pixabay.com/.

ESTABILIDADE PROVISÓRIA. ACIDENTE DO TRABALHO. ART. 118 DA LEI N. 8.213/1991. CONSTITUCIONALIDADE. PRESSUPOSTOS.
I – É constitucional o art. 118 da Lei n. 8.213/1991 que assegura o direito à estabilidade provisória por período de 12 meses após a cessação do auxílio-doença ao empregado acidentado.
II – **São pressupostos para a concessão da estabilidade o afastamento superior a 15 dias** e a consequente percepção do auxílio-doença acidentário, salvo se constatada, após a despedida, doença profissional que guarde relação de casualidade com a execução do contrato de emprego.
III – O empregado submetido a contrato de trabalho por tempo determinado goza da garantia provisória de emprego, decorrente de acidente de trabalho, prevista no art. 118 da Lei n. 8.213/91. Inciso inserido pela Resolução n. 185 de 28.09.2012.

4.1.5. Portador de deficiência ou reabilitado – estabilidade indireta

Fonte: https://pixabay.com/.

Lei n. 8.213/91 – Art. 93. A empresa com 100 (cem) ou mais empregados está obrigada a preencher de 2% (dois por cento) a 5% (cinco por cento) dos seus cargos com beneficiários reabilitados ou pessoas portadoras de deficiência, habilitadas, na seguinte proporção:
I – até 200 empregados.................2%;
II – de 201 a 500.............................3%;
III – de 501 a 1.000.........................4%;
IV – de 1.001 em diante. ....5%.

§ 1º A dispensa de trabalhador reabilitado ou de deficiente habilitado ao final de contrato por prazo determinado de mais de 90 (noventa) dias, e a imotivada, no contrato por prazo indeterminado, só poderá ocorrer após a contratação de substituto de condição semelhante.

§ 2º O Ministério do Trabalho e da Previdência Social deverá gerar estatísticas sobre o total de empregados e as vagas preenchidas por reabilitados e deficientes habilitados, fornecendo-as, quando solicitadas, aos sindicatos ou entidades representativas dos empregados.

4.1.6. Membro da comissão de conciliação prévia(CCP)

Fonte: https://pixabay.com/.

As Comissões poderão ser constituídas por grupos de empresas ou ter caráter intersindical. A Comissão instituída no âmbito da empresa será composta de, no mínimo, dois e, no máximo, dez membros, e observará as normas previstas no art. 625-B da CLT. Já a Comissão instituída no âmbito do sindicato terá sua constituição e normas de funcionamento definidas em convenção ou acordo coletivo, onde conciliará exclusivamente conflitos que envolvam trabalhadores pertencentes à categoria profissional e à base territorial das entidades sindicais que as tiverem instituído.

A Comissão de Conciliação Prévia (CCP) foi fruto do advento da Lei n. 9.9588/00, a qual incluiu os arts. 625-A a 625-H na Consolidação das Leis do Trabalho (CLT).

Os membros representantes dos empregados na Comissão de Conciliação Prévia, tanto os titulares como os suplentes, terão estabilidade provisória até 1 (um) ano após o término do mandato, salvo se cometerem falta grave, nos termos da lei, ocasião em que poderão ser dispensados por justa causa.

Fundamentação legal:

Fonte: https://pixabay.com/.

O art. 625-B, 1º da CLT preconiza o que segue:
"Art. 625-B [...]
[...] 1º É vedada a dispensa dos representantes dos empregados membros de Comissão de Conciliação Prévia, titulares e suplentes, até (um) ano após o final do mandato, salvo se cometerem falta grave, nos termos da lei. [...]"

4.1.7. Dirigente de cooperativa

Fonte: https://pixabay.com/.

A garantia de emprego dada a dirigentes sindicais das cooperativas de emprego decorre exatamente da necessidade de se proteger aqueles que possuem funções que se assemelham às praticadas pelos dirigentes sindicais, uma vez que a Lei n. 5.764/71 dispõe expressamente sobre a possibilidade da cooperativa de emprego representar os seus associados.

Lei n. 5.764/71

Art. 55. Os empregados de empresas que sejam eleitos diretores de sociedades cooperativas pelos mesmos criadas, gozarão das garantias asseguradas aos dirigentes sindicais pelo art. 543 da Consolidação das Leis do Trabalho (Decreto-lei n. 5.452, de 1° de maio de 1943).

Dirigente de cooperativa de consumo obtém direito à estabilidade provisória.

O fato de vender produtos a associados não desnatura a sociedade cooperativa.

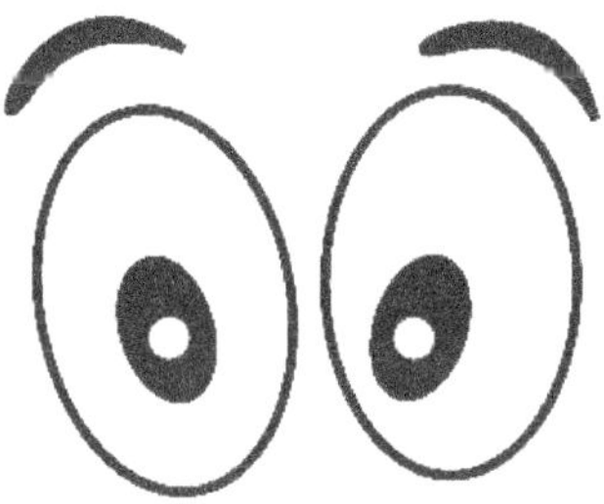

Fonte: https://pixabay.com/.

26.11.19 – A Quinta Turma do TST reconheceu o direito à estabilidade provisória da vice-presidente de uma cooperativa de consumo de representantes da Johnson & Johnson do Brasil Indústria e Comércio de Produtos para Saúde Ltda. em Recife (PE). Para a Turma, o fato de ter sido criada para o comércio varejista de seus associados não desnatura a sociedade cooperativa.

Cooperativas. Conforme o art. 3º da Lei n. 5.764/71, que define a Política Nacional de Cooperativismo, as pessoas que celebram contrato de sociedade cooperativa se obrigam reciprocamente a contribuir com bens ou serviços para o exercício de uma atividade econômica de proveito comum, "sem objetivo de lucro". A lei assegura ainda aos empregados de empresas que sejam eleitos diretores de sociedades cooperativas as garantias asseguradas aos dirigentes sindicais.

Estabilidade. A autora da reclamação trabalhista era empregada da Johnson e vice-presidente da Cooperativa Interestadual de Consumo dos Representantes, Propagandistas e Vendedores de Produtos Farmacêuticos nos Estados de Pernambuco, Paraíba e Rio Grande do Norte (Cooperrep), com mandato até maio de 2019. Segundo ela, sua dispensa, em 2016, foi inválida, em razão de sua condição de dirigente da cooperativa, criada com a finalidade de promover cursos e treinamentos.

Por maioria, vencido o relator, Ministro Douglas Alencar, a Turma reconheceu a estabilidade e determinou o retorno do processo à Vara de Trabalho de origem para novo exame dos pedidos da dirigente da cooperativa.

Processo: RR-345-11.2016.5.06.0002

Fonte: https://pixabay.com/.

4.1.8. Membro do Conselho Nacional da Previdência Social (CNPS)

Conselho Nacional de Previdência Social (CNPS) é o órgão superior de deliberação colegiada destinado ao tratamento da matéria de Direito previdenciário. Sua autoridade, bem como suas atribuições estão sistematizadas na Lei n. 8.213/91, que trata do Regime Geral de Previdência Social.

Composto pelo Governo Federal e pela sociedade civil, representada por trabalhadores em atividade, aposentados e pensionistas e empregadores, o CNPS tem por principais competências:

- estabelecer diretrizes gerais e apreciar as decisões de políticas aplicáveis à Previdência Social;
- participar, acompanhar e avaliar sistematicamente a gestão previdenciária;
- apreciar e aprovar os planos e programas da Previdência Social;
- apreciar e aprovar as propostas orçamentárias da Previdência Social, antes de sua consolidação na proposta orçamentária da Seguridade Social.

Aos membros do CNPS, enquanto representantes dos trabalhadores em atividade, titulares e suplentes, é assegurada a estabilidade no emprego, da nomeação até um ano após o término do mandato de representação, somente podendo ser demitidos por motivo de falta grave, regularmente comprovada por meio de processo judicial.

Fonte: https://pixabay.com/.

4.1.9. Membro do Conselho Curador do Fundo de Garantia por Tempo de Serviço – FGTS

O Fundo de Garantia por Tempo de Serviço (FGTS) instituído pela Lei n. 5.107, de 13 de setembro de 1966, será regido por normas e diretrizes estabelecidas por um conselho curador, conforme a Lei n. 8.036/90, onde terá a sua composição feita por representação de trabalhadores, empregadores e órgãos e entidades governamentais. Os representantes dos trabalhadores e dos empregadores e seus respectivos suplentes serão indicados pelas respectivas centrais sindicais e confederações nacionais e nomeados pelo ministro do Trabalho e da Previdência Social, e terão mandato de 2 (dois) anos, podendo ser reconduzidos uma única vez.

A Lei n. 8.036/90, art. 3º, § 9º, garante a estabilidade para os representantes dos empregados no CCFGTS – Conselho Curador do FGTS, abarcando titulares e suplentes, desde a nomeação até um ano após o final do mandato.

Estes representantes, em razão da estabilidade ser absoluta, somente podem ser dispensados por motivo de falta grave e, ainda assim, mediante apuração em processo sindical.

Fonte: https://pixabay.com/.

4.1.10. Empregado em Fase de Alistamento Militar

O empregado que for convocado para o serviço militar obrigatório terá estabilidade no emprego, desde o momento da sua convocação, até 30 dias contados da data de baixa, conforme art. 472, § 1º da CLT.

No retorno ao trabalho, o empregado terá todas as vantagens que em sua ausência tenham sido atribuídas à categoria a que pertencia na empresa.

No entanto, no período de alistamento e recrutamento, o empregado não possui qualquer estabilidade no emprego, salvo se prevista em convenção coletiva, podendo ser o contrato de trabalho rescindido por qualquer das partes.

Assim, para que o empregado tenha direito a voltar a exercer o cargo do qual se afastou em virtude de exigências do serviço militar ou de encargo público, deverá notificar seu empregador no prazo máximo de 30 dias, contados da data de baixa ou término do encargo.

O TST garante o emprego do alistando, desde a datada incorporação no serviço militar, até 30 dias após a baixa (Precedente Normativo da SDC n. 80).

Durante o serviço militar obrigatório, o contrato de trabalho fica suspenso, fato que já leva a uma garantia natural de emprego.

O Precedente Normativo do TST, entretanto, "garante a estabilidade de 30 dias após a baixa".

Fonte: https://pixabay.com/.

4.1.11. Extinção da estabilidade

Várias são as circunstâncias que provocam a extinção da estabilidade. Podem ser mencionadas, de forma esquematizada, as principais hipóteses:

- decurso do prazo: transcorrido o tempo fixado em lei para a garantia de emprego, por óbvio a mesma se extingue;

- morte do empregado;

- pedido de demissão (observe-se que alguns empregados estáveis, como o dirigente sindical e o cipeiro, sujeitam-se à regra do art. 500 da CLT, consubstanciada na necessidade de assistência sindical ao pedido de demissão);

- extinção da empresa ou do estabelecimento (neste caso, há controvérsias sobre os efeitos, notadamente o cabimento ou não da indenização, conforme a hipótese de garantia de emprego);

- morte do empregador pessoa física;

- dispensa por justa causa;

- extinção do contrato por culpa recíproca;

- hipóteses previstas no art. 165 da CLT ou em outros dispositivos legais (ex.: casos de dispensa do aprendiz).

Quanto à renúncia, de uma forma geral não se admite a renúncia a garantias provisórias de emprego previstas em lei, tendo em vista que se trata de direito indisponível.

5

RESCISÃO

Patrícia Therezinha Toledo

Fonte: https://pixabay.com/.

DA RESCISÃO DO CONTRATO DE TRABALHO

5.1. Introdução

A Consolidação das Leis do Trabalho dedica o Capítulo V para o tema da RESCISÃO, estabelecendo a normativa legal nos arts. 477 a 491 do texto consolidado.

Primeira observação que se deve fazer diz respeito ao fato de que a Lei n. 13.467/2017, denominada reforma trabalhista, trouxe inúmeras modificações no tema da rescisão do contrato de trabalho. Como o intuito desta obra é apresentar e tentar resolver os desafios práticos relativos ao tema, apresentaremos os respectivos ditames legais e as controvérsias relativas a cada dispositivo legal.

ANOTAÇÃO

Fonte: https://www.gov.br/pt-br/noticias/financas-impostos-e-gestao-publica/2020/07/carteira-de-trabalho-digital-tem-mais-de-100-milhoes-de-acessos.

CAIXA FGTS

Fonte: http://www.saosebastiaodocai.rs.gov.br/site/2020/09/21/municipio-resolve-impasse-com-a-caixa-sobre-fgts/.

COMUNICADO

PREVIDÊNCIA SOCIAL

Fonte: https://www.caixa.gov.br/beneficios-trabalhador/inss/Paginas/default.aspx.

Fonte: https://pixabay.com/.

REGRA GERAL:

Art. 477. Na extinção do contrato de trabalho, o empregador deverá proceder à anotação na Carteira de Trabalho e Previdência Social, comunicar a dispensa aos órgãos competentes e realizar o pagamento das verbas rescisórias no prazo e na forma estabelecidos neste artigo. (Redação dada pela Lei n. 13.467, de 2017)

§ 1º (Revogado). (Redação dada pela Lei n. 13.467, de 2017)§ 2º O instrumento de rescisão ou recibo de quitação, qualquer que seja a causa ou forma de dissolução do contrato, deve ter especificada a natureza de cada parcela paga ao empregado e discriminado o seu valor, sendo válida a quitação, apenas, relativamente às mesmas parcelas. (Redação dada pela Lei n. 5.584, de 26.6.1970)

§ 3º (Revogado). (Redação dada pela Lei n. 13.467, de 2017)

§ 4º O pagamento a que fizer jus o empregado será efetuado: (Redação dada pela Lei n. 13.467, de 2017)

I - em dinheiro, depósito bancário ou cheque visado, conforme acordem as partes; ou (Incluído pela Lei n. 13.467, de 2017)
II - em dinheiro ou depósito bancário quando o empregado for analfabeto. (Incluído pela Lei n. 13.467, de 2017),
§ 5º Qualquer compensação no pagamento de que trata o parágrafo anterior não poderá exceder o equivalente a um mês de remuneração do empregado. (Redação dada pela Lei n. 5.584, de 26.6.1970)
§ 6º A entrega ao empregado de documentos que comprovem a comunicação da extinção contratual aos órgãos competentes bem como o pagamento dos valores constantes do instrumento de rescisão ou recibo de quitação deverão ser efetuados até dez dias contados a partir do término do contrato. (Redação dada pela Lei n. 13.467, de 2017)
a) (Revogado); (Redação dada pela Lei n. 13.467, de 2017)
b) (Revogado). (Redação dada pela Lei n. 13.467, de 2017)
§ 7º (Revogado). (Redação dada pela Lei n. 13.467, de 2017)
§ 8º A inobservância do disposto no § 6º deste artigo sujeitará o infrator à multa de 160 BTN, por trabalhador, bem assim ao pagamento da multa a favor do empregado, em valor equivalente ao seu salário, devidamente corrigido pelo índice de variação do BTN, salvo quando, comprovadamente, o trabalhador der causa à mora. (Incluído pela Lei n. 7.855, de 24.10.1989)
§ 9º (Vetado).
§ 10. A anotação da extinção do contrato na Carteira de Trabalho e Previdência Social é documento hábil para requerer o benefício do seguro-desemprego e a movimentação da conta vinculada no Fundo de Garantia do Tempo de Serviço, nas hipóteses legais, desde que a comunicação prevista no *caput* deste artigo tenha sido realizada. (Incluído pela Lei n. 13.467, de 2017)

O intuito da reforma trabalhista, ao alterar parágrafos do art. 477 da CLT, foi claro ao prestigiar a autonomia das partes, pois deixou de exigir a homologação perante o órgão do Ministério do Trabalho ou pelos sindicatos.

A homologação passou a ser facultativa, mas a lei não impediu que a negociação coletiva estabelecesse a obrigatoriedade de tal providência e a jurisprudência não tornou nula as rescisões de contrato de trabalho em que houve homologação.

Fonte: https://pixabay.com/.

5.2. Dispensa plúrima ou coletiva

Art. 477-A. *As dispensas imotivadas individuais, plúrimas ou coletivas equiparam-se para todos os fins, não havendo necessidade de autorização prévia de entidade sindical ou de celebração de convenção coletiva ou acordo coletivo de trabalho para sua efetivação. (Incluído pela Lei n. 13.467, de 2017)*

A reforma trabalhista equiparou a dispensa individual das plúrimas e/ou coletivas, respeitando o dispositivo no art. 7º, inciso I, da Constituição Federal.

O legislador constituinte de 1988 optou por permitir o desligamento imotivado dos contratos de trabalho, desde que houvesse a respectiva indenização. Tal indenização foi estabelecida no Ato das Disposições Constitucionais Transitórias, art. 10, inciso I, que limita tal proteção a 40% de multa correspondente aos depósitos do FGTS.

Entretanto, entendo que tal disposição representa sério prejuízo aos trabalhadores e contraria as normas contemporâneas do Direito Comparado que vedam dispensa coletiva imotivada e asseguram consulta prévia às entidades de classe.

Fonte: https://pixabay.com/.

5.3. Plano de Demissão Voluntária (PDV) - quitação

Art. 477-B. *Plano de Demissão Voluntária ou Incentivada, para dispensa individual, plúrima ou coletiva, previsto em convenção coletiva ou acordo coletivo de trabalho, enseja quitação plena e irrevogável dos direitos decorrentes da relação empregatícia, salvo disposição em contrário estipulada entre as partes. (Incluído pela Lei n. 13.467, de 2017)*

A nova disposição legal resolveu estancar a controvérsia a respeito dos efeitos da quitação incidentes sobre o PDV ou PDI, assegurando a quitação plena e irrevogável dos direitos da extinta relação jurídica.

O texto legal contraria, a meu juízo, o princípio da jurisdição, com assento constitucional estabelecido no art. 5º, inciso XXXV, pois entendo que a quitação decorrente da adesão ao "PDV" ou "PDI" está restrita apenas às verbas especificadas no Termo de Rescisão de Contrato de Trabalho ou no termo decorrente do PDV ou PDI firmados. Por isto, entendo que o pedido de quitação ampla invocado pelas Reclamadas, em reclamatórias trabalhistas decorrentes da adesão prévia pelo Reclamante nos PDV ou PDI, deve ser rejeitado.

O artigo em questão exige que as partes estipulem cláusula que contrarie o efeito da quitação, como, por exemplo, a fixação de ressalvas para que a quitação ampla não se opere.

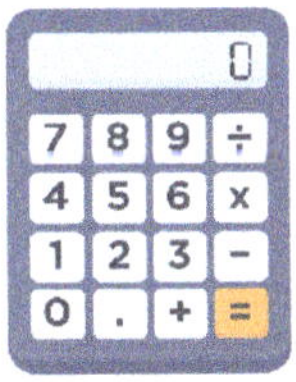

Fonte: https://pixabay.com/

Art. 478 da CLT

O art. 478 da CLT estabelece indenização pela rescisão do contrato de trabalho por prazo indeterminado, cuja aplicação prática é quase inexistente, visto que o art. 7º, inciso III, da Constituição Federal transformou o regime do FGTS em direito dos trabalhadores e, ensejando para efeito de desligamento, unificação da contraprestação mediante o levantamento dos depósitos do FGTS e da multa de 40% do FGTS.

Fonte: https://pixabay.com/

> ***Art. 479.*** *Nos contratos que tenham termo estipulado, o empregador que, sem justa causa, despedir o empregado será obrigado a pagar-lhe, a título de indenização, e por metade, a remuneração a que teria direito até o termo do contrato.* (*Vide* Lei n. 9.601, de 1998)
>
> ***Parágrafo único.*** *Para a execução do que dispõe o presente artigo, o cálculo da parte variável ou incerta dos salários será feito de acordo com o prescrito para o cálculo da indenização referente à rescisão dos contratos por prazo indeterminado.*

Tendo em vista que o art. 7º, inciso III, da CF tornou o FGTS como sendo direito dos trabalhadores, não significa a revogação da indenização decorrente da extinção antecipada do contrato por prazo determinado, pois em ocorrendo tal extinção pelo empregador, ensejará, a meu juízo, o pagamento da indenização pela metade do tempo faltante, assim como o levantamento do FGTS, multa de 40% do FGTS, férias proporcionais com 1/3, assim como 13º salário proporcional.

Fonte: https://pixabay.com/

> ***Art. 480.*** *Havendo termo estipulado, o empregado não se poderá desligar do contrato, sem justa causa, sob pena de ser obrigado a indenizar o empregador dos prejuízos que desse fato lhe resultarem.* (*Vide* Lei n. 9.601, de 1998)
> ***Parágrafo único.*** *A indenização, porém, não poderá exceder àquela a que teria direito o empregado em idênticas condições.*
> *(Revogado)*
> *§ 1º A indenização, porém, não poderá exceder àquela a que teria direito o empregado em idênticas condições.*

Considerando que o contrato de trabalho por prazo determinado é incompatível com a figura do aviso prévio, o legislador estabeleceu, no art. 480 da CLT, a indenização a ser paga pelo empregador que tem idêntico valor àquela que receberia, caso a rescisão fosse realizada por determinação do empregador.

> ***Art. 481.*** *Aos contratos por prazo determinado, que contiverem cláusula asseguratória do direito recíproco de rescisão antes de expirado o termo ajustado, aplicam-se, caso seja exercido tal direito por qualquer das partes, os princípios que regem a rescisão dos contratos por prazo indeterminado.*

Quando o contrato por prazo determinado contém cláusula que faculta às partes o desligamento, caso se opere a extinção do contrato de trabalho, serão devidas as verbas rescisórias decorrentes da rescisão sem justa causa do empregado, quais sejam:

Aviso prévio proporcional ao tempo de serviço, férias vencidas e proporcionais com 1/3, 13º salário proporcional e/ou integral, levantamento do FGTS, multa de 40% do FGTS e seguro-desemprego.

5.4. Justa causa do empregado

Fonte: https://pixabay.com/.

Art. 482. *Constituem justa causa para rescisão do contrato de trabalho pelo empregador:*
a) ato de improbidade;
b) incontinência de conduta ou mau procedimento;
c) negociação habitual por conta própria ou alheia sem permissão do empregador, e quando constituir ato de concorrência à empresa para a qual trabalha o empregado, ou for prejudicial ao serviço;
d) condenação criminal do empregado, passada em julgado, caso não tenha havido suspensão da execução da pena;
e) desídia no desempenho das respectivas funções;
f) embriaguez habitual ou em serviço;
g) violação de segredo da empresa;
h) ato de indisciplina ou de insubordinação;
i) abandono de emprego;
j) ato lesivo da honra ou da boa fama praticado no serviço contra qualquer pessoa, ou ofensas físicas, nas mesmas condições, salvo em caso de legítima defesa, própria ou de outrem;
k) ato lesivo da honra ou da boa fama ou ofen sas físicas praticadas contra o empregador e superiores hierárquicos, salvo em caso de legítima defesa, própria ou de outrem;
l) prática constante de jogos de azar.
m) perda da habilitação ou dos requisitos estabelecidos em lei para o exercício da profissão, em decorrência de conduta dolosa do empregado. (Incluído pela Lei n. 13.467, de 2017)
Parágrafo único *- Constitui igualmente justa causa para dispensa de empregado a prática, devidamente comprovada em inquérito administrativo, de atos atentatórios da segurança nacional.*

Da análise do art. 482 da CLT, verificamos que o legislador celetista, diferentemente do Código Penal, estabeleceu as hipóteses legais de desligamento por justa causa do empregado, mas não tipificou as condutas. O legislador deixou para a doutrina e a jurisprudência conceituar e enquadrar o que significa cada uma das condutas faltosas.

Essa tendência do legislador celetista causa celeuma doutrinária e jurisprudencial, cabendo, em eventual reclamatória, a discussão inclusive se a conduta se enquadra na conduta legal, enquanto que seria bem mais simples a divergência judicial quanto à prova do ocorrido.

Por ser a sanção mais grave do contrato de trabalho, consagrou-se o entendimento de que é ônus do empregador o enquadramento do trabalhador, nas hipóteses elencadas no art. 482 da CLT.

Tema que gera dúvida é quanto ao enquadramento e a possibilidade de adequação pelo magistrado. Pensem na hipótese de a reclamada alegar a prática, pelo reclamante da conduta do trabalhador, de desvio de numerário e enquadrá-la no art. 482, *b*, da CLT, poderá o Juiz a adequar e enquadrar no art. 482, letra *a* da CLT?

Entendo que sim, pois o enquadramento poderá ser adequado pelo juiz do trabalho, mas, se a reclamada alegou uma conduta como sendo grave, não poderá o magistrado entender que houve a justa causa pela realização de outra irregularidade pelo trabalhador.

Igualmente, entendo que o juiz do trabalho tem que respeitar o poder diretivo do empregador, motivo pelo qual não poderá fazer a gradação da pena. Isto é, o juiz do trabalho mantém a justa causa ou reverte em desligamento imotivado.

5.5. Causa do emregador

Art. 483. O empregado poderá considerar rescindido o contrato e pleitear a devida indenização quando:

Fonte: https://pixabay.com/.

a) forem exigidos serviços superiores às suas forças, defesos por lei, contrários aos bons costumes, ou alheios ao contrato;
b) for tratado pelo empregador ou por seus superiores hierárquicos com rigor excessivo;
c) correr perigo manifesto de mal considerável;
d) não cumprir o empregador as obrigações do contrato;
e) praticar o empregador ou seus prepostos, contra ele ou pessoas de sua família, ato lesivo da honra e boa fama;
f) o empregador ou seus prepostos ofenderem-no fisicamente, salvo em caso de legítima defesa, própria ou de outrem;
g) o empregador reduzir o seu trabalho, sendo este por peça ou tarefa, de forma a afetar sensivelmente a importância dos salários.

§ 1º O empregado poderá suspender a prestação dos serviços ou rescindir o contrato, quando tiver de desempenhar obrigações legais, incompatíveis com a continuação do serviço.

§ 2º No caso de morte do empregador constituído em empresa individual, é facultado ao empregado rescindir o contrato de trabalho.

§ 3º Nas hipóteses das letras *d* e *g*, poderá o empregado pleitear a rescisão de seu contrato de trabalho e o pagamento das respectivas indenizações, permanecendo ou não no serviço até final decisão do processo.

O art. 483 da CLT trata do tema justa causa do empregador ou rescisão indireta do contrato de trabalho.

Tal dispositivo também gera controvérsias doutrinárias e jurisprudenciais, visto que o legislador celetista também não tipificou o dispositivo legal. Somado a isto, existe necessidade de esclarecer que a CLT permite ao trabalhador afastar-se ou permanecer trabalhando nas hipóteses do art. 483, letras "d" e "g", isto é, quando o empregador não cumprir as obrigações do contrato, ou o empregador reduzir o seu trabalho, sendo este por peça ou tarefa, de forma a afetar sensivelmente a importância dos salários.

Caso o trabalhador opte por se afastar e ajuizar a reclamatória, a decisão judicial colocará fim ao contrato de trabalho. Na hipótese de o magistrado trabalhista entender que não houve a prova pelo reclamante da prática pelo empregador da falta grave, a sentença fixará como término do contrato de trabalho o último dia de labor, e procederá o desligamento do trabalhador como pedido de demissão. Para efeito de pagamento das verbas rescisórias, serão devidos apenas o saldo salarial, férias vencidas e proporcionais com 1/3, assim como o 13º salário integral ou proporcional.

Na hipótese da decisão judicial entender a ocorrência da justa causa do empregador, a sentença será a data da extinção do contrato de trabalho, considerando que o trabalhador não se afastou e as verbas rescisórias devidas serão as mesmas do desligamento imotivado, quais sejam:

- Aviso prévio proporcional ao tempo de serviço;
- Férias vencidas e proporcionais com 1/3;
- 13º salário proporcional e/ou integral;
- Levantamento do FGTS, multa de 40% do FGTS; e
- Seguro-desemprego.

Fonte: https://pixabay.com/.

5.6. Culpa recíproca

Art. 484. *Havendo culpa recíproca no ato que determinou a rescisão do contrato de trabalho, o tribunal de trabalho reduzirá a indenização à que seria devida em caso de culpa exclusiva do empregador, por metade.*

A ocorrência da culpa recíproca como causa de extinção do contrato de trabalho é incomum, pois exige a conjugação da ocorrência da falta grave praticada pela reclamada e pelo reclamante e ambas devidamente comprovadas na reclamatória trabalhista.

As verbas rescisórias de natureza indenizatória são reduzidas pela metade, isto é:

- Aviso prévio proporcional ao tempo de serviço pela metade;
- Multa de 20% do FGTS, levantamento do FGTS;
- Férias vencidas e proporcionais com 1/3;
- 13º salário integral e proporcional.

Tal modalidade de extinção do contrato de trabalho não importa em percepção pelo trabalhador do seguro-desemprego, pois o empregado também praticou falta grave.

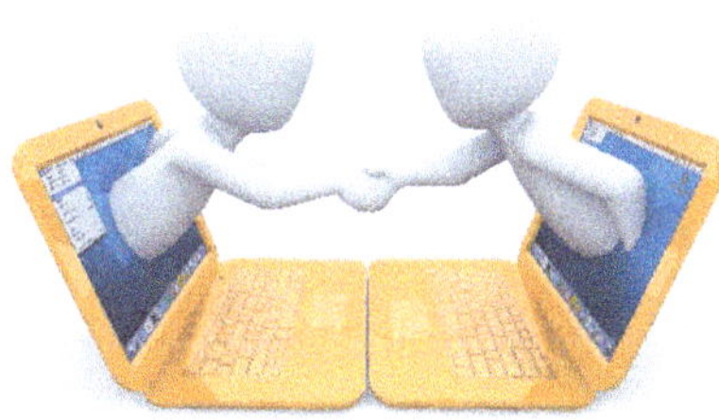

Fonte: https://pixabay.com/

5.7. Rescisão por acordo

484-A. *O contrato de trabalho poderá ser extinto por acordo entre empregado e empregador, caso em que serão devidas as seguintes verbas trabalhistas: (Incluído pela Lei n. 13.467, de 2017)*

I - por metade: (Incluído pela Lei n. 13.467, de 2017)
a) o aviso prévio, se indenizado; e (Incluído pela Lei n. 13.467, de 2017)
b) a indenização sobre o saldo do Fundo de Garantia do Tempo de Serviço, prevista no § 1º do art. 18 da Lei n. 8.036, de 11 de maio de 1990; (Incluído pela Lei n. 13.467, de 2017)

II - na integralidade, as demais verbas trabalhistas. (Incluído pela Lei n. 13.467, de 2017)

§ 1º A extinção do contrato prevista no caput deste artigo permite a movimentação da conta vinculada do trabalhador no Fundo de Garantia do Tempo de Serviço na forma do inciso I-A do art. 20 da Lei n. 8.036, de 11 de maio de 1990, limitada até 80% (oitenta por cento) do valor dos depósitos. (Incluído pela Lei n. 13.467, de 2017)

§ 2º A extinção do contrato por acordo prevista no caput deste artigo não autoriza o ingresso no Programa de Seguro-Desemprego. (Incluído pela Lei n. 13.467, de 2017)

Tal hipótese de desligamento foi criada pela reforma trabalhista, ocorrendo quando o empregado e o empregador decidem rescindir o contrato de trabalho por acordo. A ideia do legislador foi evitar as constantes fraudes praticadas por empregados e empregadores, visando a rescisão do contrato de trabalho por acordo, mas o trabalhador se comprometia a devolver a multa de 40% do FGTS ao empregador. Tal fraude gera grande prejuízo às contas do FGTS e ao pagamento do benefício do seguro-desemprego.

https://br.freepik.com/vetores/menu

5.8. Cessação da atividade da empresa

Art. 485. *Quando cessar a atividade da empresa, por morte do empregador, os empregados terão direito, conforme o caso, à indenização a que se referem os arts. 477 e 497.*

A morte do empregador não necessariamente gera a cessação da atividade empresarial, pois poderá ocorrer a substituição do empregador. No entanto, quando a questão da pessoalidade for fundamental a rescisão se operará.

Em ocorrendo a extinção do contrato de trabalho, entendo que as verbas rescisórias devidas são as mesmas do desligamento imotivado, quais sejam:

Aviso prévio proporcional ao tempo de serviço, férias vencidas e proporcionais com 1/3, 13º salário proporcional e/ou integral, levantamento do FGTS, multa de 40% do FGTS e seguro-desemprego.

Fonte: https://pixabay.com/

5.9. Fato do príncipe

> ***Art. 486.*** *No caso de paralisação temporária ou definitiva do trabalho, motivada por ato de autoridade municipal, estadual ou federal, ou pela promulgação de lei ou resolução que impossibilite a continuação da atividade, prevalecerá o pagamento da indenização, que ficará a cargo do governo responsável. (Redação dada pela Lei n. 1.530, de 26.12.1951)*
> *§ 1º Sempre que o empregador invocar em sua defesa o preceito do presente artigo, o tribunal do trabalho competente notificará a pessoa de direito público apontada como responsável pela paralisação do trabalho, para que, no prazo de 30 (trinta) dias, alegue o que entender devido, passando a figurar no processo como chamada à autoria. (Incluído pelo Decreto-lei n. 6.110, de 16.12.1943)*
> *§ 2º Sempre que a parte interessada, firmada em documento hábil, invocar defesa baseada na disposição deste artigo e indicar qual o juiz competente, será ouvida a parte contrária, para, dentro de 3 (três) dias, falar sobre essa alegação. (Redação dada pela Lei n. 1.530, de 26.12.1951)*
> *§ 3º Verificada qual a autoridade responsável, a Junta de Conciliação ou Juiz dar-se-á por incompetente, remetendo os autos ao Juiz Privativo da Fazenda, perante o qual correrá o feito nos termos previstos no processo comum. (Incluído pela Lei n. 1.530, de 26.12.1951)*

Com a ocorrência da pandemia da "Covid-19", houve, num primeiro momento, a discussão de a rescisão de contrato de trabalho decorrente da pandemia se enquadrar em fato do príncipe, gerando a obrigação da autoridade municipal, estadual ou federal ao pagamento das verbas rescisórias.

Tal hipótese foi descartada, tendo em vista que a ocorrência da Covid-19 não decorre de ato de autoridade pública, mas sim uma enfermidade que afetou todo o mundo nos anos de 2020 e 2021.

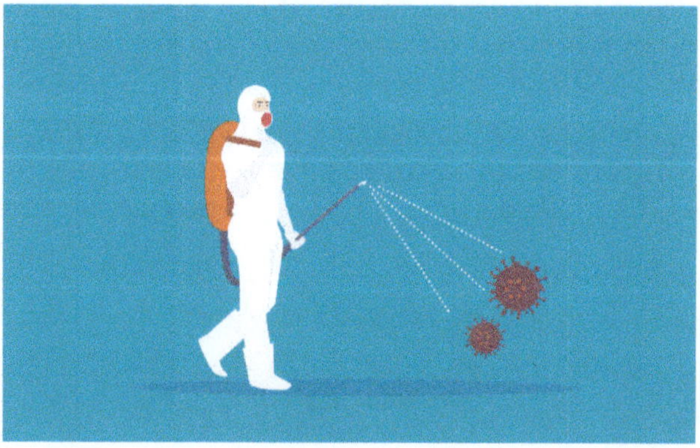

Fonte: https://pixabay.com/

5.10. Força maior – pandemia "COVID-19"

A Consolidação das Leis do Trabalho dedicou o Capítulo VIII ao tema da "força maior".

DA FORÇA MAIOR

Art. 501. Entende-se como força maior todo acontecimento inevitável, em relação à vontade do empregador, e para a realização do qual este não concorreu, direta ou indiretamente.
§ 1º A imprevidência do empregador exclui a razão de força maior.
§ 2º À ocorrência do motivo de força maior que não afetar substancialmente, nem for suscetível de afetar, em tais condições, a situação econômica e financeira da empresa, não se aplicam as restrições desta lei referentes ao disposto neste capítulo.
Art. 502. Ocorrendo motivo de força maior que determine a extinção da empresa, ou de um dos estabelecimentos em que trabalhe o empregado, é assegurada a este, quando despedido, uma indenização na forma seguinte:
I – sendo estável, nos termos dos arts. 477 e 478;
II – não tendo direito à estabilidade, metade da que seria devida em caso de rescisão sem justa causa;
III – havendo contrato por prazo determinado, aquela a que se refere o art. 479 desta lei, reduzida igualmente à metade.
Art. 503. É lícita, em caso de força maior ou prejuízos devidamente comprovados, a redução geral dos salários dos empregados da empresa, proporcionalmente aos salários de cada um, não podendo, entretanto, ser superior a 25%, respeitado, em qualquer caso, o salário mínimo da região (revogado tacitamente).
Parágrafo único. Cessados os efeitos decorrentes do motivo de força maior, é garantido o restabelecimento dos salários reduzidos.

Art. 504. Comprovada a falsa alegação do motivo de força maior, é garantida a reintegração aos empregados estáveis, e aos não estáveis o complemento da indenização já percebida, assegurado a ambos o pagamento da remuneração atrasada.

A rescisão de contrato de trabalho por motivo de "força maior", gerando a redução pela metade das verbas indenizatórias, foi realizada em decorrência dos desligamentos ocorridos durante a pandemia.

O art. 502, inciso III, da CLT é claro ao estabelecer que, no caso de contrato por prazo determinado, a indenização será reduzida pela metade.

Muitas empresas aplicaram tal dispositivo legal aos desligamentos imotivados dos contratos por prazo indeterminado, gerando a redução pela metade de todas as verbas rescisórias. Mas tal entendimento está equivocado, pois caso se aplicasse de forma analógica, a redução pela metade seria das verbas de natureza indenizatórias, quais sejam: metade do aviso prévio proporcional ao tempo de serviço e da multa do FGTS que passaria a ser de 20%. Entendo que as demais verbas rescisórias são devidas, bem como a guia para levantamento do FGTS e a percepção do seguro-desemprego.

Fonte: https://pixabay.com/

5.11. Jurisdição voluntária

Considerando que a reforma trabalhista criou a Justiça Voluntária no âmbito da Justiça do Trabalho, na forma dos arts. 855-B a 855-E da CLT.

Art. 855-B. *O processo de homologação de acordo extrajudicial terá início por petição conjunta, sendo obrigatória a representação das partes por advogado. (Incluído pela Lei n. 13.467, de 2017)*

§ 1º As partes não poderão ser representadas por advogado comum. (Incluído pela Lei n. 13.467, de 2017)

§ 2º Faculta-se ao trabalhador ser assistido pelo advogado do sindicato de sua categoria. (Incluído pela Lei n. 13.467, de 2017)

***Art. 855-C.** O disposto neste Capítulo não prejudica o prazo estabelecido no § 6º do art. 477 desta Consolidação e não afasta a aplicação da multa prevista no § 8º do art. 477 desta Consolidação. (Incluído pela Lei n. 13.467, de 2017)*

***Art. 855-D.** No prazo de quinze dias a contar da distribuição da petição, o juiz analisará o acordo, designará audiência se entender necessário e proferirá sentença. (Incluído pela Lei n. 13.467, de 2017)*

***Art. 855-E.** A petição de homologação de acordo extrajudicial suspende o prazo prescricional da ação quanto aos direitos nela especificados. (Incluído pela Lei n. 13.467, de 2017)*

***Parágrafo único.** O prazo prescricional voltará a fluir no dia útil seguinte ao do trânsito em julgado da decisão que negar a homologação do acordo. (Incluído pela Lei n. 13.467, de 2017)*

Tal determinação legal respeitou o disposto no art. 133 da Constituição Federal, no sentido de que o advogado é indispensável à administração da justiça, estabelecendo que as partes deverão estar representadas por advogados diferentes.

O legislador também está correto ao dispor que a previsão de ocorrência de acordo, com pedido de homologação judicial, não importa na transação ao pagamento da norma cogente fixada no art. 477, § 8º da CLT, correspondendo à multa pelo inadimplemento das verbas rescisórias dentro do prazo legal.

Muita controvérsia tem surgido quanto à obrigatoriedade ou não do juiz do trabalho em homologar o acordo sob a modalidade de jurisdição voluntária. Entendo que o juiz do trabalho não está obrigado a homologar o acordo, especialmente quando o empregador se propõe ao pagamento parcelado das verbas rescisórias e pretenda a quitação total do extinto contrato de trabalho.

Fonte: https://pixabay.com/

5.12. Acordo judicial

A extinção do contrato de trabalho por ACORDO JUDICIAL se opera quando o reclamante postula verbas rescisórias, seja por conversão do desligamento motivado em imotivado, seja quando alega que o pedido de demissão é nulo, ou quando pretende a rescisão indireta do contrato de trabalho. Em tais situações, não é incomum ocorrer, com a intervenção do magistrado trabalhista, o acordo judicial.

O acordo judicial poderá fixar na própria ata da audiência a data da extinção do contrato de trabalho, para efeito de baixa na CTPS, bem como a ata servirá de alvará para levantamento do FGTS e percepção do seguro-desemprego.

Tema prático relevante se opera quando se trata de uma reclamatória com litisconsórcio passivo e uma das reclamadas não concorda com o acordo. Em tal hipótese, resta a suspensão do processo com relação a tal reclamada, restando consignado na ata que a reclamada em questão não será responsável pelo pagamento da multa pelo inadimplemento do acordo.

Para melhor visualização, transcreve-se atas de audiências em tais situações.

Fonte: https://pixabay.com/.

5.13. Conciliação

"A 1ª reclamada pagará ao reclamante a importância líquida e total de R$ ..... conforme discriminado a seguir:

O(a) reclamante concorda expressamente que os pagamentos das parcelas do acordo sejam efetuados mediante depósito bancário na conta do seu patrono, Dr.(a) *, no Banco *, agência: *, conta-corrente n. *, valendo os comprovantes de depósito como recibos de pagamento do acordo. Desnecessária a juntada de petição ou recibo, no caso de quitação das parcelas, tendo-se como quitado o acordo se não denunciado o inadimplemento pela parte reclamante no prazo de 10 (dez) dias a contar do vencimento da última parcela. As partes convencionam que os depósitos bancários nas datas estabelecidas poderão ser efetuados em cheque ou em dinheiro.

Multa de 50% sobre o valor em aberto, em caso de inadimplemento, sem prejuízo de juros e correção monetária.

Cumprido o acordo, o(a) reclamante dará plena quitação da presente ação e do extinto contrato de trabalho, para nada mais reclamar, seja a que título for.

As partes declaram que a transação é composta 100% de parcelas de natureza indenizatória, correspondentes a aviso prévio (R$ 4.700,00), férias + 1/3 (R$ 2.200,00) e FGTS (R$ 13.108,20), sobre as quais não há incidência de contribuição previdenciária.

A presente ata tem força de ALVARÁ perante a CEF para liberação do FGTS, autorizando ao(a) reclamante e/ou advogado(a) constituído(a) nos autos ou o presente nesta audiência a apresentação do alvará para fins de levantamento dos depósitos do FGTS, pelos valores que estiverem depositados na conta vinculada do(a) reclamante, relativos ao vínculo empregatício com a reclamada, suprindo a inexistência do TRCT, dos recolhimentos rescisórios do FGTS e do carimbo de baixa da CTPS e ainda que o valor da multa dos 40% encontra-se incluso na quantia total do acordo.

Autor:

PIS do(a) reclamante n.:

Outrossim, a presente ata possui força de ALVARÁ perante a CEF, SINE e demais órgãos competentes para o(a) reclamante habilitar-se ao recebimento do seguro-desemprego, nos estritos termos da Lei, condicionado aos requisitos legais, suprindo, inclusive, a inexistência do TRCT, das guias SP/CD e do carimbo de baixa da CTPS.

PIS do(a) reclamante n. *.

A reclamada se compromete a proceder a baixa na CTPS do(a) autor(a), com data de * que será providenciado pela reclamante que apresentará sua CTPS no local de prestação de serviço em horário comercial até *.

O reclamante não concorda com a exclusão de imediato da 2ª reclamada do polo passivo e, por sua vez, a 2ª reclamada não concorda em participar do acordo pois entendem ser parte ilegítimas.

Tendo em vista que a 2ª reclamada não concorda em participar do acordo e para que não seja inviabilizada a conciliação entre o reclamante e a 1ª reclamada com a concordância expressa destes, resolvo estabelecer que, caso a 1ª reclamada venha a inadimplir o acordo de forma total ou em parte, antes de iniciar a fase executória do acordo, será designada audiência para discutir o tema da responsabilidade, tendo em vista que não há discordância quanto aos valores pactuados.

O reclamante fica ciente, bem como as reclamadas presentes, que, depois da decisão judicial, se vier a ser reconhecida eventual responsabilidade subsidiária das demais reclamadas, a execução do valor do acordo contra a mesma será sem a imputação da multa convencionada em caso de inadimplemento pela 1ª reclamada.

HOMOLOGO O ACORDO nos termos avençados pelas partes, valendo como decisão irrecorrível, salvo para a Previdência Social quanto às contribuições que lhe forem devidas.

Custas pelo reclamante no importe de R$ 400,16, calculadas sobre R$ 20.008,20, dispensadas na forma da lei

Cientes.

Audiência encerrada às...

Juíza do Trabalho"

6

LIMBO JURÍDICO PREVIDENCIÁRIO

Selma Carloto / Wanderlei Lagoas

6.1. Introdução

O limbo jurídico previdenciário pode ser compreendido como o período em que o empregador, o empregado e o Instituto Nacional do Seguro Social (INSS) **discordam da aptidão do trabalhador** para retorno ao trabalho após período de afastamento em gozo de benefício previdenciário.

Fonte: https://pixabay.com/.

Ocorre quando o empregado segurado tem alta médica do benefício previdenciário por incapacidade, auxílio-doença previdenciário (comum) ou acidentário e, no momento do retorno ao trabalho, é verificada inaptidão por seu médico particular ou pelo médico do trabalho da empresa.

Fonte: http://sincomar.com.br/site/?cod=noticia/967/tem-auxiliodoenca-ou-aposentadoria-por-invalidez-veja-como-e-a-revisao.

Consequência: a empresa pagará todo o período de afastamento como se o empregado estivesse trabalhando, já que o contrato não está mais suspenso – art. 4º da CLT. O empregado está à disposição do empregador.

O Tribunal Regional do Trabalho editou súmula que muito bem explica o que é na prática o limbo jurídico previdenciário, negando a ocorrência técnica do limbo, já que de fato não deveria existir, e que o empregado está já de alta e à disposição da empresa.

Súmula TRT-5 n. 0031

Alta médica concedida a empregado pela previdência social e negada por médico da empresa.

RESPONSABILIDADE DO EMPREGADOR PELO PAGAMENTO DOS SALÁRIOS DO PERÍODO POSTERIOR À CESSAÇÃO DO AUXÍLIO-DOENÇA ACIDENTÁRIO.

O empregador não pode criar óbice ao regresso do empregado para o trabalho e muito menos suspender o pagamento dos salários, perpetuando esse estado de indefinição da vida profissional do seu empregado. Isto porque, a rigor, do ponto de vista técnico, não existe o chamado "limbo jurídico", uma vez que, **com o término da concessão do benefício previdenciário - auxílio-doença acidentário -, o contrato de trabalho não está mais suspenso** (arts. 467, CLT e 63 da Lei n. 8.213/91), **volta à plena vigência, ainda que o empregado esteja apenas à disposição do empregador (art.** 4º, CLT), cujo tempo nessa condição deve ser remunerado como se estivesse, efetivamente, trabalhando, segundo norma preconizada pelo art. 4º da Consolidação das Leis do Trabalho.[106]

Art. 4º da CLT:
"Considera-se como de serviço efetivo o período em que o empregado esteja à disposição do empregador, aguardando ou executando ordens, salvo disposição especial expressamente consignada."[107]

Legislação

6.2. Com a alta do INSS, o empregado deverá retornar ao trabalho

<u>**O que diz a lei?**</u>

A Lei n. 11.907/09, art. 30, § 3º, preconiza:

"São atribuições essenciais e exclusivas dos cargos de Perito Médico Federal, de Perito Médico da Previdência Social e, supletivamente, de Supervisor Médico-Pericial da carreira de que trata a Lei n. 9.620, de 2 de abril de 1998, as atividades médico-periciais relacionadas com: (Redação dada pela Lei n. 13.846, de 2019)

(106) Súmula n. 31 do Tribunal Regional do Trabalho da Bahia. Disponível em: <https://trt-5.jusbrasil.com.br/jurisprudencia/654018360/recurso-ordinario-record-8618620145050371-ba>.

(107) BRASIL. *Consolidação das Leis do Trabalho*. Disponível em: <http://www.planalto.gov.br/ccivil_03/decreto-lei/del5452.htm>. Acesso em: 5 set. 2021.

a) a emissão de parecer conclusivo quanto à incapacidade laboral; (Incluído pela Lei n. 13.846, de 2019)"[108]

O que diz a Norma Regulamentadora n. 7 (NR-7)?

A NR-7 nos traz no item 7.4.4.3: "o ASO (atestado de saúde ocupacional) deverá conter no mínimo: definição de apto ou inapto para a **função** específica que o trabalhador vai exercer, exerce ou exerceu". Uma análise literal da norma supra nos mostra que essa definição de aptidão/inaptidão é prerrogativa do Médico do Trabalho/"Médico Examinador", a quem coube a função de emitir o ASO.

EMPREGADO TEVE ALTA – APTO - O MÉDICO DO TRABALHO VAI DECLARÁ-LO APTO OU INAPTO PARA A FUNÇÃO, DIFERENTE DE PARA O TRABALHO

Aparentemente, surgiria aqui uma **antinomia** (presença de duas normas conflitantes, gerando dúvidas sobre qual delas deveria ser aplicada ao caso exemplificado). No caso em tela, a Lei n. 11.907/09 goza de uma posição hierárquica privilegiada em nosso ordenamento jurídico, uma vez que se classifica como Lei Federal Ordinária, enquanto que a NR-7 foi editada por força da Portaria do MTE n. 24/1994. Sendo assim, deverá prevalecer a Lei n. 11.907/09. **Ocorre que, na verdade, não estamos diante de uma antinomia, já que a NR-7 traz o apto para a função, enquanto a Lei n. 11.907/09 traz o apto para o trabalho.**

• PERITO FEDERAL DO INSS - PARECER CONCLUSIVO SOBRE A CAPACIDADE PARA O TRABALHO (LABORAL) - consequência é a concessão ou não do benefício.
• MÉDICO DO TRABALHO – NR-7 - LEGITIMIDADE NO ASO PARA INAPTO OU APTO PARA A FUNÇÃO

A NR-7 prevê a obrigatoriedade do Programa de Controle Médico e Saúde Ocupacional - PCMSO, **determinando que todas as empresas que possuam trabalhadores no regime celetista elaborem e implementem o programa.**

---

(108) BRASIL. *Lei n. 11.907/2009*. Disponível em: <http://www.planalto.gov.br/ccivil_03/_ato2007-2010/2009/lei/l11907.htm>. Acesso em: 6 set. 2021.

O PCMSO é tratado como sistema de gestão, **com objetivo de promoção e preservação da saúde dos conjuntos dos seus trabalhadores (prevenir, rastrear, diagnosticar precocemente as doenças e conduzir os casos diagnosticados, prevenindo agravamentos), conforme previsto no item 7.1.1 da NR-7:**

> *7.1.1. Esta Norma Regulamentadora - NR estabelece a obrigatoriedade de elaboração e implementação, por parte de todos os empregadores e instituições que admitam trabalhadores como empregados, do Programa de Controle Médico de Saúde Ocupacional - PCMSO, com o objetivo de promoção e preservação da saúde do conjunto dos seus trabalhadores*(109).

1. Qual a obrigação do empregador após alta médica pelo perito do INSS?

Compete ao empregador, enquanto responsável pelo risco da atividade empresarial (CLT, art. 2º), receber o trabalhador ofertando-lhe o exercício das funções antes executadas ou, ainda, de atividades compatíveis com as limitações adquiridas. Nesse caso, deve-se atentar para o fato de não agravar a doença.

> EMENTA: AFASTAMENTO DO EMPREGADO. INDEFERIMENTO DE BENEFÍCIO PREVIDENCIÁRIO. INAPTIDÃO DECLARADA PELO MÉDICO DA EMPRESA.
> Comprovada a tentativa do autor de retornar ao trabalho e atestada a sua capacidade pela autarquia previdenciária, cabia à reclamada, **no mínimo, readaptar o obreiro em função compatível com a sua condição de saúde,** e não simplesmente negar-lhe o direito de retornar ao trabalho, deixando de lhe pagar os salários. Como tal providência não foi tomada, fica a empregadora responsável pelo pagamento dos salários e demais verbas do período compreendido entre o afastamento do empregado e a efetiva concessão do benefício previdenciário. Tribunal Regional do Trabalho de Minas Gerais/ MG (RO n. 01096-2009-114-03-00-4)(110)
>
> O que fazer?

(109) NR-7, Norma Regulamentadora-7 (1994). Programa de controle médico de saúde ocupacional. Diário Oficial da União, Poder Executivo, Brasília, DF, 30 dez. 1994.

(110) Disponível em: <https://www.jusbrasil.com.br/diarios/105694404/trt-3-judiciario-03-12-2015-pg-2705>.

6.3. Se o empregado teve alta para o trabalho e está inapto para a função, o que fazer?

Readequar o trabalhador em atividade compatível com suas limitações, mudando o mesmo para uma função que não prejudique sua saúde.

ATENÇÃO: Importante que o **empregador** se cerque de provas no sentido de que **fez o possível** para readaptar o trabalhador e que este voltasse a trabalhar.

Isto porque **a alta médica previdenciária tem como efeitos a cessação do benefício**, bem como o de atestar a aptidão do empregado para retornar ao trabalho.

Via de consequência, cabe ao empregador disponibilizar os meios de retorno do empregado ao trabalho, **passando a ficar novamente responsável pelo pagamento dos seus salários e demais direitos** assim que o empregado tiver alta do INSS.

A ALTA DO INSS CORRESPONDE À DEVOLUÇÃO DO EMPREGADO PARA A EMPRESA.

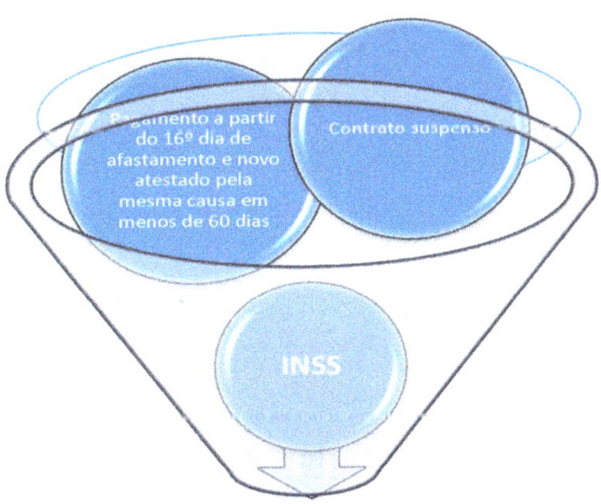

A empresa não pode ingerir neste período

Fonte: a autora, 2021.

O INSS também é responsável quando concedido novo benefício **decorrente da mesma doença dentro de sessenta dias contados da cessação do benefício anterior.**

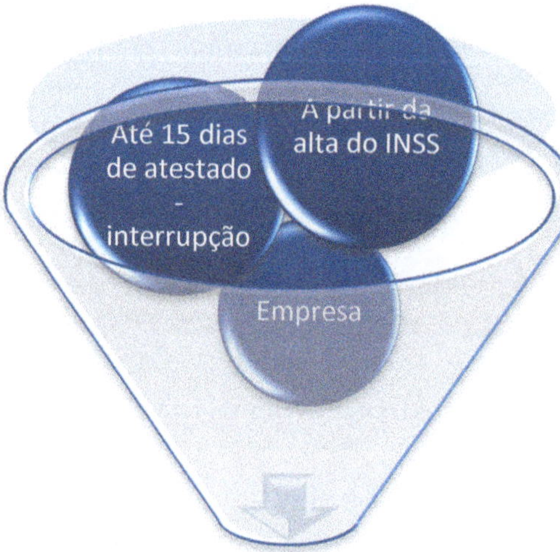

Período pago pela empresa- contagem para todos efeitos (férias, 13º etc.)

Fonte: a autora, 2021.

2. E se o empegado tem alta e não comparece à empresa?

A **Súmula** n. 32 do TST preconiza que resta configurado o abandono de emprego se o trabalhador não retornar ao serviço no prazo de 30 (trinta) dias, após a cessação do benefício previdenciário, nem justificar o motivo de não o fazer.

Orientação de conduta da empresa - enviar carta com AR, telegrama ou outra forma de comunicação convocando o empregado para trabalhar sob pena de abandono de emprego.

Súmula n. 32 do TST

ABANDONO DE EMPREGO (nova redação) - Res. 121/2003, DJ 19, 20 e 21.11.2003.

Presume-se o abandono de emprego se o trabalhador não retornar ao serviço no prazo de 30 (trinta) dias após a cessação do benefício previdenciário nem justificar o motivo de não o fazer.[111]

(111) Tribunal Superior do Trabalho. Disponível em: https://www.tst.jus.br/sumulas. Acesso em: 5 set. 2021.

ALTA DO INSS - ACABOU A SUSPENSÃO - CONTRATO VOLTA À SUA PLENA VIGÊNCIA - APLICA-SE O ART. 4º DA CLT.

Possíveis situações:

Alta do INSS Inapto do médico do trabalho (este só poderia dar inapto para a função - a empresa deveria ter convocado o empregado oferecendo trabalhos compatíveis com a sua condição de saúde)	Empregado tenta retornar após a alta do INSS	Limbo jurídico previdenciário -empresa paga todo o período de afastamento Art. 4º da CLT - CONTRATO NÃO MAIS SUSPENSO
Alta do INSS Empregado não comparece	Empresa deve mandar telegrama, carta com AR ou outra forma de comunicação	Empregado não comparece e nem justifica o porquê de não o fazer: não haverá limbo jurídico previdenciário (empresa pode dar justa causa) EMPRESA TEVE CONDUTA ATIVA FOI O EMPREGADO QUE DEU CASA
Alta do INSS Empregado comparece, médico do trabalho entende haver restrição PARA A FUNÇÃO	Houve readaptação do trabalhador e foram oferecidos trabalhos compatíveis com a condição de saúde ou mais leves	Não haverá limbo jurídico previdenciário Atitude correta da empresa - esta paga pelo trabalho

Portanto, o empregador deve tomar todas as medidas de forma a não configurar sua inércia, para não ser condenado em ação judicial, sobretudo no pagamento de danos morais.

Prevenção e forte atuação são sempre os melhores remédios para que não tenha que dispender altas quantias ao final de eventuais demandas trabalhistas.

3. Jurisprudência

A jurisprudência sobre limbo é farta e uniforme. Trazemos alguns exemplos para ilustrar:

6.4. Construtora é condenada por deixar pedreiro sem salário após alta previdenciária

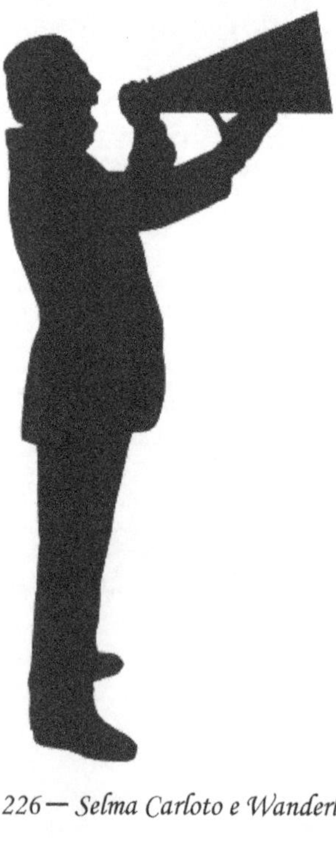

A Quarta Turma do TST rejeitou recurso da Salver Construtora e Incorporadora Ltda., de Ituporanga (SC), contra condenação ao pagamento de salários a um pedreiro pelo período em que o médico da empresa o considerou inapto para o trabalho, apesar de ter recebido alta previdenciária. Nesse chamado "limbo jurídico", em que deixou de receber o benefício previdenciário e também não voltou a receber salários, o profissional ficou sem remuneração.

Após usufruir do auxílio-doença em 2014, o pedreiro teve alta, mas a empresa não o aceitou de volta nem extinguiu o contrato. Ele buscou, por meio de ação na Justiça Federal, reverter a decisão do INSS e aguardava a determinação de realização de perícia médica, e, em reclamação trabalhista, pediu a reintegração ao emprego ou o pagamento dos salários.

A 2ª VT de Rio do Sul (SC) rejeitou o pedido, mas o TRT12 entendeu que o empregador deve responder pelos salários até que seja restabelecida a normalidade da relação de emprego ou até que seja oficialmente afastado pela Previdência Social. Conforme o TRT, o contrato de trabalho fica suspenso durante o auxílio-doença, mas, findo o período, cada parte deve cumprir suas obrigações: "o trabalhador de prestar serviços, e o empregador de pagar salários".

O Regional assinalou também que apenas os peritos do INSS têm competência legal para emitir parecer sobre a capacidade de trabalho para fins previdenciários.

No recurso ao TST, a construtora sustentou que a inaptidão para o trabalho foi declarada por seu perito médico e se confirmou diante do ajuizamento da ação contra o INSS. A relatora, ministra Maria de Assis Calsing, destacou diversos precedentes do TST no sentido de que, sendo incerta a aptidão do empregado para o exercício de suas funções, cabe ao empregador realocá-lo em atividade compatível com suas limitações físicas, e não somente negar o seu retorno ao trabalho. "O entendimento predominante no âmbito da Corte é de que a responsabilidade pelo pagamento dos salários é do empregador", concluiu. A decisão foi unânime. Processo: RR-2690-72.2015.5.12.0048.

Quando ocorre a situação do limbo jurídico previdenciário, as decisões dos tribunais têm sido no sentido de que o ***parecer do INSS se sobrepõe aos demais***, que o empregador não poderá negar o retorno do trabalhador, devendo adaptá-lo em alguma função compatível com eventuais limitações. O empregado já foi devolvido para a empresa.

Nesse sentido, por tudo já anteriormente exposto, se o empregado, ou mesmo o empregador, discordar do laudo previdenciário que atestou a capacidade laboral, poderá impugná-lo e buscar o parecer de outros profissionais médicos desvinculados das partes discordantes, a fim de subsidiar seu entendimento contrário. O empregador de toda forma deverá tentar, sempre que necessário, realocar o trabalhador em função compatível com sua condição de saúde e que não gere retrocessão ou rebaixamento.

Contudo, ainda assim, enquanto se discute com o INSS, seja na esfera administrativa ou na judicial, entende-se que o **empregador é responsável pelo contrato de trabalho em questão e que deverá provar que não impediu o retorno do empregado até então afastado, já que o empregado, quando teve alta do INSS, passou a estar à disposição do trabalhador, não estando o contrato mais suspenso.**

(Processo 47272-2014-003-09-00-7-ACO-04938-2018), julgado pela 2ª Turma.

*Neste acordão, o empregador não foi condenado, **uma vez que restou configurado que foi o empregado quem deu causa ao não retorno ao trabalho, apresentando vários atestados médicos, bem como se recusando a reassumir suas atividades.***

*O empregador, por sua vez, tentou, por duas vezes, discutir o benefício com a autarquia previdenciária, além de **ter oferecido trabalhos mais leves compatíveis com a condição da obreira**. Assim sendo, não houve condenação, pois o empregador fez de tudo para reverter a situação ou readaptar a obreira, exemplo de conduta que deve ser tomada por qualquer empregador em situação similar.*

Êxito no judiciário:

Empregado apresenta vários atestados

Empregado recusa-se a reassumir suas atividades

Empresa convocou o empregado Empresa oferece trabalhos mais leves

Conduta ativa da empresa

6.5. Município é condenado por recusar volta de empregada ao trabalho após licença

*A situação é conhecida como "**limbo jurídico**"; pois o trabalhador não recebe nem os salários nem o benefício previdenciário.*

A Segunda Turma do Tribunal Superior do Trabalho condenou o Município de Paranaguá (PR) a indenizar uma empregada que, embora tenha tido alta previdenciária após afastamento por doença, havia sido considerada inapta para o trabalho pelo médico do empregador.

A empregada, admitida em 1984 como auxiliar, ficou afastada por cerca de cinco meses em 2012. Ela sofria de osteoartrose da coluna e hérnia de disco. Na reclamação trabalhista, ela afirmou que, depois de ser considerada parcialmente apta para o trabalho pelo INSS, o médico do município não havia aceitado seu retorno por considerá-la inapta. Segundo ela, a atitude do empregador afetou sua dignidade, pois a impediu de prover seu próprio sustento e a obrigou a depender da ajuda de familiares.

O município, em sua defesa, sustentou que a indenização por dano moral é devida apenas quando for comprovada a existência de prejuízos irreparáveis ao empregado e que a dispensa ocorreu nos termos da lei.

ABUSO

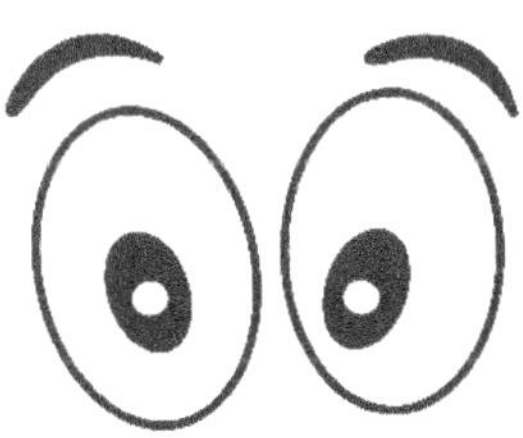

Fonte: https://pixabay.com/.

O juízo da 3ª Vara do Trabalho de Paranaguá registrou na sentença que o município, ao contratar pelo regime da CLT, se equipara à empresa privada e que, após a alta e, consequentemente, o fim do período de suspensão do contrato de trabalho, a regra impositiva de pagamento de salários pelo empregador volta a ter eficácia. Assim, se, ao contrário das conclusões da Previdência Social, considerar a empregada inapta para o trabalho, "deve no mínimo realizar um exame minucioso para verificar se a aptidão é total ou parcial e, se parcial, deve inseri--la em função compatível com a restrição médica".

Por considerar que houve abuso de direito, o juízo de primeiro grau condenou o município ao pagamento de indenização por dano moral no valor de R$ 15 mil e dos salários e demais parcelas devidas desde a alta do INSS. O Tribunal Regional do Trabalho da 9ª Região, no entanto, reduziu a condenação para R$ 5 mil, o que motivou a auxiliar a recorrer ao TST.

Efetividade prática

O relator do recurso de revista, Ministro José Roberto Pimenta, observou que a reparação, no caso, deve levar em conta não apenas a gravidade do fato, mas também o poder econômico do empregador e, principalmente, a efetividade prática da sanção aplicada, "com o fim de manter o equilíbrio das relações de trabalho". Tomando como base precedente da Turma em situação semelhante, o ministro propôs a majoração da indenização para R$ 30 mil. A decisão foi unânime. Processo: RR-2315-67.2014.5.09.0411[112].

Em caso julgado pela 5ª Turma do Tribunal Regional do Trabalho do Paraná (00981-2015-669-09-00-1-ACO-09131-2018), no qual houve condenação do empregador pelo motivo de ter se recusado a restabelecer empregado com alta médica do INSS, ou seja, agiu com culpa ao não chamá-lo, atraindo para si o ônus do pagamento dos salários.

(112) Disponível em: <http://www.tst.jus.br/web/guest/noticias/-/asset_publisher/89Dk/content/id/24903075>. Acesso em: 5 set. 2021.

Julgado do Tribunal Superior do Trabalho (AIRR - 565-04-2010.5.05.0016), o qual entende majoritariamente que, se o empregador discordar do laudo do INSS, deve impugná-lo de algum modo, ou até mesmo romper o vínculo, não podendo deixar o contrato sem definição.

No processo em tela, a empregadora somente demitiu a reclamante um ano e nove meses após alta do INSS, incorrendo em nítida culpa, por isso e com base nos princípios da função social da empresa e do contrato, da solidariedade social e da justiça social, foi condenada ao pagamento de salários do período de afastamento.

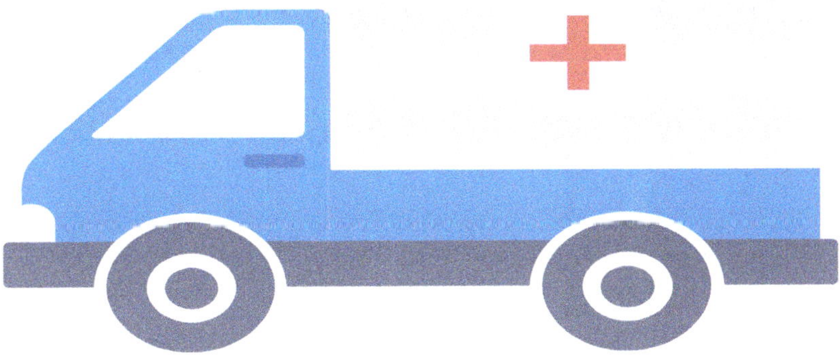

6.6. E se o empregado não puder ser readaptado em alguma atividade?

Como proceder???

Dicas: 1 - tentar inserir o empregado no teletrabalho.

2 - se não for possível realocar o trabalhador em qualquer função presencial não prejudicial ao seu problema de saúde, nem mesmo no teletrabalho, ainda é mais indicado dispensar o trabalhador, já que ele teve alta para o trabalho pelo INSS. O empregado trabalhar em função que possa prejudicar e agravar seu problema de saúde trará mais risco e prejuízo para a empresa, já que não estará respeitando o direito fundamental à saúde do trabalhador e concorrerá para o agravamento.

3 - se o empregado for estável, não podendo nem ser readaptado e nem mesmo dispensado, vale a pena pagar os salários durante o período de estabilidade e tentar auxiliar e orientar o empregado como recorrer perante o INSS e como ajuizar uma ação perante a Justiça Federal. A empresa poderá no êxito reaver estes valores pagos ao empregado.

Não sendo possível a recuperação para qualquer atividade, deveria o INSS encaminhar o segurado para aposentadoria por invalidez. Por sua vez, não se deveria penalizar o empregador que, na avaliação de retorno, verifica que o empregado não está apto ao trabalho.

Ao obstar o retorno, o que à primeira vista pode parecer prejudicial ao empregado, na verdade, se traduz em zelo e cautela na preservação da sua saúde, evitando-se agravamento de problemas de saúde, principalmente na impossibilidade de uma realocação de função.

A integridade física do trabalhador é um direito de personalidade oponível ao empregador e o melhor entendimento seria que até a aferição da completa capacidade do empregado, caberia ao INSS manter o benefício ou encaminhá-lo a programas de reabilitação.

Ocorre que, como vimos, é farta a jurisprudência trabalhista em sentido contrário, atribuindo ao empregador a responsabilidade pelo pagamento de salários durante o período de afastamento.

O empregado se afastou, a empresa não faz gestão de afastados e não o convocou após alta, acaba tendo a mesma consequência do **limbo jurídico**.

Ex. ***Joãozinho se afastou com um atestado de 3 meses, teve alta do INSS, não compareceu à empresa, mas a empresa não o convocou. O Joãozinho teve alta há 5 anos.***

<u>Consequência:</u> empresa vai pagar os 5 anos que ficou na inércia.

▶ **Médico do trabalho** - pode dar apto ou inapto para a função

▶ **Perito Federal do INSS** - atividade laboral

6.7. Sugestões e orientações

SEMPRE CONDUTA ATIVA DA EMPRESA, A QUAL DEVERÁ SE CERCAR DE PROVAS

A MELHOR SOLUÇÃO É SEMPRE OFERECER TRABALHOS MAIS LEVES.

Colocar o trabalhador em uma função compatível com sua condição de saúde - apto com restrição. Ele já está apto para o trabalho após alta do INSS.

FAZER UMA GESTÃO DE AFASTADOS E CONVOCAR O EMPREGADO APÓS À ALTA SOB PENA DE ABANDONO DE EMPREGO.

E... SE JOÃOZINHO VOLTOU E O MÉDICO DO TRABALHO ENTENDE QUE ELE NÃO ESTÁ APTO PARA A FUNÇÃO?

Se ele não estiver apto para a função e não tiver como realocá-lo em outra função, a empresa poderá dispensá-lo se não tiver estabilidade.

E se este tiver estabilidade? Não posso dispensá-lo.

Se não encontro junto ao médico do trabalho uma função que não prejudique sua condição de saúde, fica um pouco mais difícil, mas sempre deveremos optar pelo menor risco.

O empregado que sofreu acidente de trabalho e se afastou por mais de 15 dias terá estabilidade, logo, não poderá ser dispensado. A empresa pode pensar no teletrabalho, ou ajudá-lo mesmo no recurso contra o INSS. O risco seria maior se ele trabalhasse em uma função prejudicial ao seu problema de saúde.

O empregador deverá monitorar de alguma forma, mesmo em diálogo com o seu empregado, a decisão do INSS e notificar o empregado para que este apresente a decisão.

Em atestados longos, o empregador deverá manter contato sempre buscando resposta com o trabalhador por períodos mais curtos.

O empregador deverá estar em conduta ativa e solicitar sempre atestados e poderá dar falta injustificada nas ausências de atestado, demonstrando que não concorda que o empregado não trabalhe quando estiver sem atestado ou com alta do INSS.

Sempre que o empregado tiver alta médica, deverá ser encaminhado ao médico do trabalho. Ao requerer o benefício, o empregado deverá apresentar o recibo de protocolo à empresa, que deverá cobrá-lo sempre que não apresentado de forma espontânea.

A empresa poderá orientar o empregado, caso este ainda esteja inapto, a ingressar com a ação judicial na Justiça Federal contra o INSS, e a empresa que pagar salários ao trabalhador neste período, com o objetivo de ampará-lo e evitar as consequências do limbo, poderá ser ressarcida pelo trabalhador caso o mesmo venha a conseguir o benefício previdenciário retroativo àqueles meses que o empregador pagou.

O empregador deverá solicitar ao empregado que o mesmo seja submetido a um laudo médico do trabalho mais aprofundado para que se verifique se realmente existe a inaptidão, o que pode ser feito para a alta médica, se há alguma condição de trabalho, a fim de resguardar seus direitos e ajudar o próprio empregado.

7

MEDICINA, SAÚDE E SEGURANÇA DO TRABALHO

Ivani Contini Bramante

I - REGRAS DE SEGURANÇA E MEDICINA DO TRABALHO

Fonte: https://pixabay.com/.

7.1. Direito ambiental

Por que é importante investir em segurança no trabalho e quando isso começou a ser uma preocupação para as empresas. O acidente de trabalho representa alto custo para empresa trabalhista/previdenciário/tributário.

No capítulo 22, versículo 8 de Deuteronômio na Bíblia, há uma citação sobre a segurança do trabalho: "Quando construíres uma nova casa, farás uma balaustrada em volta do teto, para que não derrame sangue sobre tua casa, se viesse alguém a cair de lá de cima". Flávio Josefo, no livro "Antiguidades judaicas", conclui que a morte do "pai" de Jesus foi acidente de trabalho: José era encarregado da obra e foi designado a reconstruir uma cidade, ao subir no andaime, sofreu uma queda, faleceu 3 dias depois. No ano de 1700, foi publicado na Itália, pelo médico Bernardino Ramazzini, o livro "As doenças dos trabalhadores".

O Direito Ambiental é compartido em: meio ambiente natural, meio ambiente artificial, meio ambiente cultural. Vários são os princípios que regem o Direito Ambiental: princípio do desenvolvimento sustentável, princípio da natureza pública da proteção ambiental, princípio da participação comunitária, princípio da precaução e da prevenção, princípio do poluidor-pagador.

A Carta Federal traz princípios fundamentais de observância obrigatória pelas empresas:

- princípio da proteção à saúde e meio ambiente laboral (arts. 6º, 7º, XXII, XXVIII, 196, 200, VIII, CF/88);
- princípio da dignidade da pessoa humana e valor social do trabalho (art. 1º, III e IV, CF/88);
- princípio da adaptação do trabalho à capacidade humana (Convenção n. 161 da OIT);
- princípio da função social da empresa (art. 170, CF/88);
- princípio da não discriminação (art. 3º, CF/88);
- princípio da legalidade, legitimidade e veracidade dos atos administrativos de fiscalização do trabalho (art. 37, CF/88).

7.2. Quadro normativo ambiental

As principais normas que regulamentam o assunto: Constituição Federal, CLT, normas regulamentadoras e portarias do Ministério do Trabalho. Há extensa legislação protetiva do meio ambiente do trabalho e da integridade psicofísica do trabalhador.

OIT - Convenções ns. 81, 148, 155, 161 e 190.
Convenção n. 148 da OIT que dispõe sobre o meio ambiente do trabalho determina a utilização de procedimentos, substâncias ou materiais que exponham os trabalhadores a esses riscos.
Convenção n. 190 da OIT que trata da violência no ambiente de trabalho e traz um conceito ampliado de assédio moral, pois não exige reiteração, basta uma única conduta, com o que inaugura o agente relacional e comportamental, como causa de doença mental do trabalho.

CF/88 - art. 1º, III e IV - dignidade e valor social do trabalho; art. 5º, V e X - dano moral; art. 5º, inciso XXIII - função social; art. 7º, XXVII - princípio da responsabilidade subjetiva - seguro social acidentário obrigatório cumulado com - responsabilidade civil do empregador por indenização acidentária - exige a culpa ou dolo; art. 7º, XXII - princípio da minimização dos riscos ocupacionais; art. 170, *caput* e inciso VIII - função social da empresa; arts. 182/183 - política urbana e rural; art. 225 - meio ambiente natural e artificial; arts. 215 e 216 - meio ambiente cultural; arts. 217/218 - meio ambiente tecnológico e princípio das novas tecnologias *"pro homine"*.

art. 200, VIII, CF/88: constitui atribuição do SUS a colaboração com a proteção do meio ambiente, nele compreendido o do trabalho e as condições de salubridade e segurança.
CLT - art. 2º; arts. 154/200 e Portaria n. 3.214/78; CC - arts. 186/187; 389/404 927; 932, III; 933 e 940/950 - responsabilidade civil de dano material e moral.
Lei n. 6.938/81 - política nacional do meio ambiente; Decreto n. 9.274/1990 - Sistema Nacional do Meio Ambiente; Lei n. 9.605/98 - lei dos crimes ambientais.
Lei n. 7.347/85 - Ação civil para os danos em geral; Lei n. 6.453/77 - danos nucleares.
Lei n. 6.938/81 - danos ambientais; Lei n. 9.605/98 - crimes ambientais.
Lei Complementar n. 75/93 - art. 83 – MPT.
Lei n. 13.874/19 - liberdade econômica - responsabilidade solidária, flexibilização da exigência de licença ambiental; Resolução CGSIM 51/2019.
Lei n. 8.212/91 - custeios das prestações previdenciárias, inclui as contribuições destinadas a prevenir e reparar os acidentes de trabalho.
Lei n. 8.213/91 - (arts. 19 a 23) que traz o conceito ampliado de acidente: acidente típico, acidente atípico (doenças profissionais e do trabalho, acidente por equiparação, acidente por concausas), benefícios previdenciários, auxílio-doença acidentário, auxílio acidente, aposentadoria por invalidez acidentária; contravenção penal por falta de emissão da CAT (art. 19); estabilidade acidentária (art. 118); inserção e cotas dos deficientes (art. 93); readaptação profissional; ação regressiva previdenciária por acidente por dolo e culpa (art. 120).
Súmulas STF/341 e STF/736 - Compete à justiça trabalho ações de meio ambiente do trabalho.

Quanto às instituições que tratam atualmente da segurança do trabalho, existe uma atuação interinstitucional na prevenção e repressão do acidente de trabalho: Executivo (fiscalização, multas, tributos), Legislativo (leis de proteção), Judiciário (tutelas preventivas, inibitórias, indenizatórias), Ministério Público (arts. 127/129, CF/88) e Sindicatos (art. 8º, CF/88).

Fonte: https://pixabay.com/.

7.3. Teoria do risco e da responsabilidade social e ambiental da empresa

A responsabilidade pelo meio ambiente do trabalho é objetiva. Há casos em que basta a demonstração do nexo de causalidade entre a ação ou omissão do agente e o dano proporcionado ao ambiente e a necessidade de reparação. Assim temos as obrigações gerais de:

a) redução dos riscos inerentes ao trabalho, por meio de normas de saúde, higiene e segurança (art. 7º, XXII);

b) pagamento de adicional de remuneração ao empregado que executa atividades penosas, insalubres ou perigosas na forma da lei (art. 7º, XXIII);

c) seguro contra acidades do trabalho, a cargo do empregador, sem excluir a indenização a que este está obrigado quando incorrer em dolo ou culpa (art. 7º, XXVIII);

d) o princípio da igualdade no acesso ao direito à saúde, mediante políticas sociais e econômicas que visem a redução do risco de doença e de outros agravos, e ao acesso universal e igualitário às ações e serviços para sua promoção, proteção e recuperação (art. 196, CF/88);

e) responsabilidade civil subjetiva prevista no art. 186, CC: "aquele que, por ação ou omissão voluntária, negligência ou imprudência, violar direito e causar dano a outrem, ainda que exclusivamente moral, comete ato ilícito";

f) responsabilidade por ato ilícito e abuso de direito prevista no art. 187, CC: "também comete ato ilícito o titular de um direito que, ao exercê-lo, excede manifestamente os limites impostos pelo seu fim econômico ou social, pela boa-fé ou pelos bons costumes";

g) responsabilidade civil objetiva prevista no art. 927, CC: "aquele que, por ato ilícito (arts. 186 e 187), causar dano a outrem, fica obrigado a repará-lo. Haverá obrigação de reparar o dano, independentemente de culpa, nos casos especificados em lei, ou quando a atividade normalmente desenvolvida pelo autor do dano implicar, por sua natureza, risco para os direitos de outrem".

A constitucionalidade foi declarada em 02.03.2020, STF/RE 828040, tese na repercussão geral: "O art. 927, parágrafo único, do Código Civil é compatível com o art. 7º, XXVIII, da Constituição Federal, sendo constitucional a responsabilização objetiva do empregador por danos decorrentes de acidentes de trabalho nos casos especificados em lei ou quando a atividade normalmente desenvolvida, por sua natureza, apresentar exposição habitual a risco especial, com potencialidade lesiva, e implicar ao trabalhador ônus maior do que aos demais membros da coletividade".

Quanto ao meio ambiente de trabalho, a ordem jurídica traz ao empregador responsabilidades: trabalhista, previdenciária, civil, administrativa, penal.

Fonte: https://pixabay.com/.

7.4. Dever de redução dos riscos inerentes ao trabalho, por meio de normas de saúde, higiene e segurança

A Carta Federal traz o dever de redução dos riscos inerentes ao trabalho, por meio de normas de saúde, higiene e segurança (art. 7º, XXII). A CLT traz as regras gerais de Segurança e Medicina do Trabalho.

7.4.1. Deveres dos empregadores

Art. 157. Cabe às empresas: cumprir e fazer cumprir as normas de segurança e medicina do trabalho; instruir os empregados, através de ordens de serviço, quanto às precauções a tomar no sentido de evitar acidentes do trabalho ou doenças ocupacionais; adotar as medidas que lhe sejam determinadas pelo órgão regional competente; facilitar o exercício da fiscalização pela autoridade competente. (STF/Súmula Vinculante n. 22)

À vista do laudo técnico do serviço competente que demonstre grave e iminente risco para o trabalhador, a autoridade competente poderá interditar estabelecimento, setor de serviço, máquina ou equipamento, ou embargar obra, (art. 161, CLT). Constitui crime de desobediência não cumprir a interdição e outras se resultarem danos a terceiros.

7.4.2. Deveres dos empregados

Art. 158. Cabe aos empregados, sob pena de falta grave: observar as normas de segurança e medicina do trabalho; colaborar com a empresa; usar os equipamentos de proteção individual.

O que acontece se o trabalhador se recusar a usar EPIs? Constitui falta grave do empregado se recusar a usar EPI (art. 158, parágrafo único, "b", CLT).

7.4.3. Dos órgãos de segurança e de medicina do trabalho na empresa

São órgãos obrigatórios de segurança e medicina do trabalho: a CIPA - Comissão Interna de Prevenção de Acidente e o SESMT - Serviços Especializados em Segurança e em Medicina do Trabalho (art. 162, CLT).

7.4.3.1. SESMT – NR-4

Serviços Especializados em Engenharia e em Medicina do Trabalho (SESMT): é o órgão formado por profissionais da saúde ocupacional e segurança do trabalho que tem a função de prevenir acidentes e criar o planejamento de segurança da empresa. O SESMT não é obrigatório para todas as empresas. Sua missão é identificar e eliminar os riscos existentes no ambiente de trabalho e acompanhar a instalação de quaisquer máquinas e equipamentos no local.

Os profissionais do SESMT são: engenheiro de segurança do trabalho, médico do trabalho, enfermeiro do trabalho, técnico de segurança do trabalho e técnico em enfermagem do trabalho.

O médico cuida do PCMSO, saúde ocupacional, ASO, exames admissionais, demissionais, saúde, exames, perícias etc.

O engenheiro tem a missão de segurança do trabalho que tem a função de prevenir acidentes e criar o planejamento de segurança da empresa, e o técnico executa.

Fonte: do autor.

7.4.3.2. CIPA

Comissão Interna de Prevenção de Acidentes: sua constituição é obrigatória, de conformidade com instruções expedidas pelo Ministério do Trabalho, nos estabelecimentos ou locais de obra nelas especificadas (art. 163, CLT).

*"**Art. 164.** Cada CIPA será composta de representantes da empresa e dos empregados, de acordo com os critérios que vierem a ser adotados na regulamentação de que trata o parágrafo único do artigo anterior.*

§ 1º Os representantes dos empregadores, titulares e suplentes, serão por eles designados.

§ 2º Os representantes dos empregados, titulares e suplentes, serão eleitos em escrutínio secreto, do qual participem, independentemente de filiação sindical, exclusivamente os empregados interessados."

Há estabilidade do cipeiro e do suplente (art. 10, ADCT e art. 165, CLT). Os titulares da representação dos empregados nas CIPAs não poderão sofrer despedida arbitrária, entendendo-se como tal a que não se fundar em motivo disciplinar, técnico, econômico ou financeiro. Caberá ao empregador, em caso de reclamação à Justiça do Trabalho, comprovar a existência de qualquer dos motivos, sob pena de ser condenado a reintegrar o empregado. (TST/Súmula n. 339, OJ SDI-1 399, OJ SDI-2 6, STF/Súmula n. 676).

Função da CIPA: tem o papel fiscalizador e propositivo de prevenção de acidentes e doenças causadas pelo trabalho.

Fonte: https://pixabay.com/

7.4.3.3. Do equipamento de proteção individual

A empresa é obrigada a fornecer aos empregados, gratuitamente, equipamento de proteção individual adequado ao risco, em perfeito estado de conservação e funcionamento, sempre que as medidas de ordem geral não ofereçam completa proteção contra os riscos de acidentes e danos à saúde dos empregados (art. 166, CLT, TST/Súm. 80, Súm. 289). Os equipamentos de proteção individual e coletivo sao oferecidos para neutralizar ou minimizar os efeitos dos agentes agressivos no meio ambiente do trabalho.

Constitui obrigação da empresa cumprir e fazer cumprir as normas de segurança e medicina do trabalho (art. 157, CLT). O descumprimento das obrigações de meio ambiente do trabalho enseja fiscalizações, multas, interdição de estabelecimentos, ações judiciais individuais e coletivas de reparação de danos materiais e morais, por acidente de trabalho.

A NR-6, da Portaria n. 3.214/78, define equipamento de proteção individual como *"todo dispositivo ou produto, de uso individual utilizado pelo trabalhador, destinado à proteção de riscos suscetíveis de ameaçar a segurança e a saúde no trabalho"*.

O uso de EPI elimina a insalubridade?

Fonte: https://pixabay.com/.

O STF/ARE 664.335/TEMA 555 (04.12.2014) julgou o fornecimento de equipamento de proteção individual - EPI como fator de descaracterização do tempo de serviço especial, salvo quanto ao agente agressivo ruído.

"Tese: o direito à aposentadoria especial pressupõe a efetiva exposição do trabalhador a agente nocivo a sua saúde, de modo que, se o Equipamento de Proteção Individual (EPI) for realmente capaz de neutralizar a nocividade, não haverá respaldo constitucional à aposentadoria especial.

Tese: na hipótese de exposição do trabalhador a ruído acima dos limites legais de tolerância, a declaração do empregador, no âmbito do Perfil Profissiográfico

Previdenciário (PPP), da eficácia do Equipamento de Proteção Individual (EPI), não descaracteriza o tempo de serviço especial para aposentadoria."

A TNU/TEMA 213 – fixou os critérios de aferição da eficácia dos EPIs na análise da atividade especial.

No IRDR n. 15, o TRF da 4ª Região resolveu a controvérsia: *"a mera juntada do PPP referindo a eficácia do EPI não elide o direito do interessado em produzir prova em sentido contrário"*.

O INSS recorreu e alegou que o Judiciário ampliou a delimitação inicial da controvérsia ao adentrar o exame do ônus da prova da ineficácia do EPI.

O STJ/TEMA 1.090 submeteu a seguinte questão a julgamento:

1) se para provar a eficácia ou ineficácia do EPI (Equipamento de Proteção Individual) para a neutralização dos agentes nocivos à saúde e integridade física do trabalhador, para fins de reconhecimento de tempo especial, basta o que consta no PPP (Perfil Profissiográfico Previdenciário) ou se a comprovação pode ser por outros meios probatórios e, nessa última circunstância, se a prova pericial é obrigatória;

2) se é possível impor rito judicial instrutório rígido e abstrato para apuração da ineficácia do EPI, como fixado pelo Tribunal de origem, ou se o rito deve ser orientado conforme os elementos de cada contexto e os mecanismos processuais disponíveis na legislação adjetiva;

3) se a Corte Regional ampliou o tema delimitado na admissão do IRDR e, se positivo, se é legalmente praticável a ampliação;

4) se é cabível fixar de forma vinculativa, em julgamento de casos repetitivos, rol taxativo de situações de ineficácia do EPI e, sendo factível, examinar a viabilidade jurídica de cada hipótese considerada pelo Tribunal de origem (enquadramento por categoria profissional, ruído, agentes biológicos, agentes cancerígenos e periculosidade);

5) se é admissível inverter, inclusive genericamente, o ônus da prova para que o INSS demonstre ausência de dúvida sobre a eficácia do EPI atestada no PPP."

Atualmente, o recurso repetitivo, de relatoria do Ministro Herman Benjamin, aguarda manifestação do Ministério Público Federal para parecer.

7.4.3.4 Certificação do EPI

O equipamento de proteção individual só poderá ser posto à venda ou utilizado com a indicação do Certificado de Aprovação do Ministério do Trabalho (art. 167, CLT). A Portaria n. 11.347/20, do Ministério da Economia, traz novidades e estabelece os procedimentos e os requisitos técnicos para avaliação, emissão, renovação ou alteração de Certificado de Aprovaçao – CA do EPI, e dá outras providências. (Processo n. 19966.100406/2020-63)

7.4.3.5. Pandemia de Covid-19 e outros EPIs

O Ministério da Economia editou recomendações de proteção aos trabalhadores dos serviços de saúde, no atendimento de Covid-19 e outras síndromes gripais (Ofício Circular SEI n. 1.088/2020), com medidas de caráter geral, grupo de riscos, alimentação, uso de máscaras, distanciamento etc.

A empresa pode ser responsabilizada caso o empregado contraia Covid. O STF reconhece contaminação pela Covid-19 em ambiente de trabalho e pode ser configurada doença ocupacional, quando comprovado que adquiriu a doença no trabalho (art. 29 da MP/927/20) (ADI 63 42/6344/6346/6348/6349/6352/6354).

Fonte: https://pixabay.com/.

7.4.4. Das medidas preventivas de medicina do trabalho

Obrigação dos exames médicos admissionais, periódicos complementares e demissionais: são obrigatórios os exames médicos, por conta do empregador, nas condições estabelecidas na lei e nas portarias do TEM, na admissão; na demissão; periodicamente de acordo com o risco da atividade e o tempo de exposição; e complementares, a critério médico, para apuração da capacidade ou aptidão física e mental do empregado para a função que deva exercer.

Primeiros socorros: O empregador manterá, no estabelecimento, o material necessário à prestação de primeiros socorros médicos, de acordo com o risco da atividade (TST/Prec. Normativo n. 107).

O resultado dos exames médicos, inclusive o exame complementar, será comunicado ao trabalhador, observados os preceitos da ética médica (art. 167, § 5º, CLT).

Exames toxicológicos do motorista. Sigilo e confidencialidade: serão exigidos exames toxicológicos, previamente à admissão e por ocasião do desligamento, quando se tratar de motorista profissional, assegurados o direito à contraprova, em caso de resultado positivo e a confidencialidade dos resultados dos respectivos exames (art. 167, § 6º, CLT).

Será obrigatório exame toxicológico com janela de detecção mínima de 90 (noventa) dias, específico para substâncias psicoativas que causem dependência ou, comprovadamente, comprometam a capacidade de direção, podendo ser utilizado para essa finalidade o exame toxicológico previsto no Código de Trânsito Brasileiro, desde que realizado nos últimos 60 (sessenta) dias. (art. 167, § 7º, CLT e CTB - Lei n. 9.503/97).

Notificação obrigatória da doença profissional: será obrigatória a notificação das doenças profissionais e das produzidas em virtude de condições especiais de trabalho, comprovadas ou objeto de suspeita, de conformidade com as instruções expedidas pelo Ministério do Trabalho (art. 169, CLT).

Proteção de dados sensíveis de saúde do trabalhador: os exames médicos e toxicológicos são dados sensíveis de saúde do trabalhador e devem ser tratados e operacionalizados à luz da Lei Geral de Proteção de Dados Pessoais, observados os requisitos do cometimento informado e vedado o compartilhamento (art. 11, Lei n. 13.709/18).

As medidas de proteção ao trabalho têm como conteúdo um rol aberto, dentre outras a lei regula:

- **Das edificações e segurança** (arts. 170/174, CLT).
- **Da iluminação adequada e apropriada** (arts. 175, CLT e TST/OJ SDI-1 Trans. 57).
- **Do conforto térmico e ventilação compatível** (arts. 176/178, CLT).

- **Das instalações elétricas**: fases de produção, transmissão, distribuição ou consumo de energia por profissional qualificado (TST/OJ SDI-1 324, OJ SDI-1 347). Os que trabalharem em serviços de eletricidade ou instalações elétricas devem estar familiarizados com os métodos de socorro a acidentados por choque elétrico (art. 181, CLT).
- **Da movimentação, armazenagem e manuseio de materiais, substâncias perigosas**: precauções e usos de EPI, equipamentos de movimentação obrigatórios com manutenção periódica; exigências de pessoal habilitado; indicação de carga máxima permitida nos equipamentos de transporte; avisos de proibição de fumar; advertência quanto à natureza perigosa ou nociva; recomendações de primeiros socorros e atendimento médico; símbolo de perigo, segundo padronização internacional, nos rótulos dos materiais ou substâncias armazenadas ou transportadas. Aplicam-se, no que couber, ao transporte de pessoas nos locais de trabalho (art. 182, CLT).
- **Pessoas treinadas**: as que trabalham na movimentação de materiais deverão estar familiarizadas com os métodos racionais de levantamento de cargas (art. 183, CLT, TST/Prec. Normativo n. 71).
- **Rótulos, avisos e recomendações**: Os materiais e substâncias empregados, manipulados ou transportados nos locais de trabalho, quando perigosos ou nocivos à saúde, devem conter no rótulo a sua composição, as recomendações de socorro imediato e o símbolo de perigo correspondente, segundo a padronização internacional. Os estabelecimentos afixarão, nos setores de trabalho, avisos ou cartazes, com advertência quanto aos materiais e substâncias perigosos ou nocivos à saúde (art. 197, CLT, TST/Prec. Normativo n. 50).
- **Das máquinas e equipamentos**: deverão ser dotados de dispositivos de partida e parada para evitar risco de acionamento acidental (art. 184, CLT). É proibida a fabricação, a importação, a venda, a locação e o uso de máquinas e equipamentos que não atendam ao disposto na lei (art. 184, parágrafo único, CLT). Os reparos, limpeza e ajustes somente poderão ser executados com as máquinas paradas, salvo se o movimento for indispensável à realização do ajuste (art. 185, CLT).
- **Das caldeiras, fornos e recipientes sob pressão**: deverão dispor de válvulas e outros dispositivos de segurança, compatível com a sua resistência (art. 187, CLT). Serão periodicamente

submetidas a inspeções de segurança (art. 188, CLT). Há obrigação de: aprovação prévia do projeto de instalação de caldeiras, fornos e recipientes sob pressão; obrigação do PMTP - Prontuário original do fabricante da caldeira (art. 186, § 1º, CLT), fixado em local visível na própria caldeira; obrigação do registro de segurança, inspeção e reparos da caldeira pelo proprietário. O Ministério do Trabalho estabelecerá normas adicionais sobre proteção e medidas de segurança na operação de máquinas e equipamentos, caldeiras, fornos e recipientes sob pressão (art. 186, parágrafo único, CLT).

- **Da prevenção da fadiga**: o peso máximo é de 60 kg (sessenta quilogramas) que um empregado pode remover individualmente, ressalvadas as disposições especiais relativas ao trabalho do menor e da mulher (art. 198, CLT), salvo remoção por impulsão ou tração de vagonetes sobre trilhos, carros de mão ou quaisquer outros aparelhos mecânicos.
- **Ergonomia e assentos posturais:** será obrigatória a colocação de assentos que assegurem postura correta ao trabalhador, capaz de evitar posição incômoda ou forçada, sempre que a execução da tarefa seja sentada (art. 199, CT), e se executado de pé, os empregados terão à sua disposição assentos para serem utilizados nas pausas que o serviço permitir.
- **Das outras medidas especiais de proteção – Normas regulamentadoras**: Cabe ao Ministério do Trabalho estabelecer disposições complementares às normas tendo em vista as peculiaridades de cada atividade ou setor de trabalho.

Fonte: https://pixabay.com/.

7.5. Das atividades insalubres e perigosas

Trabalho insalubre e perigoso: a insalubridade diz respeito aos agentes agressivos no ambiente de trabalho (químicos, físicos, biológicos, psicossociais-relacionais) aferidos pelo critério quantitativo e qualitativo e os limites de tolerância à exposição, e que causam danos à saúde, lenta, silenciosa e gradativamente. A periculosidade diz respeito a agentes perigosos que podem ceifar a vida numa fração de segundos (ex.: explosivos, eletricidade de alta tensão etc.)

Insalubridade: Serão consideradas atividades ou operações insalubres aquelas que, por sua natureza, condições ou métodos de trabalho, exponham os empregados a agentes nocivos à saúde, acima dos limites de tolerância fixados em razão da natureza e da intensidade do agente e do tempo de exposição aos seus efeitos (art. 189, CLT, TST/Súm. 448, OJ SDI-1 171)

- **Agentes químicos**
- **Agentes físicos**
- **Agentes biológicos**
- **Agentes relacionais/comportamentais (Convenção OIT/190)**

Eliminação ou a neutralização da insalubridade: ocorrerá com a adoção de medidas que conservem o ambiente de trabalho dentro dos limites de tolerância; com a utilização de equipamentos de proteção individual ao trabalhador, que diminuam a intensidade do agente agressivo a limites de tolerância (art. 191, CLT, TST/Súmula n. 80, Súmula n. 289).

Adicional de insalubridade: o exercício do trabalho em condições insalubres, acima dos limites de tolerância estabelecidos pelo Ministério do Trabalho, assegura a percepção de adicional respectivamente de 40% (quarenta por cento), 20% (vinte por cento) e 10% (dez por cento) do salário mínimo da região, segundo se classifiquem nos graus máximo, médio e mínimo.

(art. 7º, XXIII, CF/88; art. 192, CLT; TST/Súm. 47, Súm. 80, Súm. 139, Súm. 228, Súm. 248, Súm. 289, Súm. 293, Súm. 448, OJ SDI-1 2, OJ SDI-1 47, OJ SDI-1 103, OJ SDI-1 345, OJ SDI-1 Trans. 4, OJ SDI-1 Trans. 12, OJ SDI-1 Trans. 33, OJ SDI-1 Trans. 57, OJ SDI-2 2; Prec. Normativo 106; STF/ Súm. 307, STF/Súm. Vinculante 4 - cálculo do adicional de insalubridade será feito sobre o salário básico).

Periculosidade: são consideradas atividades ou operações perigosas, na forma da regulamentação aprovada pelo Ministério do Trabalho e Emprego, aquelas que, por sua natureza ou métodos de trabalho, impliquem risco acentuado em virtude de exposição permanente do trabalhador:

- ✓ **inflamáveis, explosivos ou energia elétrica (art. 193, CLT);**
- ✓ **roubos ou outras espécies de violência física nas atividades profissionais de segurança pessoal ou patrimonial (art. 193, CLT);**
- ✓ **as atividades de trabalhador em motocicleta (art. 193, § 4º, CLT).**

Adicional de periculosidade: o trabalho em condições de periculosidade assegura ao empregado um adicional de 30% (trinta por cento) sobre o salário sem os acréscimos resultantes de gratificações, prêmios ou participações nos lucros da empresa (art. 193, § 1º, CLT).

Como saber se há o direito ao adicional de insalubridade ou periculosidade: Há três etapas: identificar a profissão ou função do empregado; identificar a atividade da empresa, seu CNAE e seu grau de risco (1, 2, 3); verificar quais agentes agressivos ou perigosos há no local de trabalho e a exposição do trabalhador; verificar os laudos ambientais da empresa; verificar os EPIs fornecidos. É necessário apurar a insalubridade e a periculosidade por perícia no meio ambiente de trabalho. (art. 193 e § 4º, CLT; TST/Súm. 39, Súm. 361, OJ SDI-1 324, OJ SDI-1 345, OJ SDI-1 347, OJ SDI-1 402, Súm. 447).

Vedação de cumulação de adicionais: o empregado poderá optar pelo adicional de insalubridade que porventura lhe seja devido (art. 193, § 2º, CLT). O empregado tem o direito ao adicional mais vantajoso. Serão descontados ou compensados do adicional outros da mesma natureza eventualmente já concedidos ao vigilante por meio de acordo coletivo (art. 193, § 3º, CLT).

Cessação do adicional: o direito do empregado ao adicional de insalubridade ou de periculosidade cessará com a eliminação do risco à sua saúde ou integridade física (art. 194, CLT; TST/Súm. 248, Súm. 289, Súm. 447, Súm. 453).

Perícia obrigatória de caracterização da insalubridade e periculosidade: a cargo de médico do trabalho ou engenheiro do trabalho, registrados no Ministério do Trabalho (art. 195, CLT; TST/Súm. 349, Súm. 453, OJ SDI-1 173).

Quem pode requerer a perícia: facultado o requerimento pelas empresas e pelos sindicatos das categorias profissionais ao Ministério do Trabalho. Arguida em juízo insalubridade ou periculosidade, seja por empregado, seja por sindicato em favor de grupo de associados, o juiz designará perito habilitado e, onde não houver, requisitará perícia ao órgão competente do Ministério do Trabalho. Tal não prejudica a ação fiscalizadora do Ministério do Trabalho, nem a realização *ex officio* da perícia (art. 195, §§ 1º, 2º e 3º, CLT) (TST: Súm. 293, OJ SDI-1 121, OJ SDI-1 165, OJ SDI-1 172, OJ SDI-1 278; STF: Súm. 460).

Riscos relacionais-comportamentais psicossociais como causas da doença mental: a Organização Internacional do Trabalho editou a Convenção n. 190 sobre a violência no ambiente de trabalho.

Dados sobre a saúde mental da população brasileira. Impacto da saúde mental nos custos da empresa: o Brasil é um dos campeões mundiais de casos de depressão, sendo de 3% a 11% da população e sendo mais frequente em mulheres. Os impactos financeiros são: nos planos de saúde; relações interpessoais piores; produtividade, readaptação do empregado noutra função e treinamento; absenteísmo saudável, seguro e gradual; substituição do empregado afastado (processo seletivo e despesas de rescisão do contrato temporário); afastamentos previdenciários e manutenção de alguns direitos trabalhistas; aumento do índice de sinistralidade; aumento de tributação FAP/NTEP/RAT/SAT/GILLRAT; cabem direitos trabalhistas, previdenciários; afastamento previdenciário (auxílio-doença ou aposentadoria por invalidez), suspensão do contrato trabalho, depósitos FGTS, estabilidade, retorno ao trabalho na mesma função, manutenção do plano de saúde (TST/Súmula n. 440); ações judiciais indenizatórias e dano reputacional à empresa; seguro acidente de trabalho etc.

A entidade Occupational Safety and Health Association (OSHA) europeia mostra riscos psicossociais que afetam a saúde mental, e as causas mais comuns de estresse relacionadas ao trabalho foram:

- a reorganização do trabalho ou a insegurança laboral (72% dos inquiridos);
- os extensos horários de trabalho ou o volume de trabalho excessivo (66%);
- a intimidação (o famoso *bullying*) ou o assédio no trabalho (59%);

Fonte: https://pixabay.com/.

- falta de apoio da administração ou dos colegas;
- relações interpessoais difíceis;
- assédio, agressão e violência;
- dificuldade em conciliar os compromissos laborais e familiares
- contratos de trabalho precários e a instabilidade no emprego;
- Novas formas de contrato de trabalho;
- envelhecimento da população trabalhadora e o pobre desequilíbrio trabalho-família.

Em suma, a doença mental pode se dar por volumes de trabalho ou limitações temporais excessivas; exigências contraditórias; falta de clareza quanto ao papel do trabalhador; comunicação deficiente; uma mudança organizacional mal gerida; e ainda temos a competição, multifuncionalidade, rivalidade, metas, resultados, gestão por injúria, jornada excessiva, assédio moral, violência no trabalho etc.

Acidente de trabalho decorrente dos agentes agressivos químicos, físicos, biológicos e relacionais-comportamentais: o conceito de acidente de trabalho vem nos arts. 19 e 20 da Lei n. 8.213/91. O acidente de trabalho típico é o que ocorre pelo exercício do trabalho a serviço de empresa ou de empregador doméstico ou pelo exercício do trabalho dos segurados, provocando lesão corporal ou perturbação funcional que cause a morte ou a perda ou redução, permanente ou temporária, da capacidade para o trabalho. Acidente atípico é a doença do trabalho (agentes agressivos no meio ambiente, químicos, físicos, biológicos) e a doença ocupacional ou profissional, que decorre do modo em que a profissão é exercida.

As doenças mentais mais recorrentes são: **Síndrome de *burnout* e de *bureout***

I - **Síndrome de *burnout***: 12 estágios (ou sintomas) do esgotamento profissional

Fonte: https://pixabay.com/.

- Compulsão em demonstrar seu próprio valor;
- Incapacidade de se desligar do trabalho;
- Negação das próprias necessidades;
- Fuga de conflitos;

- Reinterpretação de valores pessoais;
- Negação de problemas;
- Distanciamento da vida social.

II- **Síndrome de *boreout***: tédio no trabalho

- Ter pouco trabalho e passar muito tempo sem atividades;
- Receber menos responsabilidades do que poderia;
- Realizar funções inadequadas à sua qualificação;
- Encontrar muitas limitações ao dar uma ideia inovadora;
- Não ter seu trabalho reconhecido pelas pessoas;
- Não ver oportunidades de crescimento na empresa;
- Realizar atividades monótonas;
- Condições precárias de trabalho;
- Clima organizacional ruim;
- Envolver-se em relações de competição e conflitos com colegas.

Investimento na prevenção e saúde mental. Medicina preventiva e *compliance* de gestão de riscos à saúde mental: investir na prevenção é mister, traçar uma política preventiva ambiental, com o biofeedback a envolver todos os colaboradores, apresentar novos conceitos, prática de atividades físicas e reeducação alimentar. Qualidade de vida no trabalho é o objetivo de todos. Dividir o espaço, trocar ideias, idealizar projetos, solucionar problemas, comemorar resultados são alguns aspectos que devem ser divididos e compartilhados com o coletivo dos empregados. Um funcionário feliz e saudável mentalmente é mais produtivo no desempenho das suas funções e na relação com a equipe.

Fonte: https://pixabay.com/.

7.6. Normas regulamentadoras – portaria n. 3.214/78

Obrigação de manutenção de laudos ambientais: o Ministério do Trabalho aprovará o quadro das atividades e operações insalubres e adotará normas sobre os critérios de caracterização da insalubridade, os limites de tolerância aos agentes agressivos, meios de proteção e o tempo máximo de exposição do empregado. (art. 190, CLT, TST/Súmula n. 448, OJ SDI-1 Trans. 57, STF/Súmula n. 194).

A empresa é obrigada a manter os laudos ambientais PPRA, PCMSO, LTCAT, PPP e seguir as NRs (Normas Regulamentadoras – Portaria n. 3.214/78).

Foi editado novo texto nas NRs 1, 7, 9, 18 e 31, bem como procedimentos para elaboração e revisão das NRs (Portaria n. 6.399, de 31.5.2021), medidas de prevenção e controle dos riscos nos ambientes de trabalho (Portaria Conjunta n. 20, de 18.6.2020), equipamentos de proteção individual – EPI (Portaria n. 11.437, de 6.5.2020), medida extraordinária quanto à inspeção de segurança periódica de vasos de pressão, tubulações e tanques metálicos de armazenamento (Portaria n. 15.797, de 2.7.2020).

(PGR) - PPRA - NR-9: Programa de Prevenção de Riscos Ambientais para empresas: tem como objetivo estabelecer ações que garantam a preservação da saúde e integridade dos trabalhadores, identificando os riscos existentes em seu ambiente de trabalho.

O Programa de Gerenciamento de Riscos substitui o PPRA: o PPRA tem como objetivo estabelecer ações que garantam a preservação da saúde e integridade dos trabalhadores, identificando os riscos existentes em seu ambiente de trabalho. O PGR pode ser parte integrante de um sistema de gestão ou desdobrado em planos e subprogramas. A NR-22 falava em PGR na área de mineração, e no Anexo I da NR-19 trazia um PPRA abrangente para a indústria e comércio de fogos de artifício.

Houve a revisão da NR-1 - Disposições Gerais e Gerenciamento de Riscos Ocupacionais (publicada em março/2021) e a organização deve implementar, por estabelecimento, o gerenciamento de riscos ocupacionais em suas atividades, constituído na forma de um Programa de Gerenciamento de Riscos – PGR:

a) Revisão dos conceitos de perigo, fator de risco, risco e prevenção.

b) Traz uma abordagem diferenciada para Microempreendedor Individual - MEI, micro e pequenas empresas e estabelece alguns requisitos para a relação entre organizações contratantes e contratadas.

c) Remete a referências internacionais: Diretrizes da OIT sobre Sistema de Gestão da SST, Diretiva Europeia (OHSAS 18.001 – Sistemas de Gestão de SST e ISO 31.000 – Gestão de Riscos).

d) Revisões das NR-7 (Programa de Controle Médico de Saúde Ocupacional), NR-9 (Avaliação e Controle das Exposições Ocupacionais a Agentes Físicos, Químicos e Biológicos) e NR-17 (Ergonomia).

e) Traz ações articuladas entre as áreas de medicina e segurança com observância da relação entre saúde e riscos. "Havendo dúvidas em relação aos riscos descritos no PGR, o responsável pelo PCMSO deve reavaliar os riscos em conjunto com os responsáveis pelo PGR".

f) Nova sistemática com a elaboração do inventário de risco, com identificação de perigos e avaliação de riscos, e ainda do plano de ação e de controle de riscos.

g) O prazo para a implementação é de um ano.

h) Outras NRs específicas complementam as ações em SST a serem realizadas, a saber:

- Gerenciamento de Riscos Ocupacionais – GRO;
- Evitar os riscos que possam ser originados no trabalho;
- Identificar os perigos e possíveis lesões ou agravos à saúde;
- Avaliar os riscos indicando o nível de risco;
- Classificar os riscos para determinar a necessidade de adoção de medidas de prevenção;
- Implementar medidas de prevenção seguindo a hierarquia das medidas de controle;
- Acompanhar o controle dos riscos ocupacionais;
- Consultar e comunicar os trabalhadores sobre riscos e medidas de prevenção.

PCMSO – NR-7: Programa de Controle Médico de Saúde Ocupacional, com a obrigação de realização de exames médicos ao longo do contrato, de modo a avaliar possíveis impactos da atividade na saúde do funcionário.

LTCAT - LEI N. 8.213/91, ART. 58/58 (INSS): Laudo Técnico das Condições do Ambiente de Trabalho regulamentado pelo INSS e não pelo Ministério do Trabalho; é exigido para todas as empresas; elaborado por engenheiros de segurança do trabalho e médicos do trabalho capacitados; serve de base para preenchimento do PPP – Perfil Profissiográfico Previdenciário; aponta registros de riscos físicos, químicos ou biológicos do ambiente de trabalho que podem ameaçar a saúde e integridade do trabalhador durante a vida laboral; deve conter avaliações sobre os riscos encontrados e apresentar soluções para os problemas; determinante para a empresa na obrigação de pagar taxas especiais previdenciárias ou adicionais de insalubridade/periculosidade ao colaborador. Recomenda-se manter o documento atualizado conforme as mudanças no ambiente laboral para evitar multas.

PPP - LEI N. 8.213/91, ART 57/58 (INSS): Perfil Profissiográfico Previdenciário é um documento histórico-laboral do trabalhador que reúne, entre outras informações, dados administrativos, registros ambientais e resultados de monitoração biológica, durante todo o período em que este exerceu suas atividades na respectiva empresa; serve para requerimento de aposentadoria especial.

O PPP tem como finalidade:

- Comprovar as condições para habilitação de benefícios e serviços previdenciários, em particular, o benefício de aposentadoria especial;
- Prover o trabalhador de meios de prova produzidos pelo empregador perante a Previdência Social, a outros órgãos públicos e aos sindicatos, de forma a garantir todo direito decorrente da relação de trabalho, seja ele individual, difuso ou coletivo;
- Prover a empresa de meios de prova produzidos em tempo real, de modo a organizar e a individualizar as informações contidas em seus diversos setores ao longo dos anos, possibilitando que a empresa evite ações judiciais indevidas relativas a seus trabalhadores;
- Possibilitar aos administradores públicos e privados acesso a bases de informações fidedignas, como fonte primária de informação estatística, para desenvolvimento de vigilância sanitária e epidemiológica, bem como definição de políticas em saúde coletiva.

Criado para substituir os antigos formulários denominados SB 40, DISES BE 5235, DSS 8030 e DIRBEN 8030, os quais sempre foram de preenchimento obrigatório apenas para aqueles trabalhadores que laboram expostos a agentes nocivos à sua saúde.

Sua exigência legal se encontra no § 4º do art. 58, da Lei n. 8.213/91. A partir de 1º de janeiro de 2004, a empresa ou equiparada à empresa ficou obrigada a elaborar o PPP, de forma individualizada para seus empregados, trabalhadores avulsos e cooperados.

Existem 21 normas regulamentadoras de segurança do trabalho para o bem-estar, saúde e integridade física dos trabalhadores.

7.7. Quadro das NRS - normas regulamentadoras

NR-1 – Revisão da NR-1 - Disposições Gerais e Gerenciamento de Riscos Ocupacionais (publicada em março/2021)

NR-4 – Serviços Especializados em Engenharia de Segurança e em Medicina do Trabalho (SESMT)

NR-5 – Comissão Interna de Prevenção de Acidentes (CIPA)

NR-6 – Equipamentos de Proteção Individual (EPI)

NR-7 – Programa de Controle Médico de Saúde Ocupacional (PCMSO)

NR-8 – Edificações

NR-9 – Programa de Prevenção de Riscos Ambientais (PPRA)

NR-10 – Segurança em Instalações e Serviços em Eletricidade

NR-11 – Transporte, Movimentação, Armazenagem e Manuseio de Materiais

NR-12 – Segurança do Trabalho em Máquinas e Equipamentos

NR-15 – Atividades e Operações Insalubres

NR-16 – Atividades e Operações Perigosas

NR-17 – Ergonomia

NR-18 – Condições e Meio Ambiente de Trabalho na Indústria da Construção

NR-19 – Explosivos

NR-20 – Segurança e Saúde no Trabalho com Inflamáveis e Combustíveis

NR-21 – Trabalho a céu aberto

NR-23 – Proteção contra incêndios

NR-24 – Condições de higiene e conforto no local de trabalho

NR-32 – Segurança e Saúde no Trabalho em Estabelecimentos de Saúde

NR-33 – Espaços Confinados

NR-35 – Trabalhos em Altura

7.8. Passo a passo no *compliance* de segurança e medicina do trabalho

7.8.1. Tabela I

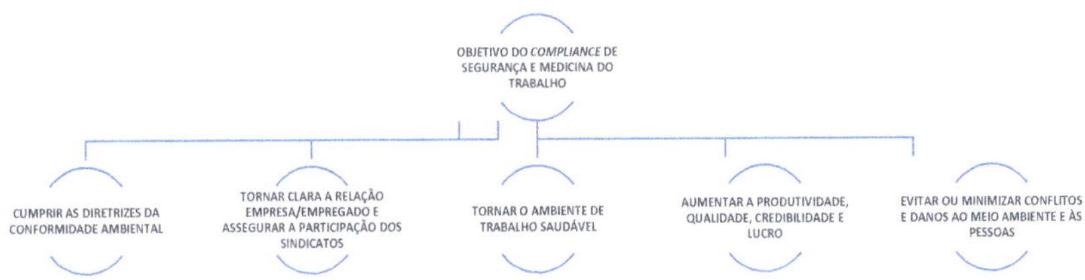

7.8.2. Tabela II

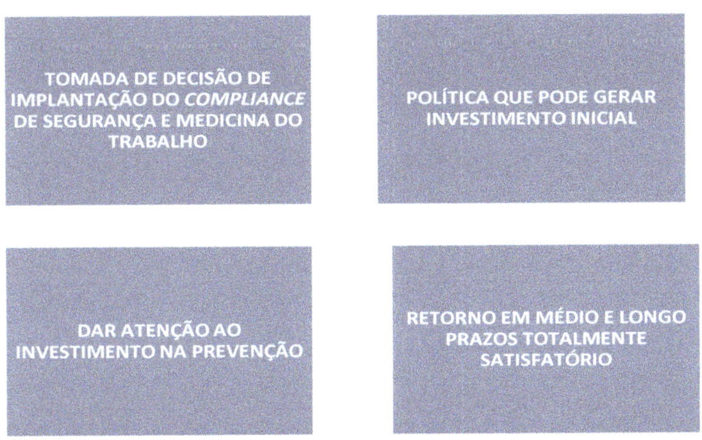

7.8.3. Tabela III

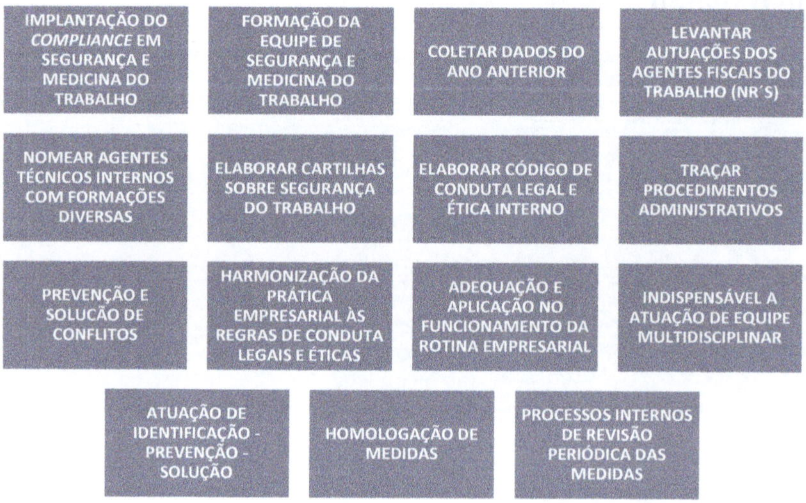

7.8.4. Tabela IV

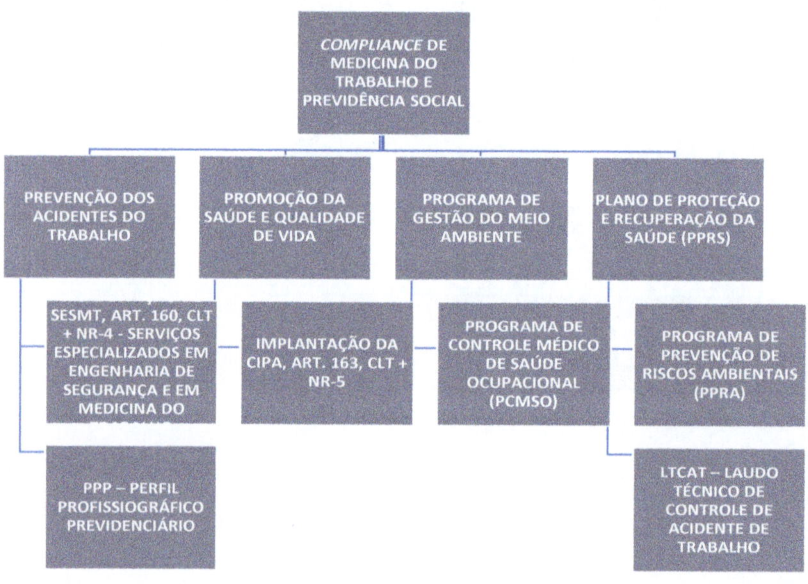

7.8.5. Tabela V

PROGRAMADA DE DIAGNÓSTICO E GESTÃO DOS AFASTAMENTOS PREVIDENCIÁRIOS
MITIGAÇÃO DO RISCO
ACOMPANHAMENTO DOS CASOS
GESTÃO DAS CAT´S
SUBSÍDIOS PARA PERÍCIAS
CONTESTAÇÃO DO BENEFÍCIO B-91 PERANTE O INSS
METODOLOGIA DE CÁLCULO – CAT + NTEP (CNAE / CID – NEXO ENTRE LESÃO E AGRAVO)
PREVENÇÃO / MANUTENÇÃO DOS EQUIPAMENTOS (SELOS DE APROVAÇÃO E CERTIFICAÇÃO)
COMPOSIÇÃO DO SESMT – PPRA, LTCAT, PCMSO
CONTROLE DOS PERIÓDICOS AFASTAMENTOS PREVIDENCIÁRIOS
CUMPRIMENTO DAS NR´S

Referências bibliográficas

Segurança e medicina do trabalho. 24. ed. Saraiva, 2020.

Segurança e medicina do trabalho. Editora Atlas, 2021

CLT interpretada. (Org.) Costa Machado. (Coord.) Domingos Sávio Zainaghi. Editora Manole, 2021.

8

RELAÇÕES SINDICAIS

Gustavo Rodrigues Valles

8.1. Normas coletivas de trabalho

8.1.1. Introdução

Além da legislação nacional e dos pactos internacionais dos quais o Brasil seja signatário, as relações de trabalho também são regulamentadas por normas coletivas – a saber:

Os Acordos Coletivos de Trabalho são celebrados entre uma ou mais empresas e um ou mais sindicatos, federações ou confederações, enquanto a Convenção Coletiva de Trabalho é celebrada entre sindicatos, federações ou confederações, profissionais e patronais. Já a Sentença Normativa, contudo, é verdadeira decisão judicial, proferida pela Justiça do Trabalho, em sede de dissídio coletivo, que vem a socorrer e solucionar um impasse na negociação coletiva, quando já esgotadas todas as alternativas de composição amigável. Em ambos os casos, tais normas fixam as condições pelas quais as relações individuais de trabalho vão ser regidas, dentro do seu respectivo âmbito de aplicação, pelo que Valentin Carrion afirma que, no caso do ACT/CCT, trata-se mais de uma lei do que uma espécie de contrato[113]. Em suma:

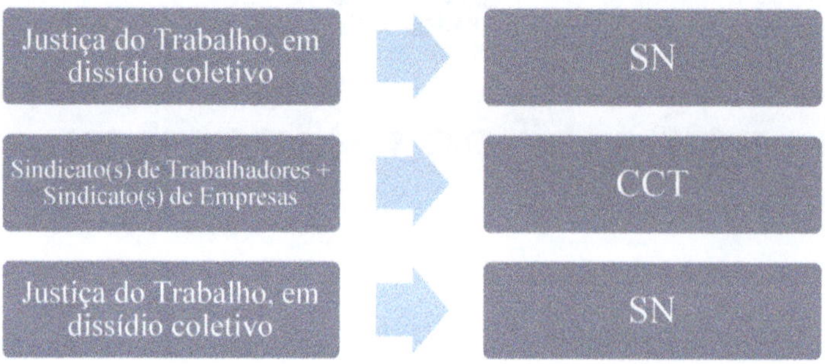

Tal possibilidade de autorregulamentação possibilita a influência da classe operária na estipulação das suas condições de trabalho, reforçando, com isso, a solidariedade entre as partes da relação de trabalho, fomentando o diálogo social[114] e atenuando o choque social[115] inerente à dinâmica do capital-trabalho. Ainda, tem o benefício de poder ser produzida "sob medida"[116], para ser aplicada apenas entre os grupos interessados, aperfeiçoando os direitos mínimos estabelecidos na generalidade da legislação estatal. Trata-se do fenômeno da adequação setorial negociada, pelo qual ajusta-se as normas à realidade atual e local, especialmente face à complexidade, dinamismo e peculiaridades das diversas relações de trabalho em cada setor produtivo das diferentes regiões de um país com dimensões continentais e elevada desigualdade socioeconômica como o Brasil. De corolário, a negociação coletiva não tem os mesmos inconvenientes da lentidão e inflexibilidade legislativa,

(113) CARRION, Valentin. *Comentários à Consolidação das Leis Trabalhistas*. Atual. Eduardo Carrion. 45. ed. São Paulo: Saraiva Educação, 2021, p. 543.

(114) GARCIA, Gustavo Filipe Barbosa. *Curso de direito do trabalho*. 15. ed. São Paulo: Saraiva Educação, 2020, p. 1.208.

(115) CARRION, Valentin. *Op. cit.*, p. 543.

(116) *Ibid.*, p. 544.

que, via de regra, malogra acompanhar a constante transformação da realidade das relações de trabalho[117].

A finalidade da negociação coletiva é, portanto, a harmonização de interesses recíprocos, estabelecendo normas e condições de trabalho para melhoria das condições de vida dos empregados e da distribuição de riquezas e, doutro lado, incremento da produtividade e desenvolvimento econômico[118], buscando atingir, com isso, a desejável paz social[119]. Ainda, ao adequar a norma à realidade de cada empresa na sua respectiva região, diminui-se a desigualdade na concorrência, aumentando a integração entre estas, de maneira similar ao que ocorre no tratamento tributário diferenciado às empresas de cada ramo/região.

8.2. Sujeitos da negociação coletiva

A natureza coletiva da negociação traduz a ideia de que apenas determinados entes podem fazer parte das tratativas. São eles: os sindicatos de empregados (profissionais); sindicatos de empregadores (patronais); suas respectivas federações e confederações; os empregadores; e, em certos casos, os grupos de trabalhadores de determinados empregadores. Existem, ainda, as centrais sindicais, de âmbito nacional, às quais entidades sindicais podem se vincular. Contudo, a legislação e jurisprudência pátria não conferem às centrais competência e legitimidade para celebrar normas coletivas. Assim, as centrais se incumbem da coordenação suprarregional e intercategórica da atuação sindical, bem como da promoção do diálogo e debate junto aos poderes estatais, participando ativamente da política do país.

Os sindicatos, federações e confederações são entidades integrantes do sistema sindical brasileiro, dotados de personalidade jurídica própria. Por força do art. 616 da CLT, a participação dos sindicatos na negociação coletiva é obrigatória, à qual estes não podem se recusar. Contudo, conforme abordado no subcapítulo sobre o procedimento da negociação coletiva, na hipótese de recusa do sindicato à negociação, os próprios empregados poderão negociar diretamente com o seu empregador. Outrossim, as empresas podem negociar diretamente com os sindicatos

(117) BARROS, Alice Monteiro de. *Op. cit.*, p. 1.270.

(118) GARCIA, Gustavo Filipe Barbosa. *Op. cit.*, p. 1.207.

(119) BARROS, Alice Monteiro de. *Op. cit.*, p. 1.269.

profissionais correspondentes, para regulamentar as condições de trabalho de seu próprio âmbito interno. Ademais, a Justiça do Trabalho pode ser acionada para solucionar impasses na negociação coletiva, mas não negocia propriamente, tal como os mediadores, conciliadores e árbitros.

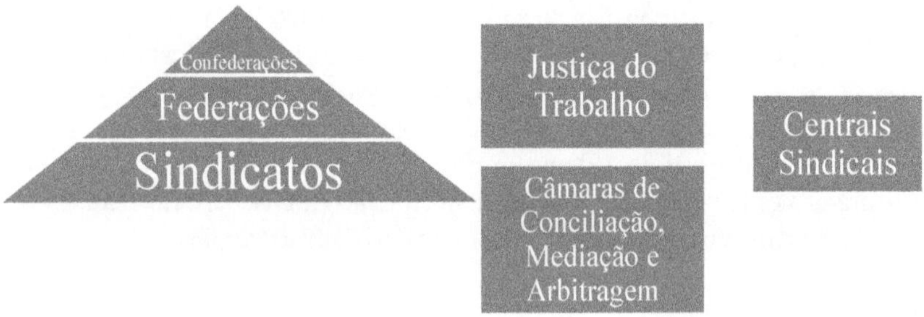

8.3. Conteúdo

Doutrinariamente, classificam-se as cláusulas das normas coletivas de trabalho em normativas, que comporão as relações individuais de cada contrato de trabalho; obrigacionais, que estabelecem direitos e deveres recíprocos entre as partes convenentes (a exemplo das contribuições assistenciais); e compositivas, que regulam a solução de eventuais conflitos de aplicação da norma coletiva.

CLÁUSULAS NORMATIVAS	Regras voltadas aos contratos individuais de trabalho
CLÁUSULAS OBRIGACIONAIS	Regras voltadas às partes que estão negociando a norma coletiva
CLÁUSULAS COMPOSITIVAS	Regras de solução de conflitos relacionados à norma coletiva

Na legislação federal, o art. 613 da CLT dispõe sobre o conteúdo obrigatório a toda norma coletiva. Trata-se de rol meramente exemplificativo, não exaustivo, de modo que as partes convenentes podem negociar sobre quaisquer regras e disposições que, desde que respeitados os limites de legalidade – como será visto no subcapítulo que trata da validade das normas coletivas –, melhor aprouver aos interesses ali representados.

8.4. Procedimentos

A negociação coletiva é espécie de negócio jurídico escrito e solene, de caráter normativo, cujas formalidades estão disciplinadas nos arts. 612 e seguintes da CLT.

Toda negociação conduzida por entidade sindical deve ser precedida de deliberação com a respectiva categoria, pois os integrantes desta é que são os reais destinatários da norma coletiva e é sua a verdadeira vontade representada por meio dos sindicatos.

8.4.1. Edital de convocação

Os procedimentos e prazos de convocação de assembleia estão, via de regra, disciplinados nos estatutos das entidades sindicais. Para fins de publicidade, o edital de convocação dos representados para deliberação assemblear deve conter a pauta de ordem do dia e os respectivos quóruns de presença para início. Ainda, tal convocação deve ser veiculada em meios de comunicação efetivos, para dar ampla e devida publicidade, garantindo o direito de presença e voto dos representados. Evidentemente, caso a negociação seja restrita ao âmbito de determinada(s) empresa(s), não há necessidade de utilização de mídias públicas (e, via de regra, custosas), podendo-se valer do quadro de avisos, panfletagem ou qualquer outro meio lícito e adequado a tal finalidade.

8.4.2. Deliberação assemblear

A assembleia autorizadora da negociação coletiva deverá ser instaurada especificamente para este fim. Sua composição e direção dos trabalhos seguirão os ditames previstos no estatuto da entidade sindical, não cabendo à lei determinar como esta deve ser administrada e como devem desenvolver-se os seus trabalhos, em respeito ao princípio da autonomia sindical, insculpido no art. 8º, I da CF/88.

No dia, hora e local agendados para instauração, os trabalhos da assembleia somente poderão validamente começar se houver quórum apto à votação, nos termos do art. 612 da CLT – cuja constitucionalidade fora pacificamente reconhecida, mesmo após o cancelamento das Orientações Jurisprudenciais ns. 13 e 21 da SDC do TST, considerando todos os interessados, associados ou não[120] – quais sejam: 2/3 dos interessados, em 1ª convocação para Convenção Coletiva; 1/3 dos interessados, em 2ª convocação para Convenção Coletiva ou para Acordo Coletivo; e 1/8 dos interessados, em 2ª convocação para Convenção Coletiva, nas entidades que tenham mais de 5.000 (cinco mil) interessados.

8.4.3. Depósito no Ministério do Trabalho

O art. 614 da CLT dispõe que uma via dos instrumentos coletivos será depositada no Ministério do Trabalho dentro de 8 (oito) dias da sua assinatura, para fins de registro e arquivo. Tal procedimento far-se-á por meio do chamado sistema mediador, disciplinado pela Instrução Normativa-SRT n. 16/2013, que, atualmente, é feito digitalmente. Assim, o depósito traduz-se na entrega digital da via assinada pelos convenentes, que deverá ser cadastrada no próprio sistema, enquanto o registro é o ato administrativo de assentamento do documento no órgão público. Por oportuno, ressalta-se que é comum a numeração das cláusulas no sistema mediador ficar diferente da numeração lançada no instrumento original, assinado pelas partes convenentes, pelo que algumas normas coletivas dispõem de cláusula própria para esclarecer e evitar quaisquer equívocos.

Importante consignar que a análise pelo Ministério do Trabalho limita-se aos aspectos formais do instrumento coletivo e o correspondente ato do registro não tem natureza de homologação. Nesse sentido, o Decreto-lei n. 229/1967 e a Portaria MT/GM n. 143/2004 excluíram do âmbito do referido órgão a prerrogativa de chancela dos instrumentos coletivos, privilegiando-se a autonomia negocial coletiva em detrimento de qualquer intervenção estatal na sua celebração.

8.4.4. Publicidade

O art. 614, § 2º da CLT determina que "cópias autênticas das Convenções e dos Acordos deverão ser afixadas de modo visível, pelos Sindicatos convenentes, nas respectivas sedes e nos estabelecimentos das empresas compreendidas no seu campo de aplicação, dentro de 5 (cinco) dias da data do depósito" no Ministério do Trabalho. Trata-se de medida que visa a ampla e efetiva publicidade e acesso a quaisquer interessados.

(120) TST. ARR n. 4506-30.2011.5.12.0016. DEJT 04.06.2014.

Importante registrar que, a par de valores simbólicos relativos a custos de impressão gráfica, as entidades sindicais não podem exigir pagamento de valores expressivos, objetivando algum tipo de lucro, para entrega de cópia das normas coletivas das quais seja signatário. Em verdade, o razoável é que tais instrumentos constem e possam ser facilmente acessados nos seus respectivos *sites*. De todo modo, observando a necessidade do depósito dos referidos instrumentos no Ministério do Trabalho, é possível consultá-los diretamente no sistema mediador[(121)].

8.4.5. Resumo do procedimento de negociação coletiva

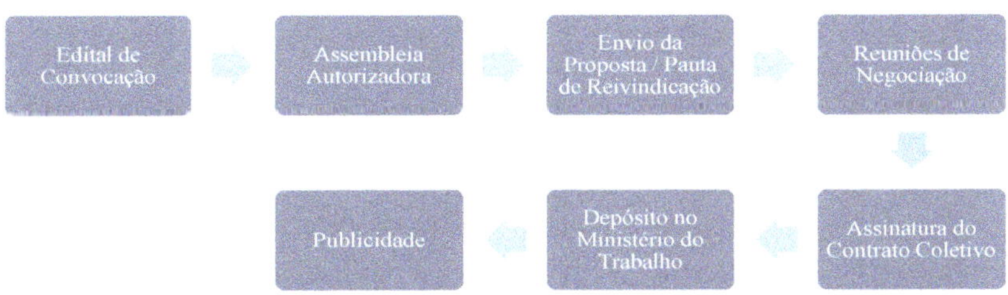

8.4.6. Negociação direta entre empregados e empresas

A negociação direta entre empregador e empregados é possível, quando esta for, de fato, a livre manifestação de vontade dos empregados[(122)], mas é permitida somente em caráter subsidiário à negociação coletiva. É que os sindicatos possuem o dever precípuo de representar os trabalhadores nas negociações com detentores do poder econômico, seja por força constitucional (art. 8º, VI da CF/88), seja pela presunção de que a força trabalhadora desorganizada (ao menos juridicamente) não dispõe das mesmas prerrogativas que garantem total isenção na negociação, notadamente pelo temor de sofrer posterior represálias. Dito isso, o art. 617 da CLT dispõe que:

> Os empregados de uma ou mais empresas que decidirem celebrar Acordo Coletivo de Trabalho com as respectivas empresas darão ciência de sua

(121) *Link* de acesso: <www3.mte.gov.br/sistemas/mediador/>. Por uma questão de compatibilidade, até a data de fechamento da presente edição, somente é possível acessar a plataforma do sistema mediador por meio do navegador Internet Explorer.

(122) Sobre o tema, v. TST. SDI-1. E-ED-RR 1134676-43.2003.5.4.0900. DEJT 19.05.2017.

resolução, por escrito, ao Sindicato representativo da categoria profissional, que terá o prazo de 8 (oito) dias para assumir a direção dos entendimentos entre os interessados, devendo igual procedimento ser observado pelas empresas interessadas com relação ao Sindicato da respectiva categoria econômica.

Caso o sindicato representante se recuse à negociação, em descumprimento ao citado art. 8º, VI da CF/88, deve-se fazer nova tentativa junto à correspondente federação e/ou, na falta desta, a confederação (art. 617, § 1º da CLT), aguardando o decurso do respectivo prazo. Na manutenção da recalcitrância pelas entidades sindicais de grau superior, é, então, lícito aos trabalhadores negociarem diretamente com a empresa, cujo Acordo Coletivo de Trabalho eventualmente celebrado deverá ser igualmente depositado no órgão ministerial, via sistema mediador.

Deve-se, contudo, fazer a diferenciação entre recusa à negociação e postura de negociação, para configuração da recalcitrância supramencionada, que autorizaria a negociação direta entre empregados e empresa. Nesse sentido, Alice Monteiro de Barros define a atividade de negociar do sindicato como o exame de propostas recíprocas, cujas eventuais rejeições sejam devidamente motivadas[(123)]. Assim, a recusa da entidade sindical deve ser manifesta e injustificada, que difere da mera postura negocial rígida e aguerrida, mas interessada no êxito do procedimento[(124)].

8.4.7. Dissídio coletivo (art. 616, CLT)

Salientando mais uma vez que os sindicatos não podem se recursar à negociação coletiva, o art. 616 da CLT dispõe que, se houver tal recusa, o interessado dará ciência à correspondente Delegacia Regional do Trabalho, que convocará, em caráter compulsório, a parte recalcitrante. Mantida a recusa, seja pelo não comparecimento ou pela frustração da negociação, esgotadas as vias negociais, caberá a instauração de dissídio coletivo, por comum acordo entre as partes.

Trata-se de hipótese de heterocomposição de conflitos, que faz uso do poder normativo da Justiça do Trabalho, que faz norma entre as partes do dissídio, dentro dos respectivos âmbitos territoriais e de

(123) BARROS, Alice Monteiro de. *Op. cit.*, p. 1.254

(124) Sobre o tema, v. TST. SDI-1. E-ED-RR n. 1134676-43.2003.5.04.0900. DEJT 19.05.2017.

categoria. Nesse caso, a decisão judicial afigurar-se-á verdadeiro instrumento normativo, composto por diversas cláusulas, extraídas das respectivas pautas reivindicatórias das partes suscitantes. Por ter forma e força de decisão judicial, a Sentença Normativa dispensa o registro no órgão ministerial para que tenha validade e publicidade, vez que os atos judiciais já gozam de tais prerrogativas.

8.4.8. Alcance

As normas coletivas de trabalho são de aplicação limitada por coletividade envolvida e território. Observadas tais limitações, as Convenções Coletivas de Trabalho são de aplicação *erga omnes* (oponíveis a todos, universalmente), enquanto os Acordos Coletivos de Trabalho são de aplicação *intra partes* (válido apenas dentro do âmbito das partes convenentes). Importante registrar que, por força do art. 8º, II da CF/88 c.c. art. 513, "a" da CLT, os sindicatos representam toda a respectiva categoria, associados ou não, pelo que as normas coletivas negociadas são igualmente extensivas a todos os representados, independentemente de comparecimento ou voto (ainda que de oposição) em assembleia autorizadora[125].

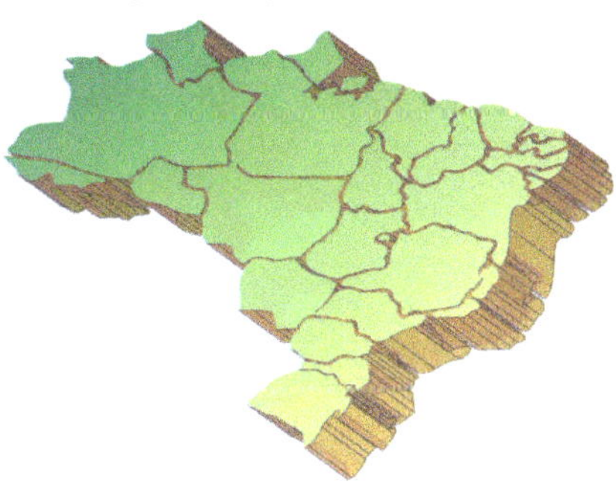

Imagine que cada divisão territorial é representada por um Sindicato ou Federação. Nesse caso, a CCT vai ser aplicada a todos os empregados que trabalhem naquela região.

Nos termos do art. 511 da CLT, os sindicatos se organizam em categorias, cujo enquadramento se dá em função da atividade preponderante do empregador. Nesse sentido, as normas coletivas negociadas por sindicato representante de determinada categoria profissional/patronal, nos termos do seu estatuto social, terão sua aplicação limitada a esta, não alcançando outras diferentes. Caso a negociação se dê dentro do âmbito de determinada(s) empresa(s), em sede de Acordo Coletivo de

(125) OLIVEIRA, Paulo Eduardo Vieira de. Convenção coletiva de trabalho no direito brasileiro, setor privado. São Paulo: LTr, 1996, p. 79.

Trabalho, a aplicação da norma coletiva se limitará a esta(s), sem atingir outras empresas que não sejam partes convenentes, ainda que do mesmo ramo de atividade econômica. Veja-se, por exemplo, parte do quadro a que se refere o art. 577 da CLT:

CONFEDERAÇÃO NACIONAL DA INDÚSTRIA	CONFEDERAÇÃO NACIONAL DOS TRABALHADORES NA INDÚSTRIA
1º GRUPO - Indústria da alimentação **Atividades ou categorias econômicas**	**1º GRUPO - Trabalhadores na Indústria de alimentação Categorias profissionais**
Indústria do trigo Indústria do milho e da soja Indústria da mandioca	Trabalhadores na indústria do trigo, milho e mandioca
Indústria do arroz	Trabalhadores na indústria do arroz
Indústria do açúcar Indústria do açúcar de engenho	Trabalhadores na indústria do açúcar
2 º GRUPO - Indústria do vestuário **Atividades ou categorias econômicas**	**2.º GRUPO - Trabalhadores nas indústrias do vestuário Categorias profissionais**
Indústria de calçados Indústria de camisas para homem e roupas brancas Indústria de alfaiataria e de confecção de roupas de homem Indústria de guarda-chuvas e bengalas Indústria de luvas, bolsas e peles de resguardo Indústria de pentes, botões e similares Indústria de chapéus Indústria de confecção de roupas e chapéus de senhora	Trabalhadores na indústria do calçado Oficiais alfaiates, costureiras a trabalhadores na indústria de confecção de roupas Trabalhadores na indústria de guarda-chuvas e bengalas Trabalhadores na indústria de luvas, bolsas e peles do resguardo Trabalhadores na indústria de pentes, botões e similares Trabalhadores na indústria da chapéus Trabalhadores na indústria de confecção de roupas e chapéus de senhora

CONFEDERAÇÃO NACIONAL DO COMÉRCIO	CONFEDERAÇÃO NACIONAL DOS TRABALHADORES NO COMÉRCIO
1 º GRUPO - Comércio atacadista **Atividades ou categorias econômicas**	**1 º GRUPO - Empregados no comércio** **Categorias profissionais**
Comércio atacadista de algodão e outras fibras vegetais Comércio atacadista de café Comércio atacadista de carnes frescas e congeladas Comércio atacadista de carvão vegetal e lenha Comércio atacadista de gêneros alimentícios Comércio atacadista de tecidos, vestuário e armarinho Comércio atacadista de louças, tintas e ferragens Comércio atacadista de maquinismos em geral Comércio atacadista de material de construção Comércio atacadista de material elétrico Comércio atacadista de minérios e combustíveis minerais Comércio atacadista de produtos químicos para a indústria e lavoura Comércio atacadista de drogas e medicamentos Comércio atacadista de pedras preciosas Comércio atacadista de joias e relógios Comércio atacadista de papel e papelão	Empresgados no comércio (prepostos do comércio em geral) Empregados vendedores e viajantes do comércio Trabalhadores em empresas comerciais de minérios e combustíveis minerais

Ressalva-se apenas o alcance das normas coletivas quanto às categorias diferenciadas, configuradas nos termos do art. 511, § 3º da CLT, cuja representação se dá no âmbito dos seus respectivos sindicatos e não do sindicato representante da categoria específica do ramo de atividade da respectiva empresa. Nesses casos, a Súmula n. 374 do TST dispõe que:

> "Empregado integrante de categoria profissional diferenciada não tem o direito de haver de seu empregador vantagens previstas em instrumento coletivo no qual a empresa não foi representada por órgão de classe de sua categoria."

Doutro lado, quanto à limitação territorial, deve-se observar, primeiro, a base territorial da entidade sindical convenente, de acordo com seu estatuto social e registro no órgão ministerial responsável (atualmente, é o Ministério do Trabalho), que não poderá ser inferior à área de um município, nos termos do art. 8º, II da CF/88. Quanto aos Acordos Coletivos, notadamente restritos ao âmbito das empresas convenentes, respeitar-se-á, também, os limites das bases territoriais dos sindicatos convenentes.

Pode ocorrer de determinados municípios/regiões não contarem com sindicato representante de determinada categoria profissional e/ou econômica. Nesses casos, as respectivas federações e/ou confederações representarão aquela categoria inorganizada, tal como disposto no art. 611, § 2º da CLT.

8.4.9. Vigência

As normas coletivas de trabalho vigorarão pelo prazo que estiver nelas consignado (art. 613, II da CLT), que não será superior a: 2 (dois) anos, para as convenções e acordos coletivos (art. 614, § 3º da CLT); e 4 (quatro) anos, para as sentenças normativas (Precedente Normativo n. 120 do TST). Se a norma coletiva estabelecer vigência ou prorrogação que supere o respectivo limite, o instrumento será válido apenas durante o prazo legal e inválido no excedente (Orientação Jurisprudencial n. 322 da SDI-1 do TST).

CCT / ACT	Vigência máxima de 2 anos
Sentença Normativa	Vigência máxima de 4 anos

Para que o instrumento negocial seja válido e tenha força normativa, basta a sua simples assinatura pelas partes convenentes. O depósito no órgão ministerial, explicado no subcapítulo que trata do procedimento, serve apenas para dar publicidade à norma coletiva. Nesse sentido, tem-se que o art. 614, § 1º da CLT, que condiciona o início da vigência dos referidos instrumentos ao depósito prévio nos órgãos do Ministério do Trabalho, não foi recepcionado pela Constituição Federal de 1988[126].

(126) GARCIA, Gustavo Filipe Barbosa. *Op. cit.*, p. 1.214.

8.4.10. Retroatividade

Após o início de sua vigência, a norma coletiva pode retroagir até uma "data-base" - normalmente fixadas no mesmo dia do mesmo mês de cada ano, dependendo da categoria envolvida – se houver disposição nesse sentido. Isso normalmente é feito nos casos em que há entraves na renegociação periódica dentro do prazo previsto (antes do fim da sua vigência). Assim sendo, cláusulas de reajuste salarial ou pagamento de determinados benefícios pecuniários podem ensejar o pagamento de parcelas retroativas somadas, sem a cobrança de eventuais penalidades relativas à (até então inexistente) moratória.

Contudo, qualquer efeito retroativo das normas coletivas encontrará limite nas hipóteses do art. 5º, XXXVI da CF/88, quais sejam: ato jurídico perfeito; direito adquirido; e coisa julgada. Nesse sentido, é de se considerar que a norma coletiva não alcançará os contratos de trabalho já extintos, as decisões judiciais transitadas em julgado antes do seu início de vigência ou outras situações pretéritas já consolidadas quando da vigência de norma coletiva anterior ou simples inexistência de norma coletiva aplicável à época.

Ato Jurídico Perfeito	Situação praticada e consolidada na vigência da lei anterior
Direito Adquirido	Garantia que já integrou o patrimônio do sujeito de direitos
Coisa Julgada	Decisão judicial da qual não cabe mais recurso

8.4.11. Ultratividade

Muito se discute acerca da ultratividade das normas coletivas, entendida como a manutenção da validade e aplicação da norma ou de suas cláusulas, mesmo após o fim do seu prazo de vigência, ao menos quanto aos contratos de trabalho ativos à época. Tal raciocínio se fundamenta em 2 (duas) premissas básicas: que a categoria profissional não pode ficar sem norma coletiva, o que poderia provocar um retrocesso social em razão do aviltamento de direitos dos trabalhadores; que a norma coletiva compõe e passa a integrar os contratos de trabalho individuais, de modo que estaria protegida pelo manto do direito adquirido (art. 5º, XXXVI da CF/88) e pela vedação da alteração prejudicial das condições de trabalho (art. 468 da CLT). O tema chegou a ser objeto de súmula do TST, de n. 277, reconhecendo a ultratividade das normas coletivas.

Contudo, após a concessão de uma medida cautelar pelo Ministro Gilmar Mendes, do STF, em sede da Arguição de Descumprimento de Preceito Fundamental (ADPF) 323, a referida súmula restou suspensa até a conclusão do respectivo julgamento pela Corte Suprema. A esse respeito, também não seria válida cláusula de norma coletiva fixando negocialmente sua ultratividade, por encontrar óbice expresso no art. 614, § 3º da CLT. Destarte, ao menos até a data de fechamento desta edição, as normas coletivas somente produzirão efeitos até o fim de sua vigência, vedada a sua ultratividade.

Há, no entanto, exceções à regra da não-ultratividade da norma coletiva, mesmo após a liminar supramencionada do Ministro Gilmar Mendes, que se fundamenta exatamente na consolidação técnica do direito adquirido (art. 5º, XXXVI da CF/88). É o caso das hipóteses nas quais o empregado tenha cumprido/preenchido todas as condições previstas e vigentes à época que respectiva norma coletiva estava em vigor, adquirindo, portanto, direito a uma determinada garantia (v.g.: estabilidade pré-aposentadoria). Ainda, no caso dos reajustes salariais, mesmo após a extinção da respectiva norma coletiva, não seria lícito ao empregador reduzir o salário de seus empregados a patamar inferior, por força expressa do art. 7º, VI da CF/88. Outrossim, é possível sustentar que se a própria norma for expressa quanto à integração de determinada garantia aos contratos individuais de trabalho, assim o seria[(127)], por respeito à autonomia negocial coletiva.

> Após o fim do prazo de vigência, a norma coletiva não tem ultratividade, salvo nos casos de direito adquirido, ato jurídico perfeito OU quando a lei assim determinar.

8.4.12. Prorrogação, revisão, denúncia ou revogação

As normas coletivas poderão, por previsão do art. 615 da CLT, ser objeto de: prorrogação de sua vigência; revisão de suas cláusulas, caso haja alteração substancial nas condições existentes à época de sua pactuação, notadamente quando ensejarem onerosidade excessiva a

(127) Sobre o tema, v. TST. SDI-1. E-RR n. 756388/2001.7. DJU 03.08.2007.

uma das partes; denúncia, pela qual as partes optam por não renovar a norma coletiva após o fim de sua vigência (o que, de certa forma, não é necessário, vez que o próprio decurso do prazo de vigência é suficiente para fazê-lo); ou revogação, na qual as partes decidem em pôr fim à norma coletiva antes do fim do respectivo prazo de vigência. Em quaisquer dos casos, tais atos devem ser objeto de nova deliberação assemblear prévia, sendo igualmente reduzido a termo e depositado no Ministério do Trabalho, via sistema mediador, seguindo as mesmas regras do art. 612 da CLT.

PRORROGAÇÃO	Renova a vigência da norma coletiva
REVISÃO	Renegociação de cláusulas coletivas
DENÚNCIA	Intenção de não renovar a norma coletiva
REVOGAÇÃO	Extinção prematura da norma coletiva

8.4.13. Validade

Como explicado anteriormente, as normas coletivas têm força de lei e devem ser respeitadas, notadamente face ao princípio da autonomia negocial coletiva. Pode ocorrer de cláusulas de determinada norma coletiva conflitarem com dispositivos de lei, cláusulas de contratos individuais de trabalho ou, ainda, com outras normas coletivas aplicáveis à mesma categoria de mesma base territorial (como no caso de conflitos entre ACT e CCT). É certo que, mesmo nesses casos, apenas uma norma poderá ser aplicada, de acordo com os seguintes parâmetros de análise e solução de antinomias:

8.4.14. Norma coletiva de trabalho x contrato individual de trabalho

Via de regra, os contratos individuais de trabalho não poderão dispor de cláusula que contrarie a norma coletiva, fruto da vontade da categoria profissional representada. Contudo, caso a cláusula individual for mais benéfica que a coletiva (v.g.: salário/estabilidade superior ao previsto na norma coletiva; ou benefício extra), prevalecerá esta, por tratar-se da norma mais favorável ao trabalhador.

Tal sistemática poderia encontrar óbice apenas nos casos em que determinada garantia ou benefício estiver atrelada a outra contrapartida que faça sentido no contexto geral da norma coletiva ou, ainda, seja contrária a preceito legal de ordem pública – tal qual no caso da participação nos lucros e resultados, cujo pagamento está condicionado à satisfação de determinadas condições e não poderá ser feito mais do que duas vezes no mesmo ano de exercício, ainda que o empregador desejasse agir de maneira contrária, em prol de seus empregados.

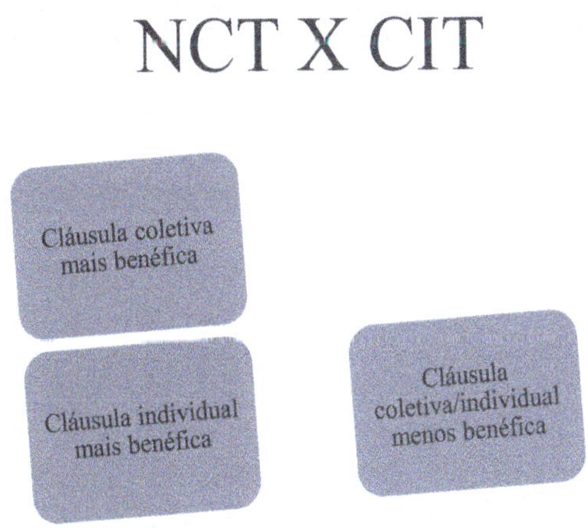

8.4.15. Convenção coletiva de trabalho x acordo coletivo de trabalho

Considerando que a Convenção Coletiva de Trabalho dispõe sobre regras gerais a toda uma categoria de determinada base territorial, enquanto os Acordos Coletivos de Trabalho voltam-se à regulação mais específica e "sob medida" ao âmbito interno de determinado(s) empregador(es), a regra é que os Acordos Coletivos prevaleçam sobre as Convenções Coletivas, tal qual disposto no art. 620 da CLT. Assim, nos termos do referido dispositivo legal, ainda que determinadas cláusulas daquelas sejam menos benéficas que aquelas previstas nestas, deve-se respeitar a regra mais específica, em detrimento da genérica, até mesmo em razão do princípio da adequação setorial negociada, que serve à finalidade de promover a harmonia dos interesses às peculiaridades locais, fomentando o desenvolvimento da respectiva empresa e acomodando melhor os interesses da classe trabalhadora à sua realidade.

Doutro lado, contudo, tem-se o princípio da norma mais favorável ao trabalhador, insculpido no *caput* do art. 7º da CF/88, pelo qual seria autorizado "pinçar" as melhores cláusulas de cada instrumento coletivo ou, ainda, optar pela norma coletiva, considerada em seu conjunto (e não cláusulas isoladas), mais benéfica às condições de trabalho dos empregados. Antes do advento da Lei n. 13.467/2017, apelidada de "reforma trabalhista", esta segunda hipótese, denominada "teoria do conglobamento", era a jurisprudência dominante do TST, que ainda não foi modulada – seja para mantê-la ou alterá-la – ao novo texto legal. Assim, enquanto pendurar tal incerteza, a análise da norma aplicável se faz considerando as seguintes premissas:

8.4.16. Norma coletiva de trabalho x Legislação

Debate antigo na seara justrabalhista refere-se à possibilidade de prevalência do negociado sobre o legislado. Atualmente, a Lei n. 13.467/2017 inseriu os arts. 611-A e 611-B na CLT, que delimitam expressamente os limites – positivos e negativos – da negociação coletiva, face à legislação estatal. Complementam a referida limitação negocial: o art. 7º, VI da CF/88, que somente admite redução proporcional de salário e jornada de trabalho mediante negociação coletiva; e arts. 623 e 624 da CLT c.c. Súmula n. 375 do TST, que coíbem negociação coletiva que atente e/ou impacte a política salarial nacional ou a elevação de tarifas ou preços sujeitos a controle governamental. Observados tais limites, as disposições negociadas prevalecerão sobre a legislação vigente, inclusive quando contrária a esta.

Art. 611-A da CLT

O artigo em epígrafe dispõe que a convenção coletiva e o acordo coletivo de trabalho têm prevalência sobre a lei quando, entre outros, dispuserem sobre:

I – pacto quanto à jornada de trabalho, observados os limites constitucionais;
II – banco de horas anual;
III – intervalo intrajornada, respeitado o limite mínimo de trinta minutos para jornadas superiores a seis horas;

IV – adesão ao Programa Seguro-Emprego (PSE), de que trata a Lei n. 13.189, de 19 de novembro de 2015;
V – plano de cargos, salários e funções compatíveis com a condição pessoal do empregado, bem como identificação dos cargos que se enquadram como funções de confiança;
VI – regulamento empresarial;
VII – representante dos trabalhadores no local de trabalho;
VIII – teletrabalho, regime de sobreaviso, e trabalho intermitente;
IX – remuneração por produtividade, incluídas as gorjetas percebidas pelo empregado, e remuneração por desempenho individual;
X – modalidade de registro de jornada de trabalho;
XI – troca do dia de feriado;
XII – enquadramento do grau de insalubridade;
XIII – prorrogação de jornada em ambientes insalubres, sem licença prévia das autoridades competentes do Ministério do Trabalho;
XIV – prêmios de incentivo em bens ou serviços, eventualmente concedidos em programas de incentivo;
XV – participação nos lucros ou resultados da empresa.

Ressalta-se que o vocábulo "entre outros", utilizado no *caput* do referido art. 611-A da CLT, aponta que as normas coletivas prevalecerão, via de regra, sobre a lei, sendo os seus incisos a enumeração das hipóteses em que o será ainda que inferior/menos favorável que o patamar legal. Assim, nos casos em que a norma coletiva dispor sobre determinada garantia não prevista em lei ou que seja mais benéfica que esta, decerto prevalecerá. É o caso, v.g., da manutenção da obrigatoriedade da "homologação" das extinções dos contratos de trabalho, junto ao respectivo sindicato profissional – inobstante o § 1º do art. 477 da CLT tenha sido revogado pela Lei n. 13.467/2017 – que, por tratar-se, ao menos em tese, de garantia adicional ao empregado desligado, no sentido de franquear-lhe a conferência de seus direitos rescisórios por entidade incumbida da defesa de seus interesses, tem sua validade reconhecida pelo TST[128].

---

(128) TST. SDC. RO n. 585-78.2018.5.08.0000. DJE 15.08.2019.

Cumpre destacar que há determinados princípios e dispositivos basilares ainda vigentes no ordenamento jurídico que colocam em risco a segurança da validade dos referidos dispositivos legais, notadamente quando de caráter flexibilizador ou atentatório à ordem pública. Nesse sentido, têm-se: o princípio da vedação ao retrocesso social (art. 7º, *caput* da CF/88), pelo qual não admite-se alteração legal que implique na supressão de direitos que foram duramente conquistados pela classe trabalhadora; princípio protetivo[(129)], enquanto prevalência da condição e da norma mais benéfica ao trabalhador, pelo que alterações legislativas ou convencionais posteriores que impliquem redução de direitos não atingiriam os contratos de trabalho já em vigência; validade de flexibilização de direitos apenas mediante concessão de contrapartida vantajosa ao trabalhador[(130)] (inobstante haja atualmente previsão contrária no respectivo § 2º, bem como ressalva expressa no § 3º); a validade de tratados e convenções internacionais sobre direitos humanos (neles incluídos os direitos trabalhistas), com força e eficácia supralegal ou de emenda constitucional (art. 5º, § 3º da CF/88); princípio da função social do contrato, probidade e boa-fé dos contratantes (arts. 411 e 422 do CC); respeito ao direito adquirido e ato jurídico perfeito (art. 5º, XXXVI da CF/88 e art. 6º da Lei de Introdução ao Direito Brasileiro); princípio da dignidade da pessoa humana e valor social do trabalho, enquanto fundamentos da República Federativa do Brasil (art. 1º, III e IV da CF/88).

Tais ressalvas, cujo caráter é, como se nota, genérico, podem servir de substrato para a discussão e possível anulação dos dispositivos convencionais negociados regularmente. O que se pretende demonstrar é que, seja em razão de tratar-se de legislação razoavelmente nova no ordenamento jurídico, cuja interpretação ainda não fora integral e satisfatoriamente pacificada pela jurisprudência, bem como por buscar confrontar e desconstruir quase que todos os paradigmas juslaborais – nacionais e internacionais – até então aceitos, inobstante não tenha havido igual alteração nas demais normas – inclusive de hierarquia superior à CLT – ainda paira certa insegurança jurídica sobre tais temas. Destarte, os sindicatos e empregadores que optarem por utilizar os preceitos da nova norma celetista, devem fazê-lo com prudência e temperança, de modo a reduzir os riscos de futura anulação, que pode pôr em risco a

(129) PLÁ RODRIGUEZ, Américo. *Princípios de direito do trabalho*. Tradução de Wagner D. Giglio. São Paulo: LTr, 1978, p. 28.

(130) TST. RR n. 20803-46.2015.5.04.0291. DEJT 15.06.2018.

integridade da atividade empresarial, afetando diretamente, inclusive, os próprios postos de emprego.

8.4.17. Riscos da flexibilização de direitos por negociação coletiva

Vedação ao retrocesso social
- Art. 7º, *caput* da CF/88

Princípio protetivo
- Base do Direito do Trabalho

Necessidade de contrapartida à flexibilização de direitos
- Jurisprudência histórica

Respeito aos tratados e convenções internacionais sobre direitos humanos
- Art. 5º, § 3º da CF/88

Função social do contrato
- Arts. 411 e 422 do CC

Direito adquirido e ato jurídico perfeito
- Art. 5º, XXXVI da CF/88 e art. 6º da LINDB

Dignidade da pessoa humana e valor social do trabalho
- Art. 1º, III e IV da CF/88

Art. 611-B

Em contraste com a permissibilidade do art. 611-A, o art. 611-B da CLT enumera restrições à negociação coletiva, ou seja, as hipóteses que configuram objeto ilícito de negociação coletiva. Dispõe que "constituem objeto ilícito de convenção coletiva ou de acordo coletivo de trabalho, exclusivamente, a supressão ou a redução dos seguintes direitos":

I – normas de identificação profissional, inclusive as anotações na Carteira de Trabalho e Previdência Social;
II – seguro-desemprego, em caso de desemprego involuntário;
III – valor dos depósitos mensais e da indenização rescisória do Fundo de Garantia do Tempo de Serviço (FGTS);
IV – salário mínimo;

V – valor nominal do décimo terceiro salário;
VI – remuneração do trabalho noturno superior à do diurno;
VII – proteção do salário na forma da lei, constituindo crime sua retenção dolosa;
VIII – salário-família;
IX – repouso semanal remunerado;
X – remuneração do serviço extraordinário superior, no mínimo, em 50% (cinquenta por cento) à do normal;
XI – número de dias de férias devidas ao empregado;
XII – gozo de férias anuais remuneradas com, pelo menos, um terço a mais do que o salário normal;
XIII – licença-maternidade com a duração mínima de cento e vinte dias;
XIV – licença-paternidade nos termos fixados em lei;
XV – proteção do mercado de trabalho da mulher, mediante incentivos específicos, nos termos da lei;
XVI – aviso prévio proporcional ao tempo de serviço, sendo no mínimo de trinta dias, nos termos da lei;
XVII – normas de saúde, higiene e segurança do trabalho previstas em lei ou em normas regulamentadoras do Ministério do Trabalho;
XVIII – adicional de remuneração para as atividades penosas, insalubres ou perigosas;
XIX – aposentadoria;
XX – seguro contra acidentes de trabalho, a cargo do empregador;
XXI – ação, quanto aos créditos resultantes das relações de trabalho, com prazo prescricional de cinco anos para os trabalhadores urbanos e rurais, até o limite de dois anos após a extinção do contrato de trabalho;
XXII – proibição de qualquer discriminação no tocante a salário e critérios de admissão do trabalhador com deficiência;
XXIII – proibição de trabalho noturno, perigoso ou insalubre a menores de dezoito anos e de qualquer trabalho a menores de dezesseis anos, salvo na condição de aprendiz, a partir de quatorze anos;
XXIV – medidas de proteção legal de crianças e adolescentes;
XXV – igualdade de direitos entre o trabalhador com vínculo empregatício permanente e o trabalhador avulso;

XXVI – liberdade de associação profissional ou sindical do trabalhador, inclusive o direito de não sofrer, sem sua expressa e prévia anuência, qualquer cobrança ou desconto salarial estabelecidos em convenção coletiva ou acordo coletivo de trabalho;
XXVII – direito de greve, competindo aos trabalhadores decidir sobre a oportunidade de exercê-lo e sobre os interesses que devam por meio dele defender;
XXVIII – definição legal sobre os serviços ou atividades essenciais e disposições legais sobre o atendimento das necessidades inadiáveis da comunidade em caso de greve;
XXIX – tributos e outros créditos de terceiros;
XXX – as disposições previstas nos arts. 373-A, 390, 392, 392-A, 394, 394-A, 395, 396 e 400 desta Consolidação(131).
Parágrafo único. Regras sobre duração do trabalho e intervalos não são consideradas como normas de saúde, higiene e segurança do trabalho para os fins do disposto neste artigo.

O artigo em epígrafe utiliza o vocábulo "exclusivamente", no sentido de que não haveria outras limitações à negociação coletiva, além daquelas enumeradas hipóteses. Sugere-se, novamente, cautela quanto à interpretação do referido dispositivo, notadamente quanto ao seu parágrafo único, vez que há outras limitações ainda vigentes no ordenamento jurídico – a saber: a proteção da saúde e segurança do trabalhador, com a redução dos riscos inerentes ao trabalho, por meio de normas de saúde, higiene e segurança (art. 7º, XXII da CF/88); a competência do Ministério do Trabalho para estabelecer disposições complementares em matéria de segurança e medicina do trabalho (arts. 200 e seguintes da CLT); e a nulidade, de pleno direito, das disposições convencionais que atentem contra a ordem pública (art. 2.035, parágrafo único do CC).

Faz-se oportuno um comentário sobre o inciso XXVI supramencionado. Trata-se de disposição relativa à proibição de instituição de contribuição compulsória dos trabalhadores aos seus respectivos sindicatos, aplicada em conjunto com os arts. 578 e seguintes da CLT, que não extingue as contribuições de custeio dos sindicatos, mas apenas as condiciona à autorização prévia e expressa dos integrantes da respectiva

(131) Referentes à proteção do trabalho da mulher.

categoria. Nesse sentido – e dentro do que cabe ser tratado no presente capítulo –, as normas coletivas que instituírem (como quase todas o fazem) contribuições negociais em favor da entidade sindical convenente estão condicionadas à autorização dos trabalhadores, seja por deliberação em assembleia (caso em que apenas os votantes estariam, decerto, autorizando o desconto e recolhimento), seja por concessão de prazo para manifestação de oposição posterior (hipótese mais controvertida, mas ainda tolerada por determinados órgãos – MPT e TRTs – de determinadas regiões, mas censurada pelas Cortes Superiores, especialmente quando forem criados obstáculos que desestimulem ou dificultem a entrega da comunicação da oposição), sendo nula caso disponha de modo contrário. Assim sendo, a cobrança de contribuições – via envio de boleto ou mesmo ajuizamento de ação judicial – que sejam relativas a períodos posteriores ao advento da Lei n. 13.467/17 (com vigência a partir de 11.11.2017), não apenas seriam ilícitas, mas, ainda, podem ensejar a repetição do indébito pelo empregador confrontado. No mesmo sentido, não é lícito (na verdade, desde antes da "reforma trabalhista") ao sindicato exigir a comprovação do recolhimento de contribuições, como condição para realização de determinados atos de sua incumbência (como a "homologação" de extinções contratuais) – nesse caso, nulo é o condicionamento do ato à obrigação, de modo que a mera exigência de apresentação dos referidos comprovantes ou justificativa de inexistência de recolhimentos (sem que isso implique em obstaculização posterior aos respectivos atos) seria lícita e seu descumprimento passível de multa convencional.

Contribuição ao sindicato somente será lícita se precedida de autorização:

- Prévia = antes do desconto/recolhimento
- Expressa = não meramente tácita
- Individual = manifestada pelo próprio contribuinte, individualmente considerado

8.4.18. Anulação

As normas coletivas que dispuserem sobre matéria vedada pelo ordenamento jurídico pátrio – tal qual exposto no subcapítulo referente à validade das normas coletivas – são nulos de pleno direito. Trata-se, portanto, de hipótese de expurgação daquela norma do mundo jurídico, de modo que o resultado seria no sentido de que ela nunca deveria ter existido – e, doravante, não existirá. Não se confunde a pretensão anulatória com a mera invalidação/descaracterização de cláusula de norma coletiva, em razão de algum erro no seu cumprimento, tal qual ocorre, v.g., com as jornadas de 8 (oito) horas diárias em turnos ininterruptos de revezamento que, face à prestação habitual de horas extras, acaba por ser invalidado, ensejando o pagamento de horas extras a partir da 6ª hora diária, sem, no entanto, anular definitivamente a respectiva cláusula convencional que instituiu a jornada delongada, notadamente quanto ao período em que ela fora respeitada.

No caso de pretensão anulatória de norma coletiva, submete-se à apreciação do poder judiciário a análise do instrumento como um todo, não apenas de uma ou outra cláusula específica que o macule. Trata-se de aplicação da já mencionada teoria do conglobamento, pelo qual as normas coletivas são inteiramente consideradas, como um todo unitário, vez que cada uma de suas cláusulas são fruto de negociação coletiva – entendidas, pois, como resultado de concessões recíprocas, cujo conjunto revela a harmonia entre os interesses convencionados. Contudo, há quem sustente que o vício de uma cláusula de norma coletiva somente prejudicaria (estenderia seus efeitos) outras cláusulas que guardem com ela alguma relação de dependência, por aplicação do art. 848 do CC[(132)], cujo teor está plasmado no art. 611-A, § 4º da CLT.

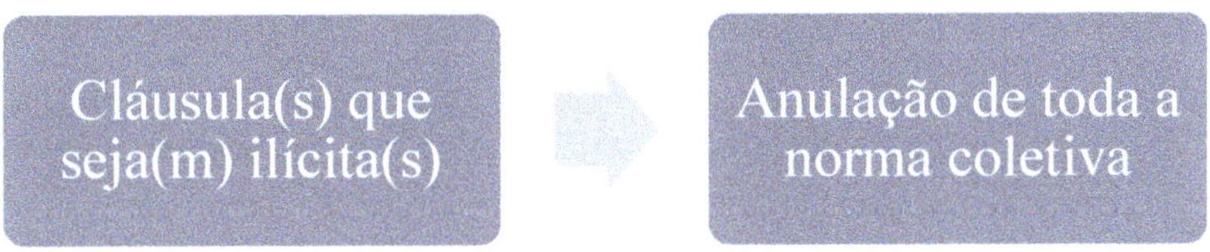

Quanto à competência para ajuizamento da referida ação, a lei (art. 966, § 4º do CPC/15 c.c. art. 611-A, § 4º da CLT) faculta ao Ministério Público do Trabalho (art. 83, IV da Lei Complementar n. 75/1993) – bem como a jurisprudência do TST reconhece a legitimidade dos sindicatos convenentes, quando fundado em vício de vontade – ajuizamento de ação de anulação de norma coletiva de trabalho, cujos efeitos são *erga omnes*, atingindo. O trabalhador, individualmente considerado, também pode requerer a anulação de normas coletivas,

---

(132) GARCIA, Gustavo Filipe Barbosa. *Op. cit.*, p. 1.251.

mas em sede de pedido inserto em reclamação trabalhista individual, cuja eventual decisão será meramente *intra partes*.

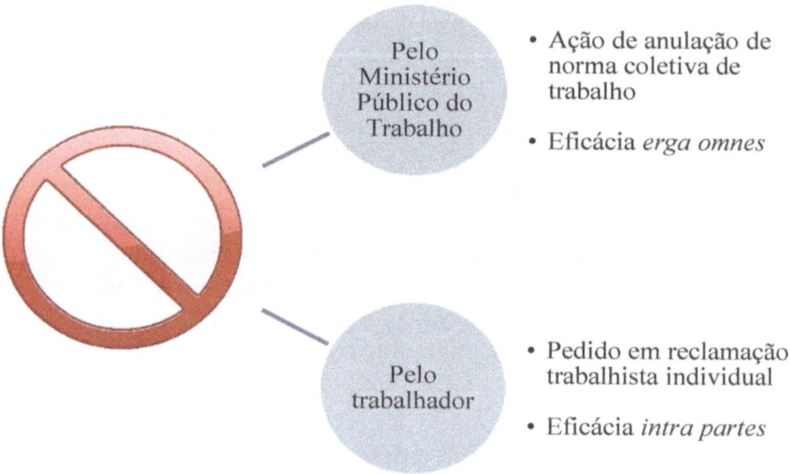

Qualquer que seja a via utilizada, a anulação das normas coletivas modificará a relação de todos os envolvidos[133], notadamente quanto à vontade coletiva e o equilíbrio negocial havido entre as categorias convenentes, pelo que o art. 611-A, § 5º da CLT exige a participação dos respectivos sindicatos, como litisconsortes necessários, na ação que tenha por objeto tal anulação.

Por fim, cumpre destacar que há previsão no art. 611-A, § 1º da CLT, fazendo remissão ao art. 8º, § 3º do mesmo diploma, que limita o âmbito de jurisdição da Justiça do Trabalho, no exame de convenção ou acordo coletivo de trabalho, exclusivamente quanto aos elementos essenciais dos negócios jurídicos, tal como disciplinado no art. 104 do CC. Como é sabido na seara civilista, os elementos dos negócios jurídicos são: parte, forma e objeto; cujos requisitos de validade são, respectivamente: capacidade, prescrição ou não proibição em lei e licitude, possibilidade e determinação do objeto. Nesse sentido: os sindicatos regularmente formados e reconhecidos, nos termos e limites do art. 8º, I da CF/88, são parte capaz à celebração das referidas normas coletivas, tal qual são as coletividades de trabalhadores, quando as entidades sindicais se recusaram à negociação (v. subitem sobre a negociação direta entre

(133) CARRION, Valentin. *Op. cit.*, p. 545.

empregador e empregados); quanto à formalidade, a lei prevê (art. 611 e ss. da CLT) que as normas coletivas devem ser necessariamente escritas, precedidas de deliberação assemblear (respeitado o respectivo quórum), assinadas pelas partes convenentes, conter determinadas cláusulas e serem depositadas no Ministério do Trabalho[134]; a licitude segue a mesma lógica expressa no subcapítulo atinente à validade das normas coletivas, encontrando limite na ordem pública, cuja contrariedade se enquadraria, inclusive, no art. 166, II do CC. Ocorre que, mesmo com tal previsão, há outro preceito maior, de ordem constitucional, que estabelece a chamada inafastabilidade da jurisdição, insculpido no art. 5º, XXXV da CF/88.

8.4.19. Elementos de validade da norma coletiva – Art. 104 do CC

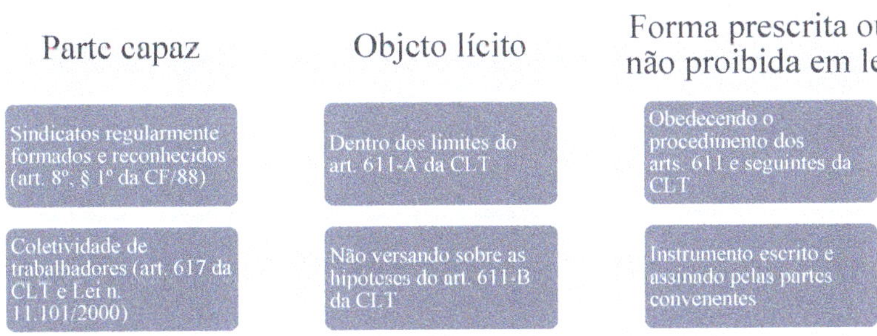

8.4.20. Descumprimento

A infração às cláusulas convencionais faz surgir a pretensão da parte lesada ao respectivo cumprimento dos direitos subjetivos ali previstos, sem prejuízo da incidência de eventual multa (cláusula penal) ali prevista, ainda que a cláusula seja mera repetição de texto de lei (Súmula n. 384, II do TST).

As normas coletivas normalmente têm uma cláusula prevendo uma multa genérica, vinculada ao descumprimento de qualquer das demais cláusulas do respectivo instrumento. Podem haver, também, multas específicas, vinculadas a determinadas cláusulas convencionais que as partes convenentes tenham por bem julgado mais relevantes ou passíveis de maior proteção (no sentido de incentivar o seu cumprimento/

---

(134) Apesar de não ser requisito de validade, há previsão legal nesse sentido.

desincentivar o seu descumprimento. Caso as cláusulas das respectivas multas não disponham de maneira contrária, pode-se entender tanto que estas incidirão a cada novo descumprimento – tal qual ocorre com as multas de trânsito ou de fiscalização pelo Ministério do Trabalho, observadas as peculiaridades de cada caso que induzam à conclusão de penalidades repetidas ou únicas e agravadas (ilícito continuado, prestações sucessivas etc.) – quanto pela incidência única, abrangendo toda a vigência da norma coletiva, independentemente do número de infrações praticadas, vez que, tratando-se de cláusula penal, devem ser interpretadas restritivamente[(135)]. De qualquer modo, pode-se sustentar que é lícito ao juízo, em eventual ação que objetive a cobrança de multas convencionais, limitá-lo ao valor da obrigação principal (art. 412 do CC), caso haja expressão econômica a ela vinculada ou intrínseca, ou, ainda, reduzir o valor ou percentual negociado (art. 413 do CC).

O cumprimento de cláusulas das normas coletivas de trabalho pode se dar individualmente, em sede de pedido em reclamação(ões) trabalhista(s) promovida(s) pelo(s) trabalhador(es), ou, ainda, coletivamente, em sede de ação coletiva de cumprimento, promovida pelo sindicato representante da categoria ou pelo Ministério Público do Trabalho.

---

(135) Nesse sentido, v. TST. 5ª Turma. RR n. 146276.2014.5.06.0141. DJE 24.02.2017.

Referências bibliográficas

BARROS, Alice Monteiro de. *Curso de direito do trabalho*. 6. ed. rev. e ampl. São Paulo: LTr, 2010, p. 1.269.

CARRION, Valentin. *Comentários à Consolidação das Leis Trabalhistas*. Atual. Eduardo Carrion. 45. ed. São Paulo: Saraiva Educação, 2021, p. 543.

GARCIA, Gustavo Filipe Barbosa. *Curso de direito do trabalho*. 15. ed. São Paulo: Saraiva Educação, 2020, p. 1.208.

OLIVEIRA, Paulo Eduardo Vieira de. *Convenção coletiva de trabalho no direito brasileiro, setor privado*. São Paulo: LTr, 1996, p. 79.

PLÁ RODRIGUEZ, Américo. *Princípios de direito do trabalho*. Tradução de Wagner D. Giglio. São Paulo: LTr, 1978, p. 28.

8.4.21. ANEXO I – Modelo de edital de convocação dos trabalhadores para assembleia autorizadora

SINDICATO (*nome da entidade*)

Convocamos todos os (*trabalhadores/empresas*), associados e não associados do Sindicato, integrantes da categoria (*profissional/econômica*) dos (*empregados/empresas*), inclusive EI, EIRELI, MEI, ME e EPP, do ramo de atividade (*atividade preponderante*), de (*base territorial*), para participarem da Assembleia Geral Extraordinária que será realizada no (*local*), no (*dia e hora*), com a finalidade de, mediante escrutínio secreto, deliberarem sobre a seguinte:

ORDEM DO DIA

1 – Apresentação, discussão e votação da proposta de pauta de reivindicações, visando a negociação coletiva junto à (*empresa/entidade sindical contrária)* celebração de norma(s) coletiva(s) de trabalho (*Convenção Coletiva ou Acordo Coletivo*) com obtenção de vantagens econômico-sociais, bem como para estipulação de valor e prazos para o desconto em folha de pagamento da contribuição de assistência e de negociação coletiva referentes à categoria, inclusive quanto ao prazo para eventual oposição ao desconto, tendo em vista a data-base de (*data-base da categoria*);

2 – Formação de comissão para as negociações;

3 – Concessão de poderes à diretoria do Sindicato para a celebração da norma coletiva de trabalho ou, ainda, suscitar dissídio coletivo, promoção de protesto judicial para assegurar a data-base e/ou outra medida judicial ou extrajudicial cabível e adequada à defesa dos interesses da categoria.

No dia, hora e local agendados, não havendo quórum necessário, a Assembleia se instalará em segunda convocação meia hora depois e prosseguirá, observado o quórum de deliberação da maioria dos interessados presentes.

Local, data.

Assinatura do presidente do sindicato

8.4.22. ANEXO II – Modelo de ata de assembleia autorizadora

ATA DA ASSEMBLEIA GERAL EXTRAORDINÁRIA REALIZADA NOS DIAS (*DATA POR EXTENSO*)

Aos (*data por extenso*), na (*local*), às (*horário*), em *primeira/segunda* convocação, os integrantes da categoria *profissional/econômica*, associados e não associados, desta entidade sindical de *empregados/empresas* no (*ramo de atividade*) na base territorial de representação que compreende (*base territorial*), face ao Edital de Convocação publicado em (*mídia de divulgação*), de maior circulação regional, no(s) dia(s) (*data de publicação*), reuniram-se em Assembleia Geral Extraordinária, para deliberar sobre a seguinte Ordem do Dia: (*Ordem do Dia, conforme Edital de Convocação*). Dando início aos trabalhos, o presidente do sindicato, Sr.(a), solicitou ao plenário que indicasse os nomes para a direção da mesa de trabalho da assembleia. Por aclamação, foram indicados o(a)s senhores(as) para, respectivamente, Presidente, Secretário e Escrutinador. Composta a mesa, o Presidente da mesa explicou que esta assembleia, nos termos do edital de convocação é facultada a todos os *empregados/empresas* que atuam no (*ramo de atuação*), associados ou não à entidade sindical, podendo participar na deliberação que envolvem os interesses da categoria representada. Quanto ao **item 1** da ordem do dia, explicou que, como ocorre todo ano, a diretoria desta entidade, com a assessoria do departamento jurídico, elaborou uma proposta de *acordo/convenção coletiva de trabalho*, contendo cláusula de natureza econômica e de aperfeiçoamento e melhoria das relações de trabalho, para negociações com o(s) sindicato(s) indicado(s) no edital, representante da categoria *econômica/profissional* e, neste ano, estamos apresentando proposta (*pauta reivindicatória*), que comporão a norma coletiva nos seguintes termos:

(Minuta da norma coletiva, com todas as suas cláusulas)

Quanto ao **item 2**, a pauta de reivindicações será enviada à entidade sindical da categoria oposta, com data-base em (*data-base*), cujas negociações serão conduzidas por comissão específica formada pelos(as) sr(a)s., mediante outorga de poderes por esta Assembleia para celebração do *acordo/convenção coletiva de trabalho* para o período de (*vigência da norma coletiva*). Quanto ao **item 3**, a proposta é no sentido de concessão de poderes à diretoria do Sindicato para as finalidades discriminadas no edital de convocação. Ato contínuo, o Presidente da mesa, após alguns necessários esclarecimentos formais, franqueou a palavra para debates e, após várias manifestações, o Presidente da mesa colocou em votação as propostas dos itens da ordem do dia, em escrutínio secreto, representado por cédulas contendo a indicação "sim" (aprovação) e "não" (reprovação), para serem sufragadas nas urnas disponibilizadas, verificadas quanto à sua integridade e lacração. Ato contínuo, procedeu-se à colheita dos votos dos presentes. Encerrada a votação às *XX* horas, o Escrutinador efetuou a abertura das urnas e, conferindo os votos com a lista de participantes, efetuou a contagem à vista dos presentes, proclamando, ao seu término, que a aprovação ("sim") foi acolhida à unanimidade, portanto, sendo aprovados todos os itens da Ordem do Dia, em todos os seus termos, notadamente quanto às cláusulas e condições da proposta do *acordo/convenção coletiva de trabalho* para o período de (*vigência*). Em seguida, o Presidente da mesa esclareceu aos presentes que foi regularmente observado quórum de deliberação e de aprovação pela assembleia em *primeira/segunda* convocação. Esgotados os motivos da convocação contidos na Ordem do Dia e, como ninguém quis fazer uso da palavra, o Presidente da mesa agradeceu a presença e colaboração de todos e encerrou os trabalhos, determinando que se lavrasse a presente Ata, que, após sua elaboração, foi lida, achada conforme e assinada pelos componentes da mesa, observado que *X* participantes lançaram as suas respectivas assinaturas na "Lista de Participantes", que é parte integrante desta. Os trabalhos foram, então, encerrados, com uma aclamação geral, às *XX* horas.

Assinatura do Presidente da MesaAssinatura do Secretário

Assinatura do Escrutinador

ANEXO:

- Lista de participantes

- Cédulas de votação

8.4.23. ANEXO III – Modelo de acordo coletivo de trabalho

As partes convenentes, de um lado, o *SINDICATO* (CNPJ/MF n. *XXX*), representante da categoria profissional dos empregados no (*ramo de atividade*), com base territorial compreendendo (*base territorial*), com sede à (*endereço da sede*), representado por seu presidente, sr.(a) (CPF/MF n. *XXX*), assistido por seu departamento jurídico, autorizado por Assembleia de seus representados, associados e não associados, realizada em (*data, hora e local*), e, de outro lado, a EMPRESA (CNPJ/MF n. *XXX*), estabelecida à (*sede da empresa*), neste ato representada por seu *titular/presidente*, sr(a)., celebram o presente Acordo Coletivo de Trabalho, nas seguintes cláusulas e condições:

Cláusula 1ª – *TEMA*: (...).

(...)

Cláusula *X*ª – Vigência: A vigência do presente Acordo Coletivo de Trabalho é de 12 (doze) meses, com início em (*data-base*) e término em (*data*).

Local, data.

Presidente do SindicatoDepartamento Jurídico do Sindicato

Representante da Empresa

9

E-SOCIAL

Wanderlei Lagoas

9.1. eSocial – Sistema de Escrituração Digital das Obrigações Fiscais, Previdenciárias e Trabalhistas

A grande complexidade das relações de trabalho, entre as empresas e o governo, torna o departamento pessoal quase que um órgão público, tamanhas são as obrigações que este departamento possui, pois, as informações, encargos, recolhimentos de natureza tributária, retenção de imposto de renda, recolhimento da Previdência Social, FGTS, entre outros, fazem deste setor o mais complexo de todos os departamentos.

Considerando que o Direito do Trabalho passa por diversas atualizações, e muitas das vezes de forma quase que instantâneas, vistos as medidas provisórias, instruções normativas, decretos e portarias que rodeiam este segmento, faz com que o profissional que atua no departamento pessoal da empresa tenha um perfil de conhecimento sólido sobre as Leis, que domine o manuseio das plataformas governamentais, que atue nos cálculos rescisórios e que, principalmente, esteja antenado nas principais mudanças nas relações de trabalho.

Como as informações passadas por este setor são dados altamente voláteis, pois se perdem com facilidade, o Governo decidiu centralizar todas as obrigações (ou ainda grande parte dela) numa única plataforma, chamada de eSocial.

Assim surge o eSocial, com a finalidade de armazenar em um único ambiente virtual todas as informações obrigatórias pelas empresas, possibilitando que outros órgãos participantes utilizem-se destes dados para fins trabalhistas, previdenciários e fiscais.

E que obrigações seriam essas?

- **RAIS** – Relatório Anual de Informação Social
- **CAGED** – Cadastro Geral de Empregados e Desempregados
- **DIRF** – Declaração de Imposto Retido na Fonte
- **CAT** – Comunicação de Acidente de Trabalho
- **LRE** – Livro de Registro de Empregado
- **CD** – Comunicado de Dispensa
- **CTPS** – Carteira de Trabalho e Previdência Social
- **PPP** – Perfil Profissiográfico Previdenciário
- **GPS** – Guia da Previdência Social
- **QHT** – Quadro Horário de Trabalho

O eSocial foi instituído pelo Decreto n. 8.373/2014, sendo um projeto do Governo Federal, com o objetivo de padronizar as informações, armazenando-as em um único Ambiente Nacional Virtual, onde criou-se também um comitê gestor para nortear a sua implantação e obrigatoriedade, com o objetivo de padronizar as informações e substituir diversos documentos, tais como GFIP, RAIS, DIRF, PPP, entre outros.

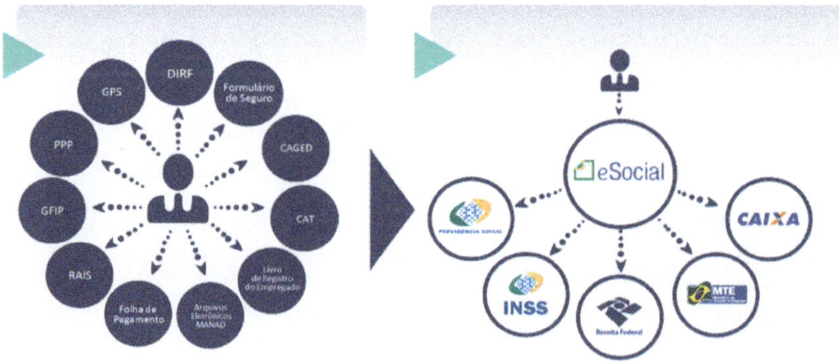

O comitê gestor possui as seguintes atribuições: estabelecer diretrizes gerais, formular as políticas referentes ao eSocial e avaliar a sua implementação; estabelecer e divulgar o calendário de substituição das obrigações de entrega das informações prestadas em outros formulários e declarações; promover a simplificação do eSocial no que se refere à prestação de informações e à linguagem, para maior acessibilidade e eliminação de redundâncias; divulgar as ações relacionadas à implantação, aperfeiçoamento e manutenção do eSocial; elaborar proposta orçamentária do eSocial e acompanhar sua execução; e, aprovar e publicar o leiaute, o manual de orientação e outros atos normativos relacionados ao eSocial.

O eSocial trouxe a obrigatoriedade do envio destas informações a todos os empregadores, inclusive aos empregadores domésticos e os contribuintes que comercializam produção rural.

Desta forma, as empresas passam a ser responsáveis por gerar e enviar as informações com as quais já estavam acostumados a fazer, para este novo repositório, dentro do novo modelo que deverá ser enviado por meio de um sistema operacional que a empresa possua, com o envio destas informações no formato de um arquivo XML.

O Governo criou uma possibilidade menos onerosa para as pequenas empresas que possuam até um único funcionário, dando-lhe a oportunidade de utilizar a plataforma *web*, por meio de um *login* e senha, sem a necessidade de adquirir um certificado digital para o envio dos arquivos.

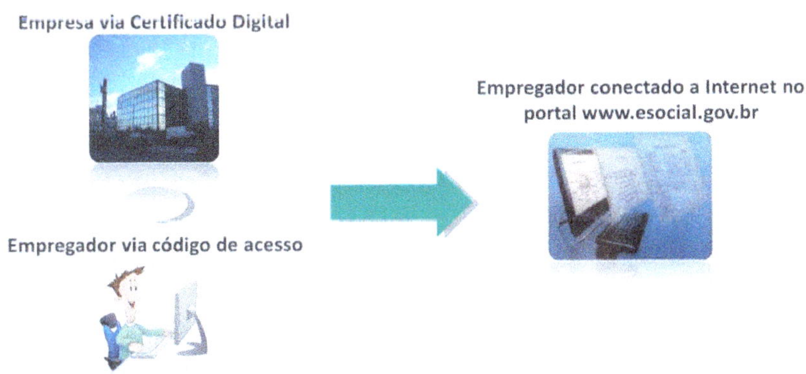

A forma como eram enviadas as informações anteriormente contribuía para diversos erros e um retrabalho nas obrigações acessórias; agora, o novo sistema do eSocial traz todas as obrigatoriedades sendo satisfeitas em um único envio de informações.

A fim de garantir a eficiência e a segurança na implantação do eSocial, ficou determinado que os empregadores fossem separados em grupos e as informações transmitidas em etapas (faseamento).

9.2. Formação dos grupos

Os grupos de empregadores para a implementação do eSocial ficaram assim determinados:

Grupos	Características	Legislação
GRUPO 1 GRANDES EMPRESAS	Compreende as entidades empresariais **com faturamento no ano de 2016 acima de R$ 78.000.000,00**	Art. 2º, inciso I da Portaria Conjunta SEPRT/RFB 71/2021
GRUPO 2 DEMAIS EMPRESAS	Entidades empresariais com **faturamento no ano de 2016 de até R$ 78.000.000,00** e as que **não sejam optantes** pelo Simples Nacional em 01/07/2018.	Art. 2º, inciso II e alínea "b" da Portaria Conjunta SEPRT/RFB 71/2021
GRUPO 3 EMPRESAS DO SIMPLES NACIONAL	Empregadores **Pessoas Jurídicas optantes pelo Simples Nacional**, que constem nessa situação no CNPJ em 01.07.2018 e entidades sem fins lucrativos.	Art. 2º, inciso II, alínea "a" e inciso III da Portaria Conjunta SEPRT/RFB 71/2021
GRUPO 3 PESSOAS FÍSICAS	Nacional em 01/07/2018. Empregadores **Pessoas Físicas** (exceto doméstico) e produtor rural	Art. 2º, inciso IV da Portaria Conjunta SEPRT/RFB 71/2021
GRUPO 4 ADM. PÚBLICA E ORG. INTERNACIONAIS	**Órgãos Públicos e Organizações Internacionais Entes Públicos - Âmbito Federal**	Art. 2º, inciso V da Portaria Conjunta SEPRT/RFB 71/2021

9.3. Fases

O eSocial foi dividido em fases (etapas) e dentro de cada etapa possui um determinado cronograma para enviar cada fase. Este faseamento é subdividido conforme cada grupo de empregadores:

- **Fase 1**: Cadastro do empregador e tabelas.
- **Fase 2**: Dados dos trabalhadores e seus vínculos com as empresas (eventos não periódicos).

- **Fase 3**: Folha de pagamento.
- **Fase 4**: Dados de segurança e saúde do trabalhador.

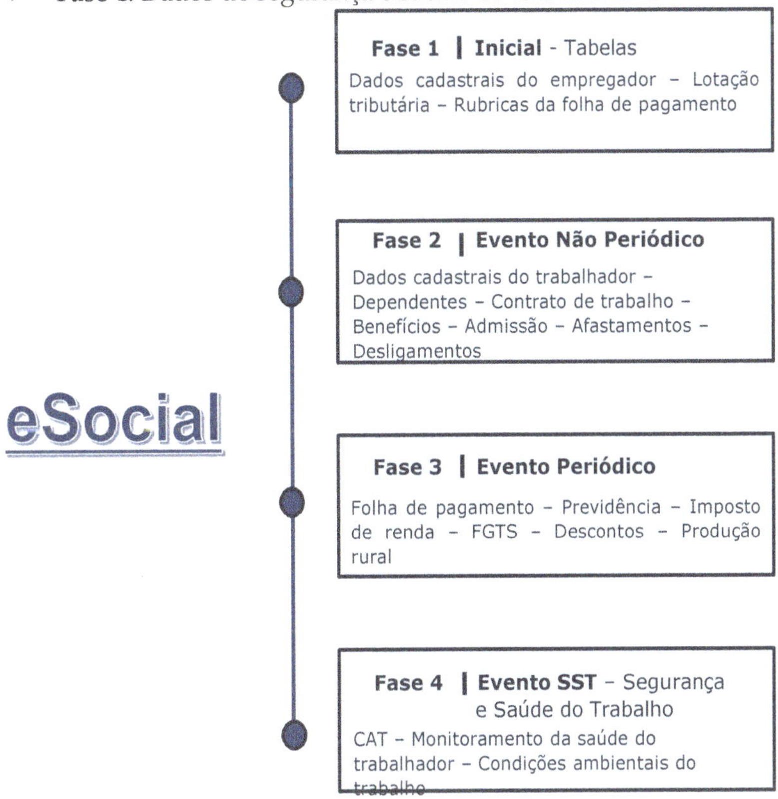

9.3.1. 1ª Fase

Na primeira fase do eSocial, são enviados os eventos referentes às tabelas que serão utilizadas para compor a base do *site* do eSocial.

Estas informações foram divididas em eventos:

9.3.1.1. Eventos iniciais

Trata-se do cadastro inicial do empregador (**Evento S-1000**), onde são informados CNPJ, razão social, endereço, tipo de sociedade, sua tributação, RAT, FAP, FPAS, CNAE preponderante, entre outros.

9.3.1.2. Eventos de tabelas

Complementando os eventos iniciais, são informações que serão de suma importância em diversos outros eventos periódicos e não periódicos.

Os eventos de tabelas possuem campos chamados "**data de início de validade**" e "**data de fim de validade**" que estabelecem a validade das informações. Sempre que necessário enviar um evento de alteração das tabelas, deve-se alterar a data de validade.

Os eventos de tabelas são:

S-1000 – Informações do Empregador/Contribuinte

S-1005 – Tabela de Estabelecimentos, Obras ou Unidades de Órgãos Públicos

S-1010 – Tabela de Rubricas

S-1020 – Tabela de Lotações Tributárias

S-1070 – Tabela de Processos Administrativos/Judiciais

De acordo com o Manual de Orientações do eSocial:

Evento - S-1000 – Informações do Empregador/Contribuinte/Órgão Público

Evento onde são fornecidas pelo declarante as informações cadastrais e outros dados necessários ao preenchimento e validação dos demais eventos do eSocial, inclusive para apuração das contribuições previdenciárias devidas ao RGPS e para depósito do FGTS. Esse é o primeiro evento que deve ser transmitido pelo declarante. Não pode ser enviado qualquer outro evento antes desse.

Evento - S-1005 - Tabela de Estabelecimentos, Obras ou Unidades de Órgãos Públicos

É o evento do eSocial responsável por levar algumas informações complementares da empresa e/ou das obras próprias. No geral, o S-1005 levará dados como: alíquota RAT, informações sobre a contratação de pessoa com deficiência (PCD), identificação do estabelecimento, bem como demais dados cadastrais relacionados ao estabelecimento.

Evento - S-1010 - Tabela de Rubricas

Apresenta o detalhamento das informações das rubricas constantes da folha de pagamento do declarante, permitindo a correlação destas com as constantes da Tabela 3 – Natureza das Rubricas da Folha de Pagamento do eSocial. É utilizada para inclusão, alteração e exclusão de registros na Tabela de Rubricas do declarante. As informações consolidadas desta tabela são utilizadas para validação dos eventos de remuneração dos trabalhadores.

Evento - S-1020 - Tabela de Lotações Tributárias

Identifica a classificação da atividade para fins de atribuição do código FPAS quando uma determinada unidade do declarante possui código de FPAS/Outras Entidades e Fundos distintos e identifica ainda a obra de construção civil, o contratante de serviço ou outra condição diferenciada de tributação.

Lotação tem conceito estritamente tributário. Influi no método de cálculo da contribuição previdenciária para um grupo de segurados específicos. Não se confunde, por conseguinte, com o local de trabalho do empregado.

Evento - S-1070 - Tabela de Processos Administrativos/Judiciais

Evento utilizado para inclusão, alteração e exclusão de registros na Tabela de Processos Administrativos/Judiciais do declarante, de entidade patronal com representação coletiva, de trabalhador contra a administração pública e que tenha influência no cálculo das contribuições, dos impostos ou do FGTS, quando influenciem no cumprimento das suas obrigações principais e acessórias. As informações consolidadas desta tabela são utilizadas para validação de outros eventos do eSocial e influenciam na forma e no cálculo dos tributos devidos e FGTS.

Não devem ser informados neste evento os processos judiciais que envolvam matéria trabalhista, sejam reclamatórias trabalhistas, sejam processos que envolvam servidores públicos e seus correspondentes órgãos públicos.

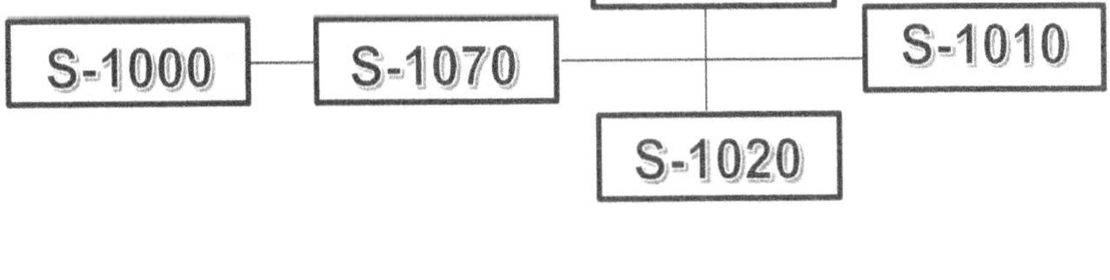

9.3.2. 2ª Fase

Na segunda fase do eSocial, serão enviados os eventos não periódicos. Esse grupamento é considerado dessa maneira, pois trata de eventos que não se repetem periodicamente, ou seja, não possuem data específica para acontecer, dependem de acontecimentos na relação entre o empregador/órgão público e o trabalhador.

Como o nome sugere, são eventos que acobertam acontecimentos que não têm uma data prefixada para acontecer, relacionados a direitos e deveres trabalhistas, previdenciários e fiscais.

Por exemplo, a admissão de um novo empregado, alteração salarial, acidente de trabalho, demissão, entre outros eventos sem periodicidades fixas para ocorrer.

Esse grupamento de envio contempla a geração dos eventos desde o **S-2100 até o S-2399**, onde:

S-2190 – Admissão de Trabalhador – Registro Preliminar;

S-2200 – Admissão de Trabalhador;

S-2205 – Alteração de Dados Cadastrais do Trabalhador;

S-2206 – Alteração de Contrato de Trabalho;

S-2230 – Afastamento Temporário;

S-2231 – Cessão/Exercício em Outro Órgão;

S-2298 – Reintegração;

S-2299 – Desligamento;

S-2300 – Trabalhador Sem Vínculo - Início;

S-2306 – Trabalhador Sem Vínculo - Alteração Contratual;

S-2399 – Trabalhador Sem Vínculo - Término.

Evento - S-2190 - Registro Preliminar de Trabalhador

Este evento é opcional, a ser utilizado alternativamente ao envio do evento S-2200. Trata-se de um evento preliminar, contendo informações básicas do vínculo/contrato, podendo ser utilizado tanto em relação ao evento S-2200 quanto ao S-2300, sendo imprescindível complementar as informações da admissão para regularizar o registro do empregado ou o cadastro do trabalhador sem vínculo. Não se aplica ao ingresso de servidores estatutários, independentemente do regime previdenciário.

Evento – S-2200 - Cadastramento Inicial do Vínculo e Admissão/ Ingresso de Trabalhador

Este evento registra a admissão de empregado, contratação de trabalhador temporário (Lei n. 6.019/74) e o ingresso de servidores estatutários, a partir da implantação do eSocial. Ele serve também para o cadastramento inicial de todos os vínculos ativos pelo declarante, na data do início da obrigatoriedade de envio dos eventos não periódicos, com seus dados cadastrais e contratuais atualizados. As informações prestadas neste evento servem de base para construção do RET, que é utilizado para validação dos eventos de folha de pagamento e demais eventos enviados posteriormente. Trata-se do primeiro evento relativo a um determinado vínculo – excetuada a situação prevista para o evento S-2190, registrando as informações cadastrais e do contrato de trabalho. Deve ser enviado também quando o trabalhador é transferido de um declarante do mesmo grupo econômico ou em decorrência de uma sucessão, fusão ou incorporação.

Evento – S-2205 - Alteração de Dados Cadastrais do Trabalhador

Este evento registra as alterações de dados cadastrais do trabalhador, tais como: documentação pessoal, escolaridade, estado civil etc. Deve ser utilizado tanto para empregados/servidores, inseridos por meio do evento S-2200, quanto para outros trabalhadores sem vínculo de emprego cujas informações foram enviadas originalmente por meio do evento específico de S-2300.

Evento – S-2206 - Alteração de Contrato de Trabalho/ Relação Estatutária

Este evento registra as alterações do contrato de trabalho, tais como: remuneração e periodicidade de pagamento, duração do contrato, local, cargo ou função, jornada, entre outros.

Evento – S-2230 - Afastamento Temporário

Evento utilizado para informar os afastamentos temporários dos empregados/servidores e trabalhadores avulsos, por quaisquer dos motivos elencados na tabela 18 – Motivos de Afastamento, bem como eventuais alterações e prorrogações. Caso o empregado/servidor possua mais de um vínculo, é necessário o envio do evento para cada um deles.

Evento – S-2298 - Reintegração/Outros Provimentos

São as informações de reintegração, em sentido amplo, de empregado/servidor previamente desligado do declarante. Estão contidos no conceito de reintegração, para fins do eSocial, todos os atos que restabelecem o vínculo, tornando sem efeito o desligamento

Evento – S-2299 - Desligamento

São as informações destinadas a registrar o desligamento do trabalhador do declarante.

Evento - S-2300 – Trabalhador Sem Vínculo - Início

Este evento é utilizado para prestar informações cadastrais relativas a trabalhadores que não possuem vínculo de emprego/estatutário com o declarante.

Evento – S-2306 – Trabalhador Sem Vínculo - Alteração Contratual

São as informações utilizadas para a atualização dos dados contratuais relativos aos trabalhadores que não possuem vínculo emprego/estatutário com o declarante.

Evento – S-2399 – Trabalhador Sem Vínculo - Término

São as informações utilizadas para o encerramento da prestação de serviço do trabalhador sem vínculo de emprego.

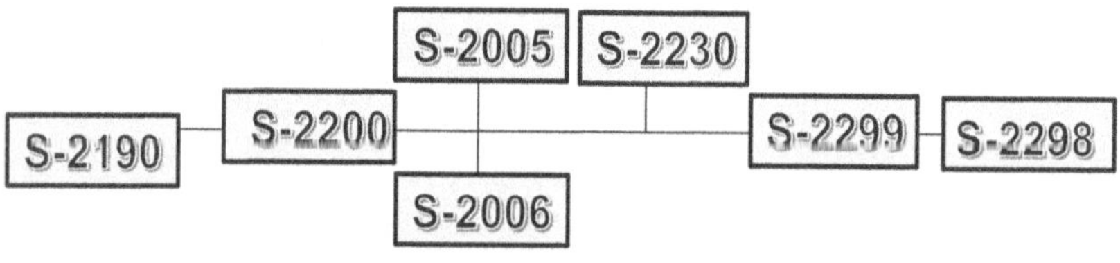

9.3.3. 3ª Fase

Na 3ª fase serão considerados os eventos periódicos, aqueles cuja ocorrência tem periodicidade previamente definida. Nessa fase, serão enviados os eventos referentes às remunerações dos funcionários de maneira periódica, informando as bases de cálculo de cada contribuinte.

Esse grupamento de envio contempla a geração dos eventos desde o S-1200 até o S-1300, onde:

S-1200 – Remuneração do Trabalhador;

S-1210 – Pagamentos de Rendimentos do Trabalho;

S-1260 – Comercialização da Produção Rural Pessoa Física;

S-1270 – Contratação de Trabalhadores Avulsos Não Portuários;

S-1280 – Informações Complementares aos Eventos Periódicos;

S-1298 – Reabertura dos Eventos Periódicos;

S-1299 – Fechamento dos Eventos Periódicos.

Evento – S-1200 – Remuneração de Trabalhador Vinculado ao Regime Geral de Previdência Social

Este evento deve ser utilizado pelo declarante para informar rubricas de natureza remuneratória ou não para todos os seus trabalhadores, estagiários e bolsistas, exceto àqueles vinculados ao RPPS, cuja informação deve ser prestada em evento próprio (S-1202).

Evento – S-1210 – Pagamentos de Rendimentos do Trabalho

São as informações prestadas relativas aos pagamentos referentes aos rendimentos do trabalho com ou sem vínculo empregatício e o pagamento de Participação nos Lucros ou Resultados (PLR), objeto de negociação entre a empresa e seus empregados. Aplica-se também aos benefícios pagos por RPPS.

Evento – S-1260 – Comercialização da Produção Rural Pessoa Física

São as informações relativas à comercialização da produção rural, prestadas pelo produtor rural pessoa física e pelo segurado especial.

Evento – S-1270 – Contratação de Trabalhadores Avulsos Não Portuários

São informações referentes aos serviços prestados por trabalhadores avulsos não portuários.

Evento – S-1280 – Informações Complementares aos Eventos Periódicos

Evento utilizado para prestar informações que afetam o cálculo da contribuição previdenciária patronal sobre as remunerações pagas, devidas ou creditadas por declarantes, quando este for optante pela desoneração de folha de pagamento e pelo Simples Nacional com tributação previdenciária substituída e não substituída. Esse evento não é aplicável às informações relativas aos servidores vinculados ao RPPS.

Evento – S-1298 – Reabertura dos Eventos Periódicos

Este evento é utilizado para reabrir movimento de um período já encerrado, possibilitando o envio de retificações ou novos eventos periódicos.

Evento – S-1299 – Fechamento dos Eventos Periódicos

Destina-se a informar ao Ambiente Nacional do eSocial o encerramento da transmissão dos eventos periódicos, no período de apuração. Nesse momento são consolidadas todas as informações prestadas nos eventos S-2299, S-2399 e S-1200 a S-1270.

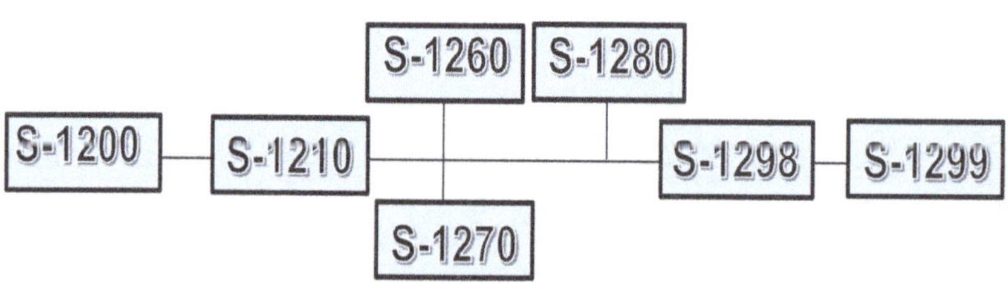

9.3.4. 4ª Fase

Nesta 4ª fase serão considerados os eventos referentes à saúde e segurança do trabalho, são aqueles cuja ocorrência não tem periodicidade previamente definida.

Esse grupamento de envio contempla a geração dos eventos desde o S-2210 até o S-2240, onde:

- **S-2210** – Comunicação de Acidente de Trabalho;
- **S-2220** – Monitoramento da Saúde do Trabalhador;
- **S-2240** – Condições Ambientais do Trabalho.

Evento – S-2210 – Comunicação de Acidente de Trabalho

Será utilizado para comunicar acidente de trabalho pelo empregador, ainda que não haja afastamento do trabalhador de suas atividades laborais.

Evento – S-2220 – Monitoramento da Saúde do Trabalhador

São as informações detalhadas relativas ao monitoramento da saúde do trabalhador (avaliações clínicas), durante todo o vínculo laboral com o declarante, por trabalhador, bem como os exames complementares aos quais foi submetido, com respectivas datas e conclusões.

Evento – S-2240 – Condições Ambientais do Trabalho

É utilizado para registrar as condições ambientais de trabalho pelo declarante, indicando as condições de prestação de serviços pelo trabalhador, bem como para informar a exposição a agentes nocivos e o exercício das atividades descritas na "Tabela 24 – Agentes Nocivos e Atividades – Aposentadoria Especial" do eSocial.

9.4. Sequenciamento do eSocial

1º Momento

2º Momento

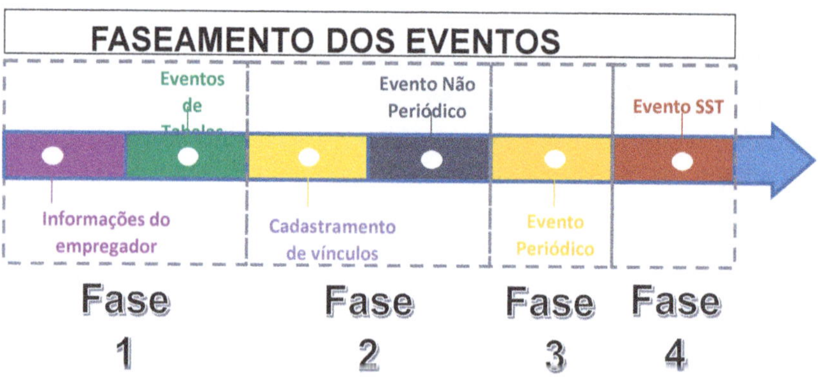

3º Momento

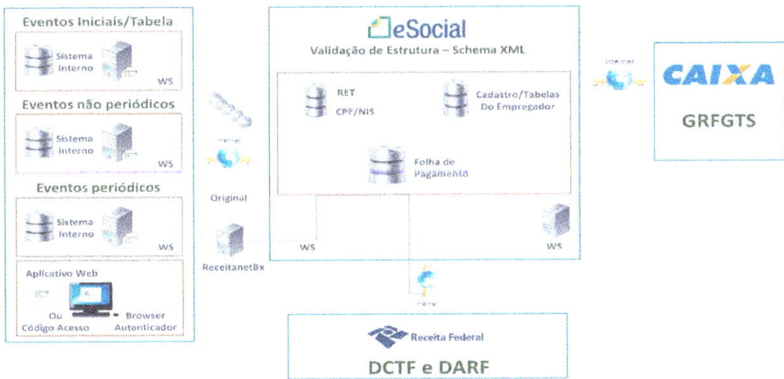

9.5. Prazo de arquivamento

Não temos um prazo legal de guarda dos arquivos XML enviados, uma vez que os eventos transmitidos ficam arquivados em nuvem na plataforma do governo, porém, os comprovantes dos créditos tributários e encargos trabalhistas devem ser guardados até o período de sua prescrição.

As obrigações anteriores ao eSocial devem estar à disposição da fiscalização pelo período previsto na legislação.

9.6. Penalidade para entrega com atraso e retificação de valores

O fato de atrasar a entrega ou enviar com erros, ocorrerá penalidade conforme os casos já previstos em lei.

A retificação durante a denúncia espontânea (sem procedimento de ofício regularmente instaurado) não gera penalidades tributárias, excluídas as de caráter moratório sobre os débitos não recolhidos em época própria.

9.7. Tabela de penalidades

<table>
<tr><th rowspan="2">EVENTO</th><th rowspan="2">BASE LEGAL</th><th colspan="2">MULTA</th><th rowspan="2">OBSERVAÇÕES</th></tr>
<tr><th>MÍNIMO</th><th>MÁXIMO</th></tr>
<tr><td>Não entregar ou entregar fora do prazo o eSocial (Evento S-1299) até o dia 7 do mês subsequente</td><td>Art. 8º, I, Lei n. 12.766/12</td><td>50% da multa se a empresa entregar após o prazo, mas antes de qualquer procedimento de ofício</td><td>R$ 500,00 para empresas no Lucro Presumido ou Simples R$ 1.500,00 para empresas no Lucro Real</td><td rowspan="3">A Lei fala sobre SPED, mas como o eSocial faz parte do SPED, entende-se que essa multa se aplica ao eSocial também</td></tr>
<tr><td>Após intimado pela Receita Federal, não entregar e nem prestar esclarecimentos</td><td>Art. 8º, II, Lei n. 12.766/2012</td><td>R$ 1.000,00 por mês calendário</td><td></td></tr>
<tr><td>Apresentar o eSocial com informações inexatas, incompletas ou omitidas</td><td>Art. 8º, III, Lei n. 12.766/2012</td><td>R$ 100,00</td><td>0,2% do faturamento do mês anterior ao da entrega da declaração</td></tr>
<tr><td>Não respeitar a duração do trabalho (hora extra, intervalo, banco de horas, compensação, adicional, jornadas)</td><td>Art. 75 da CLT + Portaria MTE n. 290/1997</td><td>R$ 40,25</td><td>R$ 4.025,33</td><td>Dobra em caso de reincidência, oposição ou desacato</td></tr>
<tr><td>Não pagar DSR</td><td>Art. 1º, Lei n. 12.544/2011 + Lei n. 605/1949</td><td>R$ 40,25</td><td>R$ 4.025,33</td><td>Dobra em caso de reincidência, oposição ou desacato</td></tr>
</table>

<table>
<tr><td>FGTS (deixar de computar parcela, não efetuar depósito)</td><td>Art. 23, § 2º, b da Lei n. 8.036/1990</td><td>R$ 10,64</td><td>R$ 106,41</td><td>Por empregado; dobra em caso de reincidência, fraude, simulação, desacato, embaraço</td></tr>
<tr><td>13º salário (não pagar no prazo, não pagar com médias etc.)</td><td>Art. 3º, I, Lei n. 7.855/89 + Lei n. 4.090/1962</td><td>R$ 170,26</td><td></td><td rowspan="2">Por empregado; dobra em caso de reincidência</td></tr>
<tr><td>Férias (deixar de pagar com médias, pagar em atraso, pagamento de férias por decisão judicial etc.)</td><td>Art. 153 da CLT</td><td>R$ 170,26 + o valor das férias não pagas</td><td></td></tr>
</table>

EVENTO	BASE LEGAL	MULTA		OBSERVAÇÕES
		MÍNIMO	MÁXIMO	
Seguro-desemprego (fraude, por exemplo)	Art. 25, Lei n. 7.998/1990	R$ 425,64	R$ 42.564,00	Valor máximo em caso de artifício, reincidência, embaraço
PCD (não contratar pessoa com deficiência)	Art. 133, Lei n. 8.213/1991	R$ 253,36	R$ 281.526,96	Não cumprir as metas conforme a Lei determina
PPP (não elaborar, não atualizar ou não entregar ao trabalhador na rescisão)	Art. 283, I, h, Dec. 3.048/99	R$ 636,17	R$ 63.617,35	

Infrações previdenciárias que não tenham multa fixada no Dec. 3.048/99	Art. 283, caput, Dec. 3.048/99 + Portaria MF n. 15/2018, art. 8º, IV	R$ 2.331,32	R$ 233.130,50	
Não incluir na folha de pagamento os segurados (estagiários, prestadores de serviço, pessoa física e outros)	Art. 283, I, a, Dec. 3.048/99 + Portaria MF n. 15/2018, art. 8º, IV	R$ 2.331,32	R$ 233.130,50	
Deixar a empresa de manter o LTCAT atualizado ou emitir documento em desacordo com o respectivo laudo	Art. 283, II, n, Dec. 3.048/99 + Portaria MF n. 15/2018, art. 8º, IV	R$ 23.313,00		
Medicina do trabalho (ex.: não fazer o PCMSO)	Art. 201, caput, primeira parte, da CLT	R$ 402,53	R$ 4.025,33	
Seg. do trabalho (não fornecer EPIs, exame periódicos, emendar licença-maternidade com férias sem exame de retorno)	Art. 201, caput, segunda parte, da CLT	R$ 670,89	R$ 6.708,59	Valor máximo em caso de artifício, reincidência, embaraço

EVENTO	BASE LEGAL	MULTA		OBSERVAÇÕES
		MÍNIMO	MÁXIMO	
Deixar de emitir CAT nos prazos legais (morte = imediatamente; acidente sem morte = dia útil seguinte)	Arts. 286 e 336 + 290 e 292 Dec. 3.048/99	R$ 1.100,00	R$ 6.133,57	Por acidente não informado. Pode dobrar ou triplicar em caso de reincidência, embaraço, simulação, tentativa de suborno
Admissão (registro do trabalhador), o profissional só pode começar a trabalhar após a assinatura da carteira e do contrato de trabalho	Art. 47 da CLT	R$ 800,00 no caso de ME ou EPP	R$ 3.000,00 demais empresas	Para cada funcionário sem registro
Deixar de comunicar as alterações existentes no contrato de trabalho (exemplo: alteração de cargo, salário, horário etc.) e nos dados cadastrais (exemplo: alteração de endereço, grau de instrução etc.) do trabalhador durante a vigência do vínculo empregatício (S-2205 e S-2206)	Lei n. 13.467/17, altera art. 41 da CLT		R$ 600,00	Por empregado prejudicado

Deixar de informar os afastamentos temporários S-2230 (férias, atestados de afastamentos superiores a 2 dias, licença-maternidade etc.)	Art. 92 da Lei n. 8.212/91	R$ 1.812,87	R $ 181.284,63	A falta dessa informação sujeita o contribuinte às sanções legais, sendo determinado pelo fiscal do Ministério do Trabalho
Exame médico (ASO) - não manter em dia os exames	Multa por infração ao art. 201 da CLT	R$ 402,53	R$ 4.025,33	A quantia é determinada pelo fiscal do trabalho
Atraso de pagamento de salário	Art. 459 e art. 4, Lei n. 7.855/89		R$ 170,26	Por empregado prejudicado

9.8. Descrição simplificada da forma operacional

O empregador gera um arquivo em XML com as informações trabalhistas e previdenciárias por meio de seu sistema operacional, assina digitalmente, tornando-o um documento eletrônico nos termos da legislação brasileira, garantindo assim a integridade das informações à autoria do emissor.

Este arquivo eletrônico é transmitido pela internet, para o ambiente do eSocial, que, após verificação, emite um protocolo de envio.

O eSocial não vai funcionar de forma "*offline*", como acontece com o programa SEFIP (que será extinto). Para gerar o arquivo, o empregador terá duas alternativas:

1 – Gerar o arquivo diretamente do seu sistema operacional de folha de pagamento, assinando com certificado digital e transmitindo ao eSocial por meio do *webservice*;

2 – Gerando diretamente do portal do eSocial (https://login.esocial.gov.br/login.aspx), cujo preenchimento das informações, o salvamento dos campos e a transmissão já ocorrem dentro da plataforma.

Todas as validações do eSocial serão feitas de forma online por evento no momento da transmissão.

10

LGPD

Selma Carloto

Lei Geral de Proteção de Dados nas relações de trabalho – LGPD

10.1. Introdução

A Lei Geral de Proteção de Dados se aplica nos meios físicos e digitais e tem por objetivo a privacidade dos titulares, pessoas naturais. Foi devolvido o controle dos dados para seus titulares, o que se traduz na autodeterminação informativa, nos termos do art. 2º da LGPD. Assim, a empresa pode possuir um banco de dados, mas não é dona dos dados.

As empresas deverão informar a finalidade das atividades de tratamento antes da coleta dos dados, garantindo transparência e segurança, apenas tratando dados necessários para cada finalidade *(privacy by default)*. Deverá ser adotada a segurança da informação desde a concepção (*privacy by design*) em qualquer atividade de tratamento e desde a coleta dos dados.

Os dados são os novos diamantes das empresas na era digital.

10.2. Aplicação da LGPD

A LGPD se aplica nos meios digitais:

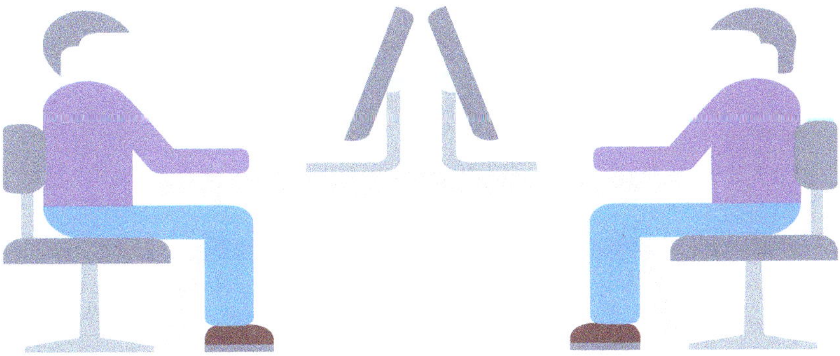

E nos meios físicos:

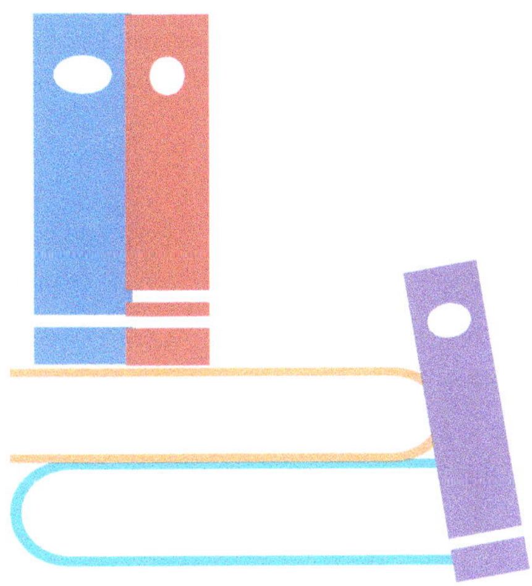

Fonte: Do autor, 2021

10.3. Segurança da informação

Dever – se – ão incluir políticas, como mesa limpa e tela limpa, que deverão ser sempre adotadas, na garantia de segurança da informação:

A política de mesa limpa, para meios físicos, deverá ser adotada para papéis e mídias de armazenamento removíveis. A mesa do trabalhador não poderá ter dados de titulares expostos. Não poderão ser deixados *post – its*, por exemplo, nas paredes, ou quaisquer dados expostos, comprometendo a confidencialidade destes dados.[136]

Imaginemos um empregado de banco que faz atendimento de cliente, ou um empregado de recursos humanos, pensando no enfoque trabalhista desta obra, o qual acabou o atendimento do titular de dados e fez anotações contendo dados pessoais. Caso estes dados precisem ser armazenados, deverão ser guardados com segurança, como em gavetas, armários com cadeados ou cofres. Caso não precisem ser tratados após o atendimento, deverão ser imediatamente descartados (fragmentados ou incinerados).

Também se deverá adotar uma política de tela limpa para os recursos de processamento da informação.

As informações de negócios sensíveis ou críticas, em mídia de armazenamento eletrônica ou papel, deverão ser sempre guardadas em lugar seguro: em uma gaveta com cadeado, em um cofre, um armário, ou outras formas de mobília de segurança, sempre que não estiverem em uso.

Os computadores e terminais deverão ser mantidos desligados ou protegidos com mecanismo de travamento de tela e teclados controlados por senha, *token* ou outros mecanismos de autenticação, além de protegidos por tecla de bloqueio, senhas ou outros controles, quando não utilizados.

---

(136) Disponível em: https://rmmaquinas.com.br/site/portfolio – item/destroyer – 270 – t/. Acesso em: 4 set. 2021.

Deverá ser evitado o uso não autorizado de fotocopiadoras ou de outras tecnologias de reprodução, como *scanners* e máquinas fotográficas digitais.

Convém que os documentos que contêm informação sensível ou classificada sejam removidos de impressoras imediatamente. **Deverá haver ainda controle de acesso a computadores e comunicação segura com o escritório.**(137) **Deverá ser garantida a segregação de acesso por função, setor ou atividade.**

10.4. Dados pessoais e dados sensíveis

10.4.1. Dados pessoais

Os dados pessoais consistem na informação relacionada à pessoa natural, seja identificada ou identificável.

> "Art. 1º: esta Lei dispõe sobre o tratamento de dados pessoais, **inclusive nos meios digitais**, por pessoa natural ou por pessoa jurídica de direito público ou privado, com o objetivo de proteger os direitos fundamentais de liberdade e de privacidade e o livre desenvolvimento da personalidade **da pessoa natural**."(138)

A Lei Geral de Proteção de Dados não se aplica a dados de pessoas jurídicas de forma direta.

No entanto, existirá aplicação indireta porque todas as pessoas jurídicas possuem dados de pessoas naturais, inclusive sócios, empregados e outros trabalhadores. Desta forma, a Lei Geral de Proteção de Dados se aplica a todas as empresas públicas ou privadas e todas as empresas precisarão fazer a sua adequação porque terão ou empregados ou clientes, além de sócios, entre outros titulares.

Exemplificando – Uma empresa contrata um representante comercial como pessoa jurídica, o contato será com a pessoa natural do representante comercial e, mesmo sendo uma contratação de um representante comercial, pessoa jurídica, haverá uma intensa volumetria

---

(137) ABNT (Associação Brasileira de Normas Técnicas). ABNT NBR ISO/IEC 27002 para gestão da privacidade da informação — Requisitos e diretrizes.

(138) BRASIL. *Lei n. 13.709/2018.* Lei Geral de Proteção de Dados Pessoais (LGPD). Disponível em: <http://www.planalto.gov.br/ccivil_03/_ato2015 - 2018/2018/lei/L13709.htm>. Acesso em: 3 mar. 2021.

de dados de pessoa natural e que demandam conformidade com a Lei Geral de Proteção de Dados.

A Lei Geral de Proteção de Dados não se aplica a dados anonimizados, mas se houver a possibilidade de identificação, ou a reversão do processo, e a pessoa for identificada, estes passam a ser dados pessoais. Um dado será anonimizado, não sendo dado pessoal, quando se perder a possibilidade total de associação, seja direta ou indireta, considerando – se a utilização de meios técnicos razoáveis e disponíveis no momento do tratamento. Temos ainda os dados pseudonimizados e estes consistem naqueles em que existe apenas a possibilidade de identificação do titular com a utilização de informação adicional e mantida separadamente pelo controlador em ambiente controlado e seguro.

Exemplos de dados pessoais diretos relacionados à pessoa identificada:

Nome	RG	CPF	Título de eleitor
Passaporte	Estado civil	OAB	Telefone

Os dados pessoais indiretos identificam o titular indiretamente. Estes demandam informações adicionais, mas a estes se aplica a Lei Geral de Proteção de Dados Pessoais.

Tabela – Dados pessoais / exemplos

Dado pessoal direto	Dado pessoal indireto	Dado anonimizado/ pseudonimizado
Titular identificado de forma direta: nome, RG, CPF, OAB, CRM, COREN, telefone, *e – mail*, CRECI, CREA, etc.	Identificam o titular indiretamente. Precisa de informações adicionais.	Anonimizado: Perde a possibilidade de associação, se considerarmos meios técnicos disponíveis e razoáveis no momento do tratamento. Pseudonimizado: Identificação com informação adicional e mantida separadamente pelo controlador em ambiente controlado e seguro.

Fonte: Do autor, 2021.

Os dados pessoais possuem bases legais para tratamento no art. 7º da LGPD:

10.4.1.1. Bases legais

Do Tratamento de Dados Pessoais: Art. 7º O tratamento de dados pessoais somente poderá ser realizado nas seguintes hipóteses:

BASES LEGAIS – ART. 7º	Alguns exemplos nas relações de trabalho:
I – mediante o fornecimento de consentimento pelo titular	Campanha de marketing ou ações comerciais com dados de empregados – provar que houve liberdade de escolha – ver art. 18, inciso VIII (capítulo de direitos do titular). Banco de talentos da empresa Plano de saúde Cookies
II – para o cumprimento de obrigação legal ou regulatória pelo controlador	eSocial, REP, exames admissionais, periódicos e demissionais
III – pela administração pública, para o tratamento e uso compartilhado de dados necessários à execução de políticas públicas previstas em leis e regulamentos ou respaldadas em contratos, convênios ou instrumentos congêneres, observadas as disposições do Capítulo IV desta Lei	
IV – para a realização de estudos por órgão de pesquisa, garantida, sempre que possível, a anonimização dos dados pessoais	
V – quando necessário para a execução de contrato ou de procedimentos preliminares relacionados a contrato, a pedido do titular dos dados	Envio de currículo pelo titular ou de solicitação em *site* (trabalhe conosco) para processo seletivo
VI – para o exercício regular de direitos em processo judicial, administrativo ou arbitral, esse último nos termos da Lei n. 9.307, de 23.09.96 (Lei de Arbitragem)	Jurídico para defesa

VII – para a proteção da vida ou da incolumidade física do titular ou de terceiro	Portaria, termômetro, câmeras de segurança; Brumadinho
VIII – para a tutela da saúde, exclusivamente, em procedimento realizado por profissionais de saúde, serviços de saúde ou autoridade sanitária	
IX – quando necessário para atender aos interesses legítimos do controlador ou de terceiro, exceto no caso de prevalecerem direitos e liberdades fundamentais do titular que exijam a proteção dos dados pessoais	Monitoramento de *e – mail* corporativo Cláusula de não concorrência. Canal de denúncia *Background checks* de antecedentes criminais – exemplo: pessoas que vão ter acesso a informações sigilosas, pessoas que irão trabalhar com bebês, crianças, idosos e outros vulneráveis. Trabalho com armas de fogo(139), perfurocortantes, entorpecentes.(140) Observação: fazer teste de ponderação sempre – LIA (Legitimate Interest Assessment)
X – Proteção ao crédito	Pesquisa ao SPC Serasa – não pode fazer pesquisas ao órgão de proteção ao crédito de empregados

(139) No caso de vigilantes não é legítimo interesse, já que a lei traz a obrigatoriedade de não ter antecedentes criminais registrados. Disponível em: <http://www.planalto.gov.br/ccivil_03/leis/l7102.htm>.
A base legal é obrigação legal ou regulatória neste caso. **Importante sempre a análise do caso concreto.**

(140) Ver incidente do TST de abril de 2017. "A Subseção 1 Especializada em Dissídios Individuais (SDI – 1) decidiu, por maioria, que a exigência de certidão negativa de antecedentes criminais **caracteriza dano moral passível de indenização quando caracterizar tratamento discriminatório ou não se justificar em situações específicas. A exigência é considerada legítima, no entanto, em atividades que envolvam, entre outros aspectos, o cuidado com idosos, crianças e incapazes, o manejo de armas ou substâncias entorpecentes, o acesso a informações sigilosas e transporte de carga.** A decisão se deu em julgamento de **incidente de recurso repetitivo**, e o entendimento adotado deverá ser aplicado a todos os casos que tratam de matéria semelhante. O recurso julgado envolve a Alpargatas S.A. e foi afetado pela Quarta Turma do TST à SDI – 1, dentro da sistemática de recursos repetitivos, para a fixação de tese jurídica sobre as situações que ensejariam ou não o reconhecimento de dano moral devido à exigência do documento como condição indispensável para a admissão ou a manutenção do emprego." Processo: IRR – 243000 – 58.2013.5.13.0023.

10.4.2. Dados pessoais sensíveis

Os dados pessoais sensíveis são aqueles que demandam uma maior proteção, como dados sobre **origem racial ou étnica, convicção religiosa, opinião política, filiação a sindicato ou a organização de caráter religioso, filosófico ou político**, dado **referente à saúde ou à vida sexual, dado genético ou biométrico**, quando vinculado a uma pessoa natural, nos termos da LGPD.

Fonte: Do autor, 2021

Se a empresa processar dados pessoais sensíveis desnecessariamente ou sem finalidade, estará sujeita a sanções ou condenações mais altas no judiciário.

A empresa sempre deverá tratar dados apenas necessários para a finalidade informada. *Privacy by default* = Privacidade por padrão

10.4.2.1. Bases legais para dados pessoais sensíveis

Os dados pessoais sensíveis possuem bases legais para tratamento no art. 11 da LGPD:

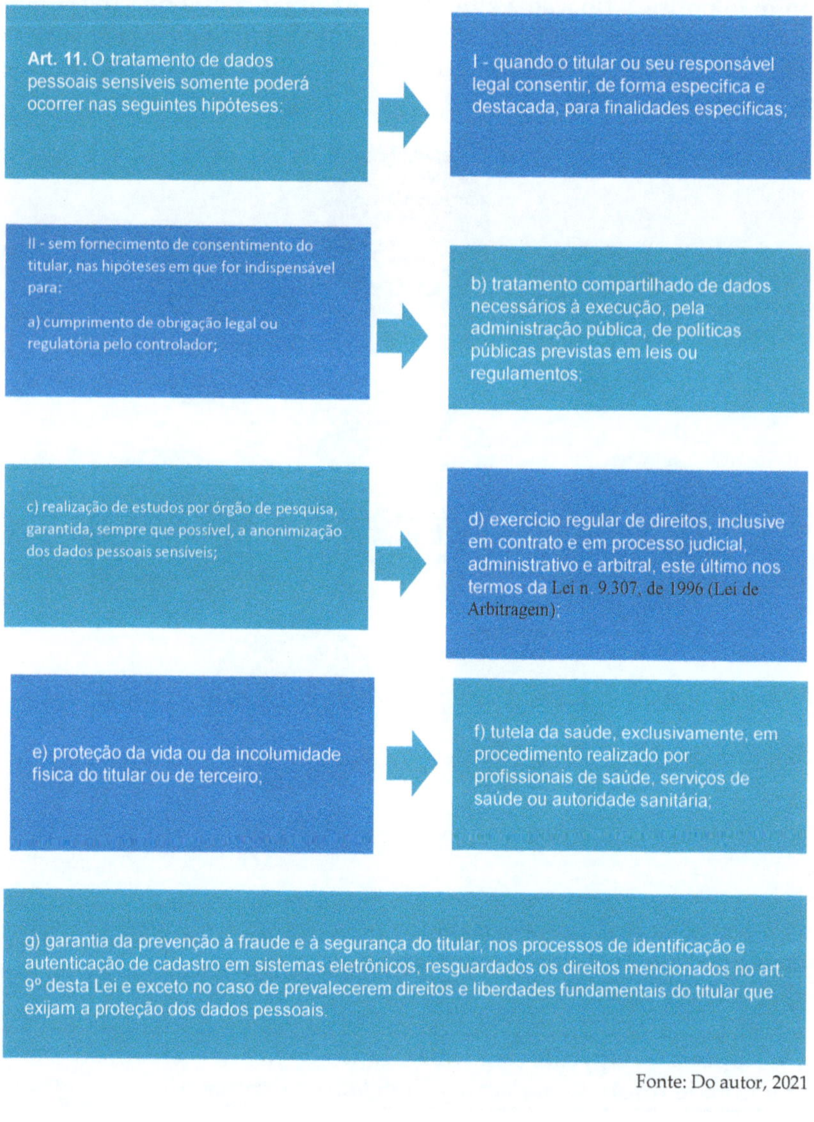

Fonte: Do autor, 2021

10.4.3. A problemática do consentimento nas relações de trabalho

O consentimento é um dos dez fundamentos legais para tratar dados pessoais, conforme previsto na Lei Geral de Proteção de Dados, mas não é o único. É um erro grave na **implementação da LGPD pensar que tudo deverá ser tratado com base no consentimento. Este não deverá ser a primeira escolha.**

Inserir de forma errada a atividade de tratamento em consentimento poderá gerar sanções (no GDPR já é sanção máxima), ou mesmo a revogação do consentimento da atividade de tratamento pelo titular – cuidado.

O consentimento válido será livre, inequívoco e informado:

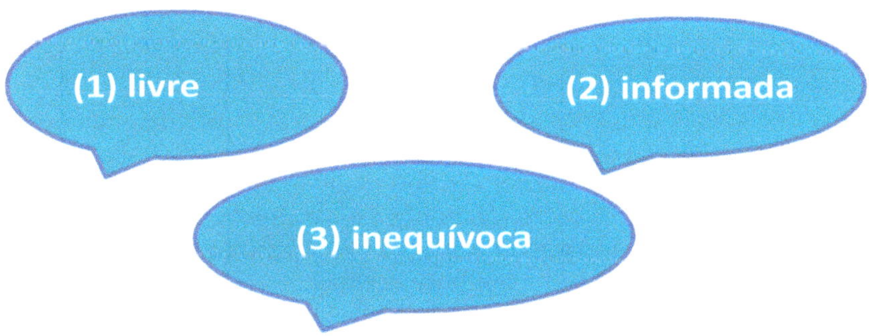

Fonte: Do autor, 2021

Sempre que houver imposição ou obrigatoriedade do trabalhador concordar, não haverá liberdade de escolha e não existirá consentimento, já que este deverá ser livre, inequívoco e informado, consistir em uma verdadeira liberdade de escolha.

Este deverá ser apenas utilizado se não for possível utilizar uma das outras bases que dispensem o consentimento, principalmente nas relações de emprego.

É importante orientar que, em regra, o consentimento só poderá constituir fundamento legal adequado se for oferecido como uma verdadeira opção. O titular deverá poder recusar, ou aceitar, o que lhe foi proposto e sem lhe trazer qualquer prejuízo como, por exemplo, a perda do emprego ou a não efetivação da contratação.

É direito do titular a informação sobre a possibilidade de não fornecer consentimento e sobre as consequências da negativa, nos termos do art. 18 da LGPD. O titular também tem direito de revogar o consentimento a qualquer momento.

Lembremos que o consentimento, quando for base legal, poderá ser revogado a qualquer momento pelo titular dos dados pessoais.

Não poderá existir qualquer obrigatoriedade ou pressão para o empregado consentir no tratamento, ou não estaremos diante de um exercício livre de vontade.

As empresas só poderão coletar e processar os dados necessários para a finalidade anteriormente informada e, se assim não o fizerem, desrespeitarão os princípios da Lei Geral de Proteção de Dados.

A Lei Geral de Proteção de Dados visa a proteção dos direitos fundamentais e o controle que as pessoas têm sobre os seus dados pessoais é essencial.

Exemplo: o empregado não poderia negar o consentimento, ou se recusar a fornecer seu nome, CPF, identidade, carteira de trabalho, PIS ou outros dados que o empregador necessite enviar para o eSocial, ou demais órgãos da administração pública federal, estadual e municipal. Entretanto, o colaborador pode negar o consentimento para divulgação de sua foto/vídeo em um evento de marketing da organização, sem sofrer qualquer sanção/punição administrativa pelo não fornecimento do consentimento.

10.4.4. Desequilíbrio de poder nas relações de emprego

O desequilíbrio de poder é inerente às relações de emprego, assim como em relações com o poder público, nos termos do Considerando 43 do GDPR.

Na relação de emprego existe ainda a subordinação de um lado e do outro o poder de direção.

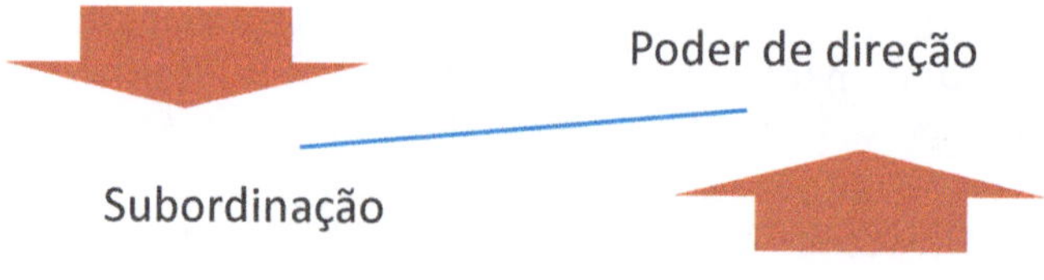

Fonte: Do autor, 2021

Assimetria – medo do trabalhador sofrer consequências negativas decorrentes da recusa. É improvável que os empregados respondam livremente ao pedido de consentimento.

Exemplo trazido por *guideline* da União Europeia sobre consentimento válido:

> Uma equipe de filmagem pretende filmar determinada parte de um escritório. O empregador solicita o consentimento de todos os trabalhadores que se sentam nessa zona do escritório para serem filmados, uma vez que podem aparecer em segundo plano nas filmagens do vídeo. Os trabalhadores que não quiserem ser filmados não serão de forma alguma penalizados, uma vez que serão colocados noutro local de trabalho equivalente numa outra zona do edifício enquanto durar a filmagem.(141)
>
> Outro exemplo trazido para autoridade pública:
>
> "Uma escola pública solicita aos estudantes consentimento para utilizar as suas fotografias numa revista estudantil impressa. O consentimento nestas situações seria uma verdadeira escolha desde que não fosse negado aos estudantes o ensino ou os serviços a que têm direito e estes pudessem recusar a utilização das referidas fotografias sem ficarem prejudicados."(142)

---

(141) WP259 y ver.01, Directices sobre el consentimento en el sentido del Reglamento 2016/679. Adoptadas el 3 de octubre de 2017. Revisadas por última vez y adoptadas el 6 de febrero de 2018.

(142) WP259 y ver.01, Directices sobre el consentimento en el sentido del Reglamento 2016/679. Adoptadas el 3 de octubre de 2017. Revisadas por última vez y adoptadas el 6 de febrero de 2018.

10.5. Legítimo interesse nas relações de trabalho como base legal

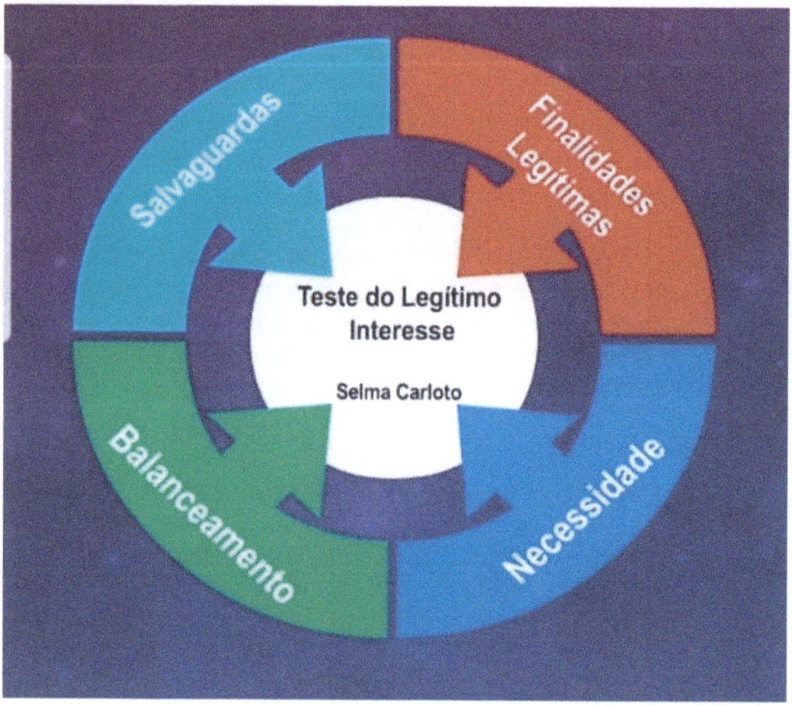

Fonte: Do autor, 2021

O legítimo interesse é também uma importante base legal de tratamento, à qual podemos nos recorrer, mas não pode ser uma porta aberta para todas as hipóteses não identificadas como exceção ao consentimento. Envolve tratamentos adicionais com relação preexistente ou uma situação concreta, como mesmo uma relação de emprego:

> O tratamento pode ter por base o legítimo interesse do controlador, que é o empregador, em regra, quando se trata de relações de trabalho, nos termos do art. 7º, inciso IX, mas este não pode ser uma "porta aberta" para todas as situações de tratamento que não se encontram dentro das outras hipóteses não previstas nos demais incisos do art. 7º da Lei Geral de Proteção de Dados do Brasil, nem nas relações de trabalho e nem nas relações de consumo.

> O tratamento poderá justificar – se no legítimo interesse, mas sempre prevalecendo os direitos e liberdades fundamentais do titular dos dados pessoais e não podendo haver qualquer tratamento abusivo, ou contrário aos princípios da dignidade da pessoa humana, dos valores sociais do trabalho, da privacidade e outros princípios fundamentais. (CARLOTO, 2020, p. 111)[143]

A base legal do legítimo interesse está prevista no art. 7º, inciso IX, da LGPD.

> Art. 7º O tratamento de dados pessoais somente poderá ser realizado nas seguintes hipóteses.
> (...)
> IX – quando necessário para atender aos interesses legítimos do controlador ou de terceiro, exceto no caso de prevalecerem direitos e liberdades fundamentais do titular que exijam a proteção dos dados pessoais;[144]

Esta base legal demanda um teste de ponderação, o LIA (*Legitimate Interests Assessment*), como base apta a justificar o tratamento de dados. Muitas vezes o legítimo interesse demanda garantias ainda adicionais.

> Art. 10. O legítimo interesse do controlador somente poderá fundamentar tratamento de dados pessoais para finalidades legítimas, consideradas a partir de situações concretas, que incluem, mas não se limitam a:
> I – apoio e promoção de atividades do controlador; e
> II – proteção, em relação ao titular, do exercício regular de seus direitos ou prestação de serviços que o beneficiem, respeitadas as legítimas expectativas dele e os direitos e liberdades fundamentais, nos termos desta Lei.
> *§ 1º Quando o tratamento for baseado no legítimo interesse do controlador, somente os dados pessoais estritamente necessários para a finalidade pretendida poderão ser tratados.*
> *§ 2º O controlador deverá adotar medidas para garantir a transparência do tratamento de dados baseado em seu legítimo interesse.*
> *§ 3º A autoridade nacional poderá solicitar ao controlador relatório de* impacto à proteção de dados pessoais, quando o tratamento tiver como fundamento seu interesse legítimo, observados os segredos comercial e industrial.[145]

---

(143) CARLOTO, Selma. *Lei Geral de Proteção de Dados*: enfoque nas relações de trabalho. São Paulo: LTr, 2020.

(144) BRASIL. *Lei n. 13.709/2018*. Lei Geral de Proteção de Dados Pessoais (LGPD). Disponível em: <http://www.planalto.gov.br/ccivil_03/_ato2015 – 2018/2018/lei/L13709.htm>. Acesso em: 31 ago. 2021.

(145) *Idem*.

Sempre que o tratamento se embasar no legítimo interesse, deveremos elaborar um relatório de impacto à proteção de dados pessoais (RIPD), como previsto no § 3º do art. 10 da LGPD.

O teste de ponderação deverá incluir a análise das finalidades legítimas e lícitas. Será necessária uma situação concreta, nos termos do art. 10, *caput*, I da LGPD. Este pressupõe a avaliação da necessidade, **que não existam outros meios menos invasivos para alcançar a finalidade definida** para a atividade de tratamento.

Deverão ser resguardados os direitos e garantias fundamentais dos titulares (arts. 6º, I; 7º, IX e 10, II da LGPD).

As salvaguardas deverão priorizar a transparência e o direito do titular exercer a oposição, além de aplicação de medidas para mitigar os riscos.

O GDPR traz as etapas para a aplicação do legítimo interesse, no anexo 1, guia rápido para a realização do teste da ponderação, no Parecer 7 de 2014, que veremos a seguir:

Etapa 1: Verificar quais são os fundamentos jurídicos potencialmente aplicáveis.

Etapa 2: Qualificar um interesse como "legítimo" ou "ilegítimo".

Etapa 3: Determinar se o tratamento é necessário para servir o interesse perseguido.

Etapa 4: Estabelecer um equilíbrio provisório verificando se os interesses ou os direitos fundamentais dos titulares prevalecem sobre o interesse do responsável pelo tratamento de dados.

Etapa 5: Estabelecer um equilíbrio final tendo em conta as garantias complementares.

Etapa 6: Demonstrar o cumprimento e garantir a transparência.

Etapa 7: E se o titular exercer o seu direito de oposição?[146]

---

(146) Parecer 6/2014 sobre o conceito de interesses legítimos do responsável pelo tratamento dos dados do art. 7º da Diretiva 95/46/CE, anexo 1.

10.5.1. Modelo de LIA (*Legitimate Interest Assessment*)

Necessidade:
Qual a razão do tratamento dos dados? Há necessidade do processamento?
Existem outros meios menos invasivos para alcançar a finalidade pretendida?
O tratamento é lícito?
Está definido de forma suficientemente clara para permitir a realização do teste da ponderação, em relação aos interesses e aos direitos fundamentais da pessoa em causa?
Balanceamento: Esse processamento realmente o ajudará a atingir seu objetivo?
Esse processamento realmente o ajudará a atingir seu objetivo?
O processamento é proporcional a esse propósito?
Você pode atingir o mesmo objetivo sem o processamento?
Qual benefício poderá ser esperado com o processamento?
Você está cumprindo com quaisquer regras específicas de proteção de dados que se aplicam ao seu processamento?
O responsável está atendendo outras legislações específicas para o tratamento em causa? Ou outras legislações relevantes?
Salvaguardas:
Há medidas adicionais para garantir que sejam preservados os direitos fundamentais dos titulares?

Princípios da Lei Geral de Proteção de Dados

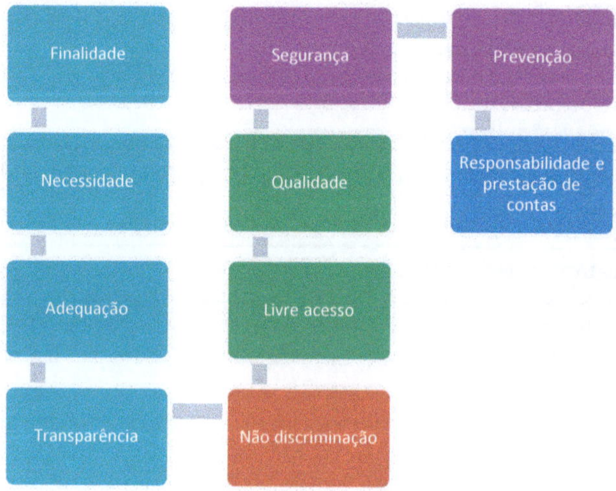

Fonte: Do autor, 2021

10.6. Agentes de tratamento

Ao falarmos de agentes de tratamento, quando envolvida uma pessoa jurídica, organização esta que será o agente de tratamento para os fins da LGPD, sendo que esta estabelecerá todas as regras para o tratamento de dados pessoais, as quais serão executadas por seus representantes, empregados ou prepostos.

Os agentes de tratamento, controlador e operador, poderão ser pessoas naturais ou jurídicas, de direito público ou privado, devendo estes ser definidos a partir de seu caráter institucional.

Os empregados são subordinados, assim como os servidores públicos e as equipes de trabalho de uma organização e não poderão ser considerados agentes de tratamento. Os empregados não poderão ser controladores, autônomos ou conjuntos, nem operadores, já que atuam sob o poder diretivo do agente de tratamento.[147]

(147) ANPD. *Guia orientativo para definições dos agentes de tratamento de dados pessoais e do encarregado*. Disponível em: <https://www.gov.br › pt – br › assuntos › noticias>. Acesso em: 25 ago. 2021.

Os agentes de tratamento (controlador e operador) poderão ser pessoas naturais ou jurídicas, de direito público ou privado, devendo estes ser definidos a partir de seu caráter institucional. Importante destacar que os empregados, como subordinados, os servidores públicos, ou as equipes de trabalho de uma organização, não serão considerados controladores (autônomos ou conjuntos), nem operadores já que atuam sob o poder diretivo do agente de tratamento.[148]

Fonte: Do autor, 2021

(148) ANPD. *Guia orientativo para definições dos agentes de tratamento de dados pessoais e do encarregado*. Disponível em: <https://www.gov.br › pt – br › assuntos › noticias>. Acesso em: 25 ago. 2021.

Outro ponto importante é que o agente de tratamento será definido para cada operação de tratamento de dados pessoais e, por conclusão, a mesma empresa ou organização poderá ser controladora e operadora, em tratamentos distintos e de acordo com sua atuação em diferentes operações de tratamento. Outro detalhe, que uma pessoa natural poderá ser controladora, como, por exemplo, um advogado ou um médico tratando os prontuários de seus pacientes.

Controladores – atuam de acordo com os seus próprios interesses. Possuem poder de decisão sobre as finalidades e os elementos essenciais de tratamento.

Operadores – atuam de acordo com os interesses do controlador. É – lhes facultada a definição de elementos não essenciais à finalidade do tratamento.

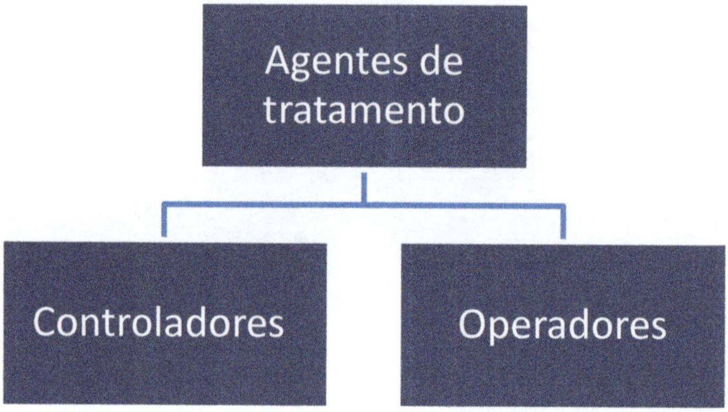

Fonte: Do autor, 2021

O operador deve ser uma entidade distinta do controlador.
Empregados não poderão ser operadores. Estes atuarão em subordinação às decisões do controlador, não se confundindo, portanto, com os operadores de dados pessoais.

10.6.1. Exemplos[149]

Exemplo 1 – Médica profissional liberal:

Uma médica, profissional liberal, armazena os prontuários e os demais dados pessoais de seus pacientes no computador de seu consultório. Esta médica toma decisões sobre o tratamento de dados. Logo, a **médica, pessoa natural, é a controladora dos dados pessoais**.[150]

Exemplo 2 – Médica empregada de um hospital:

Já se a médica for empregada de um hospital, constituído sob a forma de associação civil sem fins lucrativos, atuando como principal representante do hospital junto a um serviço de armazenamento de dados de pacientes em nuvem, esta não poderá ser considerada como controladora.

O hospital, associação civil, e pessoa jurídica de direito privado será o controlador na hipótese. **A médica atua sob o poder diretivo da organização, não se caracteriza como agente de tratamento.**[151]

Exemplo 3 – *E – commerce*:

Em um canal de venda *online* de livros, que conta com diversas formas de pagamento, o canal que realiza a venda é o controlador dos dados pessoais, enquanto cada serviço de pagamento disponível será um operador diferente, como, por exemplo, a empresa de cartão de crédito, uma *fintech*, o banco em caso de transferências bancárias, dentre outros. **O operador dessa transação, seja ele qual for, não poderá**

(149) ANPD. *Guia orientativo para definições dos agentes de tratamento de dados pessoais e do encarregado*. Disponível em: <https://www.gov.br › pt – br › assuntos › noticias>. Acesso em: 25 jun. 2021.

(150) *Idem*.

(151) *Idem*.

utilizar os dados fornecidos para novas finalidades que não aquelas determinadas pelo controlador."[(152)]

10.6.2. Encarregado ou DPO

A Lei Geral de Proteção de Dados, Lei n. 13.709/2018, art. 41, preconiza que o encarregado, ou como mais conhecido DPO, deverá ser indicado, dando a ideia de obrigatoriedade.

Nos termos do art. 41 da LGPD, a Autoridade Nacional de Proteção de Dados definirá as hipóteses de dispensa de DPO ou encarregado, nos termos do art. 41, § 3º, de acordo com a natureza e o porte da entidade ou o volume de operações de tratamento de dados pessoais:

> "A autoridade nacional poderá estabelecer normas complementares sobre a definição e as atribuições do encarregado, **inclusive hipóteses de dispensa da necessidade de sua indicação, conforme a natureza e o porte da entidade ou o volume de operações de tratamento de dados.**"[(153)] (grifos nossos)

Foi publicada a resolução n. 2, em janeiro de 2022, a qual regulamenta a aplicação da LGPD para os agentes de tratamento de pequeno porte e esta dispõe, quanto ao encarregado de proteção de dados, ou DPO, que o mesmo não será obrigatório para os agentes de pequeno porte, **mas que a a empresa deverá disponibilizar um canal de comunicação com o titular de dados:**

> "Do encarregado pelo Tratamento de Dados Pessoais
> Art. 11. Os agentes de tratamento de pequeno porte não são obrigados a indicar o encarregado pelo tratamento de dados pessoais exigido no art. 41 da LGPD.
> § 1º O agente de tratamento de pequeno porte que não indicar um encarregado deve disponibilizar um canal de comunicação com o titular de dados para atender o disposto no art. 41, § 2º, I da LGPD.
> § 2º A indicação de encarregado por parte dos agentes de tratamento de pequeno porte será considerada política de boas práticas e governança para fins do disposto no art. 52, § 1º, IX da LGPD."[(154)]

---

(152) ANPD. Guia orientativo para definições dos agentes de tratamento de dados pessoais e do encarregado. Disponível em: https://www.gov.br › pt – br › assuntos › noticias. Acesso em: 25 jun. 2021.

(153) BRASIL. *Lei n. 13.709/2018.* Lei Geral de Proteção de Dados Pessoais (LGPD). Disponível em: <http://www.planalto.gov.br/ccivil_03/_ato2015 – 2018/2018/lei/L13709.htm>. Acesso em: 11 jun. 2021.

(154) RESOLUÇÃO CD/ANPD N. 2 DE 27 DE JANEIRO DE 2022. DOU 28.01.2022 | Edição: 20 | Seção: 1 | Página: 6. Aprova o Regulaemnto de aplicação da Lei n. 13.709 de 14 de agosto de 2018, Lei Geral

As atribuições do encarregado de dados estão elencadas no art. 41, §§ 2º e 3º da LGPD:

> Art. 41. O controlador deverá indicar encarregado pelo tratamento de dados pessoais.
> (...)
> § 2º As atividades do encarregado consistem em:
> I – **aceitar reclamações** e **comunicações dos titulares, prestar esclarecimentos e adotar providências**;
> II – **receber comunicações da autoridade nacional e adotar providências**;
> III – **orientar os funcionários** e os **contratados** da entidade a respeito das práticas a serem tomadas em relação à proteção de dados pessoais; e
> IV – **executar as demais atribuições** determinadas pelo controlador ou estabelecidas em normas complementares.
> § 3º A autoridade nacional **poderá** estabelecer normas complementares sobre a definição e as atribuições do encarregado, inclusive hipóteses de dispensa da necessidade de sua indicação, conforme a natureza e o porte da entidade ou o volume de operações de tratamento de dados.[155]

Já o GDPR (União Europeia) trouxe as hipóteses de dispensa e de obrigatoriedade do encarregado ou DPO:

> "Art. 37
> Designação do encarregado da proteção de dados:
> **1. O responsável pelo tratamento e o subcontratante designam um encarregado da proteção de dados sempre que:**
> a) O tratamento for efetuado por uma **autoridade ou um organismo público, excetuando os tribunais no exercício da sua função jurisdicional;**
> b) As atividades principais do responsável pelo tratamento ou do subcontratante consistam em operações de tratamento que, **devido à sua natureza, âmbito e/ou finalidade**, exijam um **controlo regular e sistemático** dos titulares dos dados **em grande escala;** ou
> c) As atividades principais do responsável pelo tratamento ou do subcontratante consistam em operações de tratamento em **grande escala de categorias especiais de dados nos termos do art. 9º** e de dados pessoais relacionados **com condenações penais e infrações** a que se refere o art. 10.
> 2. Um **grupo empresarial pode também designar um único encarregado** da proteção de dados desde que haja um encarregado da proteção de dados que seja **facilmente acessível** a partir de cada estabelecimento.
> 3. Quando o responsável pelo tratamento ou o subcontratante for uma **autoridade ou um organismo público**, pode ser designado um único

---

da Proteção de Dados Pessoais (LGPD), para agentes de tratamento de pequeno porte. Disponível em: <http://www.normaslegais.com.br/legislacao/resolucao-anpd-2-2022.htm>. Acesso em: 31 jan. 2022.

(155) BRASIL. Lei n. 13.709/2018. *Lei Geral de Proteção de Dados Pessoais (LGPD)*. Disponível em: <http://www.planalto.gov.br/ccivil_03/_ato2015 – 2018/2018/lei/L13709.htm>. Acesso em: 3 mar. 2021.

encarregado da proteção de dados para várias dessas autoridades ou organismos, **tendo em conta a respetiva estrutura organizacional e dimensão.**
4. **Em casos diferentes dos visados no n. 1**, o responsável pelo tratamento ou o subcontratante ou as associações e outros organismos que representem categorias de responsáveis pelo tratamento ou de subcontratantes **podem, ou, se tal lhes for exigido pelo direito da União ou dos Estados – membros,** designar um encarregado da proteção de dados. O encarregado da proteção de dados pode agir em nome das associações e de outros organismos que representem os responsáveis pelo tratamento ou os subcontratantes.
5. **O encarregado da proteção de dados é designado com base nas suas qualidades profissionais** e, em especial, nos seus conhecimentos especializados no domínio do direito e das práticas de proteção de dados, bem como na sua capacidade para desempenhar as funções referidas no art. 39.
6. **O encarregado da proteção de dados pode ser um elemento do pessoal da entidade responsável pelo tratamento ou do subcontratante, ou exercer as suas funções com base num contrato de prestação de serviços.**
7. O responsável pelo tratamento ou o subcontratante publica os contactos do encarregado da proteção de dados e comunica – os à autoridade de controlo." (grifos nossos)[156]

Dentre os destaques do art. 37 do GDPR, o número 6 preconiza que o encarregado, ou DPO, poderá ser elemento pessoal da entidade ou um prestador. No Brasil, o DPO também poderá ser um empregado, ou um sócio da empresa, assim como um terceiro, podendo, após a alteração legislativa inserida pela Lei n. 13.853/2019, este ser pessoa natural ou jurídica.

10.7. Direitos do titular

Os direitos do titular estão previstos no art. 18 da LGPD:

Art. 18. O titular dos dados pessoais **tem direito a obter do controlador, em relação aos dados do titular por ele tratados, a qualquer momento e mediante requisição**:

I. confirmação da existência de tratamento;
II. acesso aos dados; (livre acesso)
III. correção de dados incompletos, inexatos ou desatualizados; (qualidade)
IV. anonimização, bloqueio ou eliminação de dados desnecessários, excessivos ou tratados em desconformidade com o disposto nesta Lei;

---

(156) GDPR EUROPA. Regulamento (UE) 2016/679 do Parlamento Europeu e do Conselho, de 27 de abril de 2016, relativo à proteção das pessoas singulares no que diz respeito ao tratamento de dados pessoais e à livre circulação desses dados e que revoga a Diretiva 95/46/CE (Regulamento Geral sobre a Proteção de Dados) (Texto relevante para efeitos do EEE). Disponível em: <https://eur – lex.europa.eu/legal – content/PT/ALL/?uri=celex:32016R0679≥.

V. portabilidade dos dados a outro fornecedor de serviço ou produto, mediante requisição expressa, de acordo com a regulamentação da autoridade nacional, observados os segredos comercial e industrial;

VI. eliminação dos dados pessoais tratados com o consentimento do titular, exceto nas hipóteses previstas no art. 16 desta Lei;

VII. informação das entidades públicas e privadas com as quais o controlador realizou uso compartilhado de dados;

VIII. informação sobre a possibilidade de não fornecer consentimento e sobre as consequências da negativa; (importante em tratamentos com consentimento)

IX. revogação do consentimento, nos termos do § 5º do art. 8º desta Lei.

(...)

§ 2º O titular pode opor – se a tratamento realizado com fundamento em uma das hipóteses de dispensa de consentimento, em caso de descumprimento ao disposto nesta Lei. (quando não é consentimento)[157]

Fonte: Do autor, 2021

(157) BRASIL. *Lei n. 13.709/2018*. Lei Geral de Proteção de Dados Pessoais (LGPD). Disponível em: http://www.planalto.gov.br/ccivil_03/_ato2015 – 2018/2018/lei/L13709.htm. Acesso em: 3 mar. 2021.

10.7.1. Política de privacidade

O titular dos dados tem direito a saber como serão tratados seus dados, quais dados serão coletados e por quanto tempo por meio de uma política de privacidade (que não é, portanto, termo de consentimento, mas forma de informação prévia sobre o tratamento) e que dará transparência aos tratamentos, assegurando este princípio da LGPD.

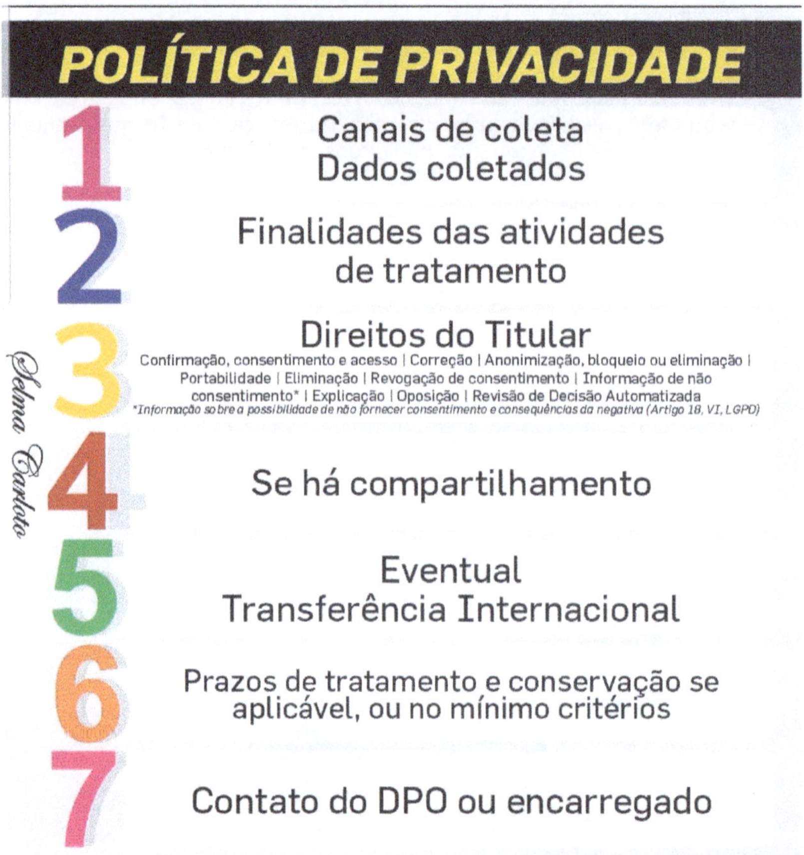

Fonte: Do autor, 2021

10.8. O que é indispensável na implementação da LGPD?

Treinamentos/ações educativas – indispensáveis sempre, em qualquer implementação.

Fonte: Imagem gestor de treinamento de varejo do curso IPED[158]

Nomeação de DPO.

Mapeamento do fluxo de dados.

Plano de ação.

Revisão de contratos e adequação de processos.

ROPA, RIPD, política de privacidade, LIA (legítimo interesse).

Políticas de boas práticas e de governança.

Políticas de segurança, códigos de conduta e treinamentos.

Auditorias internas de privacidade e proteção de dados.

Contratar parte externa – avaliações de privacidade e proteção de dados.

Benchmarks de privacidade.

---

(158) Esta imagem foi retirada do *site*: <https://www.iped.com.br/materias/cotidiano/gestor – treinamento – varejo.html≥. Acesso em: 22 mar. 2021 às 10:36.